Leo Schlömmer

Meine Welt die Berge

Vom Dachstein zum Mount Everest

Verlag Styria

Bildnachweis:

Axt (3), Dengg (4), Deutsches Institut f. Auslandsf., München (4), End (2), Galen A. Rowell (3), Foto Kain (1), Klier (1), Krempke (2), Kuen (1), Foto Perren-Barberini (1), Pirker (1), Foto Pitsch (1), Schindlbacher (3), Schlömmer (21), Strickler (2), Schweizerische Verkehrszentrale (1), Wagner (1), Foto Winkler (6).

Quellenhinweis:

Herrligkoffer Karl M., Mount Everest – Thron der Götter, Spectrum-Verlag, Stuttgart.
Alpinismus 2/72, Heering-Verlag GmbH, München.

Den Verlagen wird für die Abdruckgenehmigung gedankt.

Printed in Austria
Graphische Gestaltung: Hans Paar
Farbreproduktionen: Hecher & Brim, Innsbruck
Gesamtherstellung:
Druck- und Verlagshaus Styria, Graz
ISBN 3 222 10782 3

FÜR ALLE,
DIE MIT MIR
DIE SEHNSUCHT
NACH DEN BERGEN
TEILEN

Inhaltsverzeichnis

An Stelle eines Geleitwortes eine Liebeserklärung

Während ich mein schriftstellerisches Debüt feiere und diese Gedanken zu Papier bringe – ein seltsamer Anachronismus, diejenige am Beginn Deines Berichtes über Dein Bergsteigerleben zu Wort kommen zu lassen, die eigentlich erst sehr spät in Dein Dasein getreten ist –, rüstest Du für eine Expedition zum anderen Ende der Welt.
Die Daunenjacke, die Dich vor dem Frost der Peruanischen Anden schützte, die himalayabewährten Wollfäustlinge, Fuß- und Biwaksack, dazu eine richtige Polarausrüstung sind in Reih und Glied geordnet und griffbereit. Die fünfschichtigen Berg-Schischuhe stehen neben den Kurzschiern, auf denen der höchste Berg Nordamerikas bezwungen werden soll. Wie lange schon bange ich vor dem Augenblick, da Du mir für lange Wochen Lebewohl sagen und mit Deinen Freunden die große Reise über den Nordpol antreten wirst? Meine Gedanken werden Dich liebevoll begleiten. Mit kindlicher Geduld werde ich, wie einstmals in der Vorweihnachtszeit die kleinen Fenster des Adventkalenders, die Tage zählen und Deine Heimkehr erwarten.
Schon seit einiger Zeit stehe ich im Kreuzfeuer neugieriger Fragen: »Wann fährt Leo? Wann kommt er zurück? Bist du überhaupt damit einverstanden, daß er sich wieder einmal in ein so gewagtes Abenteuer begibt? Was wirst du die ganze Zeit über machen?...«
Ja, »was macht die Fußballbraut am Sonntagnachmittag?« Vielleicht wird man auch einmal für die Frau eines Expeditionsbergsteigers einen beschwingten Schlagertext reimen; ich würde gerne Langspielplatten davon in großer Zahl den lieben Fragestellern zum Geschenk machen. Im großen und ganzen bin ich an solche Verhöre gewöhnt, sie amüsieren mich sogar, besonders dann, wenn die Interessenten ihre »Hintergedanken« so schlecht verbergen können.
Dem vermeintlichen Übermenschen Leo Schlömmer gilt die ganze Bewunderung, man wartet gespannt auf seine Erlebnisberichte, ist sicher, daß er allen Gefahren getrotzt, alle Schwierigkeiten gemeistert, sich weder Zehen noch Finger abgefroren hat, und ist noch stolzer Patriot, weil ein Steirer im Himalaya, am winterlichen Matterhorn, in der Eiger-Nordwand, am El Capitan und sonst irgendwo erfolgreich gewesen ist.
Seiner Gattin wendet sich in der Zwischenzeit bedauerndes Mitgefühl zu. Ich lasse mich aber weniger gerne bedauern als beneiden, denn schließlich wurde nicht jedem Ramsauer Kind die Erfüllung seines Herzenswunsches zuteil: »Ein Bergsteiger muß es einmal sein, ein ganz berühmter sogar, und

Schi laufen muß er auch können.« Wer vom Schicksal solcherart begünstigt wird, hat also mit seiner Umgebung zu teilen: »Gemeinnutz geht vor Eigennutz.« Getreu dieser Devise habe ich gelernt, Dich zu teilen: mit Deinen Expeditionskameraden, mit den Zuhörern Deiner Lichtbildervorträge, mit den bergbegeisterten Eltern, Geschwistern und Nachbarn, mit Deinen Gästen, die Du durch die Dachsteinwand führst, mit Deiner Dienstbehörde und vor allem mit Deinen Bergen. Ängstlich muß ich darauf achten, daß mir noch von Zeit zu Zeit ein kleines Stückchen von Dir bleibt, eines von Deiner besten Seite – und mir ganz allein.

Ob ich mich damals bei der Bergrettungsübung nahe der Südwandhütte, als wir uns zum erstenmal begegneten, hinreichend mit Geduld, Nachsicht, Treue, Liebe und Beharrlichkeit gewappnet habe, den Wettstreit um Dich zeitlebens erfolgreich zu bestehen? Ich glaube ja! Zwar schien es auf Dich keinen besonderen Eindruck gemacht zu haben, daß Du von einem frechen Blondschopf, der mit Sammelbüchse für die Helfer in den Bergen warb, gemustert, begutachtet und für würdig befunden wurdest, ein ganzes Leben lang unter den eben dargelegten Bedingungen geliebt und begleitet zu werden. Die Dachstein-Südwand stand im hellsten Sonnenschein über uns, und darüber wölbte sich der tiefblaue Himmel.

Erinnerst Du Dich, Leo, an die herrlichen Dolomitentage auf unserer Hochzeitsreise, an die vielen gemeinsamen, glücklichen Stunden unter den mächtigen Lärchen unserer Ramsau, an die für mich so aufregenden kleinen Klettertouren, die für Dich freilich nur Spaziergänge gewesen sind, an unseren Einkaufsbummel am Gardasee und an vieles mehr? Denkst Du noch an die römischen Ameisen, die Dich aus dem Nobelappartement in Trastevere vertrieben, Dich, den Mann des VI. Grades? Oder an die Augenblicke des erhebenden Gipfelglücks, das uns der Dachstein – vor dessen Ersteigung über den Steinerweg Du mir ängstlich abrietest – im späten Herbst mit einer Fernsicht bis an die letzten violetten Konturen der Alpengipfel bescherte?

Was Du mir oft und oft erzählt, womit Du mich Anteil nehmen ließest an Deinem innersten Erleben, an Deiner großen Sehnsucht, an dem Kampf gegen Gefahr und Stürme, gegen Kälte, Hunger und Frost, an denen Du genauso littest wie all die anderen auch, die Deine Wege gingen, in diesem Buche hast Du es noch einmal aufgezeichnet, für alle, die es erfahren und miterleben wollen, was Dich als Bergsteiger bewegt. Auch für mich soll dieses Buch geschrieben sein, sagtest Du. Ich danke Dir dafür, Leo.

Man sagt, Briefe seien Bekenntnisse und ihr Inhalt immer wahr. So ist es wohl recht, daß dieser Brief Auskunft gibt über das Denken und Fühlen einer Bergsteigersgattin, deren Liebe und Treue himmelhoch über ihrer Angst und Sorge stehen will.

Nimm mich bitte fest in Deine Arme und drücke mich an Dich.

Heidi

Resignation

Reizo Ito, der kleine Japaner, freut sich, daß ich zu ihm hierher aufgestiegen bin und mit ihm nun in dieser kalten Einsamkeit auf den Gipfelangriff warten werde. Das Wetter ist gut, für den weiteren Aufstieg bestens geeignet. Dave Peterson, der Amerikaner, ist mir gefolgt. Wir haben Proviant, Sauerstoff und Ausrüstungsgegenstände heraufgebracht. Dave steigt wieder ab und läßt uns hier oben zurück. Einige hundert Meter schräg über uns warten die beiden Engländer Don Whillans und Dougal Haston auf den Gipfelsturm. Sie haben das vorgeschobene Lager V errichtet und besetzt. Unser kleines Bergzelt klebt wie ein Schwalbennest, von vier Haken gehalten, am Steilhang, dem Stein- und Eisschlag ausgesetzt, von Lawinen bedroht. Hin und wieder heult eine leere Sauerstoff-Flasche, die bei den Engländern »entbehrlich« wurde, über uns hinweg in die Tiefe. Etwa 1200 Meter trennen uns vom Gipfel des höchsten Berges der Welt. Die »Internationale Mount-Everest-Expedition 1971« hat sich der Südwest-Wand, der Direttissima, verschrieben. Ein hohes Ziel. Ein zu hohes? Niemals in der bisherigen Geschichte des Alpinismus war in dieser Meereshöhe ein so schwieriger Durchstieg geglückt. Aber die Grenzen des Menschenmöglichen wurden in den letzten Jahren immer weiter nach oben geschoben. Es hat den Anschein, als suchte der Alpinsport rasch noch die letzten Probleme zusammen, um sich vielleicht bald und vollends von den Kronen des Erdballes abzuheben und seine kühnen Abenteuer, den Kosmonauten gleich, auf fernen Gestirnen zu suchen.
Wir glauben, in der dünnen Luft unseres Standplatzes der Geborgenheit der Erde schon halb entrückt zu sein. Wie in einem Schwebezustand bewegen sich die Gedanken über der rauhen Wirklichkeit, als ob sie nicht mehr verantwortlich wären für das, was in den kommenden Tagen entschieden und vollbracht werden muß. Es ist eine eigenartige Schizophrenie, die das Müssen und das Wollen, das Denken und das Fühlen in unserem Bewußtsein zu trennen droht. Hier oben gibt es keine Romantik des Bergsteigens mehr. Die Freude, die uns beim Aufbruch und Anmarsch begleitet hatte, die später dann der großen Erwartung gewichen war, ist verblaßt und einer dunklen Sorge gewichen. Schon seit Tagen ist unter den Expeditionsteilnehmern eine eigenartige Stimmung zu beobachten. Niemand will mehr recht an einen Erfolg glauben. Unruhig blicke ich durch das schmale Zeltfenster hinunter auf das »Tal des Schweigens«, den Gletscher des Western CWM. Dieser reicht vom Khumbu-Eisbruch kilometerweit bis zur Lhotse-Wand.

Die Schatten der aufkommenden Nacht legen sich langsam über diesen mächtigen Hüter unserer Weltabgeschiedenheit. Undeutlich kann man noch Lager II in der Tiefe erkennen. Die gewaltige Eiswand des Nuptse strahlt noch im gleißenden Sonnenlicht. Allmählich aber – wie wenn ein Vorhang langsam fiele, um diese großartige Szenerie zu verhüllen – legt sich die schwere Dämmerung über das Land. Der rote Sonnenball stürzt hinter den Eisgiganten ab. Raum und Zeit fließen ineinander. Es ist kein Sonnenuntergang, wie wir ihn kennen; vielleicht sind unsere Sinne betrogen. Ich schließe das Zelt, das Schauspiel ist für uns zunächst vorüber. Ein neuer Akt unseres Everest-Dramas beginnt. Fast schlagartig fällt das Thermometer, die Kälte kriecht in unser Zelt, Reif deckt die Innenwand. In unsere Daunensäcke gehüllt, bereiten wir uns ein bescheidenes Mahl. Reizo Ito sieht mich mit seinen klaren, dunklen Augen an; immer noch keine Frage, kein Ausdruck des Zweifelns oder gar der Hoffnungslosigkeit. Ob er ahnt, was die nächsten Tage bringen können? Seit Wochen scheint dieser Expedition ein verständliches, klares Konzept zu fehlen. Menschliche Unzulänglichkeiten bringen immer wieder Verärgerung und Mißverständnisse in den Kreis des ausgewählten Teams. Soll man der Expeditionsleitung mangelhafte Vorbereitung, unrichtige, protegierte Auswahl der Expeditionsmitglieder oder gar eine mangelhafte Planung bzw. Führung zum Vorwurf machen? Diese und ähnliche Gedanken quälen mich. Dazu kommt noch das Gefühl, nicht selbst das Beste geben zu können und mitschuldig zu sein an diesem Dilemma. Ich versuche, mich vor mir selbst zu rechtfertigen, und erschrecke vor der Frage: Warum bin ich eigentlich noch hier oben? Sie will mir als ein erstes drohendes Zeichen der Resignation erscheinen.
Irgendwo in den umliegenden Eiswänden läßt sich ein dumpfes Dröhnen vernehmen, wie eine düstere Antwort auf meine fragende Unentschlossenheit. Wir versuchen ohne Sauerstoffgerät zu schlafen. Wir möchten diese notwendige Hilfe für den weiteren Aufstieg nicht vorzeitig verbrauchen, doch Atemnot und Kälte – wir messen 25 Minusgrade – lassen vorerst keinen Schlaf zu. Dann noch diese Gedanken, die mich wie einen Verräter beschämen: Ich werde absteigen und ihnen meine Meinung sagen! Es ist ein Skandal! Wozu denn eigentlich dieser enorme Aufwand und dieser Einsatz? Was könnten diese Bergsteiger bei richtiger Führung und Koordination alles leisten? So quäle ich mich in einen Dämmerzustand, der von einem kurzen, aber tiefen Schlaf abgelöst wird. Mein Unterbewußtsein ist versöhnlicher und auch gerechter. Vielleicht belastet mich nur die Vorahnung, daß der sorgsam behütete Traum meines Lebens, das größte Bergabenteuer, unerfüllt bleiben könnte. Ich wollte den Thron der Götter erobern, auf dem schwierigsten Weg, unter Einsatz meines ganzen Leistungsvermögens und mit dem ganzen Risiko meines Lebens. Doch nicht ich, der Leo Schlömmer allein, sollte die Südwest-Wand des Everest ersteigen und auf dem höchsten Gipfel der Welt sein größtes Bergsteigerglück finden, sondern nur das

freundschaftliche Zusammenspiel der besten Bergsteiger, Organisationstalent, perfekte Ausrüstung und die Gunst des Schicksals können diesem bisher größten alpinistischen Unternehmen den Erfolg bringen. Das weiß ich wohl. Nicht zum erstenmal nehme ich an einer Expedition teil; einmal leitete ich eine solche sogar. Ich darf mich auch hier nur als Teil dieses Ganzen betrachten, als kleinen, unbedeutenden Teil. Mein Lebenstraum weicht allmählich einer klaren und nüchternen Einsicht. Haben mich etwa meine bergsteigerischen Erfolge hochmütig gemacht? Das Schicksal hatte meinen redlichen Willen, mein ernstes Streben und meine Hingabe an die Welt der Berge stets mit gutem Gelingen belohnt, mir gegönnt, scheinbar Unmögliches möglich zu machen.

Ich bin wieder hellwach, schaue auf die Uhr. Die Zeit vergeht sehr langsam. Ito schläft neben mir, sein Atem geht stoßweise, seine Züge sind ruhig und beherrscht. Der Kamerad vom anderen Ende der Welt richtet mich unbewußt wieder auf. Seine asiatische Ruhe, seine bedingungslose Treue und Unerschütterlichkeit erscheinen mir jetzt wie ein Vorwurf. Wieviel haben doch diese Menschen in Augenblicken großer Entscheidungen den Europäern voraus! Mit einem stillen Lächeln, mit einer höflichen Verbeugung erheben sie sich über jede Situation. Ich möchte jetzt die Mentalität eines Chinesen oder eines Japaners haben.

Meine erregten Sinne fliegen in die Heimat, zu meinen Lieben. Meine bisherigen Erlebnisse stehen vor mir so klar und deutlich, als ob ich jedes einzelne noch einmal genießen könnte. Ich will sie festhalten und wahren, für mich und für alle, die mit mir die Sehnsucht nach den Bergen teilen.

Später Beginn

Eingebettet zwischen dem Grimming, dem »mons altissimus styriae«, wie unsere Vorfahren, die der genauen Höhenmessung nicht kundig waren, vermeinten, und dem Toten Gebirge liegt der Ort Mitterndorf im Steirischen Salzkammergut. Die Menschen hier leben hauptsächlich von der Land-, Forst- und Almwirtschaft; neuerdings auch vom Fremdenverkehr. Eine bergsteigerische Tradition hat Mitterndorf nicht; diesen Vorrang nehmen andere Orte des steirischen Ennstales in Anspruch, Admont etwa oder Schladming. In Mitterndorf wurde ich geboren. Solange ich nichts von der Welt gesehen hatte, war Mitterndorf für mich der schönste Platz auf Erden. Heute, nachdem ich ein wenig in der Welt herumgekommen bin, Amerika, Asien und viele Teile Europas kennen – und die Schönheiten dieser Erdteile bewundern gelernt habe, wird es mir aufs neue zur Gewißheit: Nichts kann sich an Schönheit mit meiner kleinen Heimat Mitterndorf messen. Dabei will ich das Wörtchen »klein« nicht mißverstanden wissen. Ich nehme es als Kosewort und als Inbegriff dessen, was mir – wie man so schön sagt – ganz und gar auf den eigenen Leib geschnitten ist.

Meine Eltern waren Bauern, Arbeit gab es immer genug. Wir Kinder wuchsen auf, wie es am Land eben üblich ist. Als ältester von sechs Geschwistern, als kräftigster zugleich, war mir meine Funktion von Haus aus zugewiesen. Bevor ich mich auf den Schulweg machte, mußte ich Kühe melken. Ich fand nichts Außergewöhnliches dabei. Ich fühlte mich auch gar nicht hauptberuflich als Schüler, sondern die Schule war eine meiner jungen Lebenspflichten, für mich Sechsjährigen nicht einmal die wichtigste. Wenn ich den Vater zur Waldarbeit begleitete und mit dem schweren Beil hantieren durfte, stieg mein Selbstvertrauen gewaltig. Mein besonderer Respekt galt meinem Vater, der die schweren Baumstämme, die Bloch – wie man bei uns sagt – unter Ausnützung der raffiniertesten Hebelgesetze auf den Wagen lud. Kopf und Hand, Kraft und Verstand, dazu die Gutmütigkeit und Treue des Bergbauern – so sehe ich heute noch als Erwachsener die männlich ernsten Eigenschaften meines Vaters.

Als ich die Schule verließ, wurde mein jüngster Bruder Sepperl eben ein Jahr alt. Als er zehn war, konnte ich mich schon zu den zünftigen Bergsteigern rechnen und auf schöne Erfolge zurückblicken. Sepperl bewunderte mich, er wollte endlich aber auch selbst einmal eine Klettertour machen. Es lag auf der Hand, daß ich dabei seinen Führer abgeben sollte. Um seinen Anspruch zu unterstreichen, verwies er auf seine Erfolge als Schirennläufer.

»Nichts kann sich an Schönheit mit meiner ›kleinen‹ Heimat Mitterndorf messen«

Keine Schipiste konnte ihm zu steil sein. Eines Tages stand der zehnjährige Knirps jedenfalls vor seiner Mutter und meinte so nebenbei: »Mam', i geh mit'n Leo klettern, aber du mußt mir rote Stutzen kaufen, denn ohne die Strümpf' wird's nit gehn.« Rote Stutzen hatte er bei mir gesehen, die waren bei den Bergsteigern gerade in Mode gekommen. Die Mutter meinte zwar, rote Stutzen würden noch keinen Bergsteiger und aus ihrem Sepperl noch keinen Kletterer machen, aber was blieb ihr anderes übrig, als ihm welche zu kaufen. Für Sepperl schien nunmehr die erste große Kletterfahrt nur mehr eine Frage der Gelegenheit. »Eine Dreiertour muß es schon sein«, gab er mir gelegentlich zu verstehen, als ich sein junges Bergsteigergewissen erforschen wollte. Über die Schwierigkeitsgrade wußte er also auch schon Bescheid. Unauffällig hatte er bei unseren Gesprächen über Bergfahrten und über das Drum und Dran die Ohren und Augen aufgetan. So nebenbei hatte er seinen alpinen Wortschatz bereichert. Mir sollte es recht sein. Es war eine nette Abwechslung. Vor wenigen Wochen war ich über den Walker Pfeiler an der Grandes Jorasses geklettert, und nun würde ich mich mit meinem kleinen Bruder wieder einmal im Klettereinmaleins versuchen.
An einem schönen Herbsttag marschierten wir auf einem kleinen Steiglein über die Tauplitzalm in Richtung Norden zum Sturzhahn. Dieser Berg hat eine lotrechte Westwand mit äußerst schwierigen Durchstiegen, doch diese ließen wir heute im wahrsten Sinne des Wortes links liegen. Wir wandten uns der Südwand zu. Sie ist 180 Meter hoch und hat den Schwierigkeitsgrad III, genauso, wie es sich der Sepperl wünschte. Die Mutter war wohl nicht besonders glücklich darüber, daß sich nun auch ihr jüngster Sohn den Gefahren der Bergsteigerei aussetzen wollte. Einer wäre ihr schon genug, meinte sie einmal, als die ganze Familie um den Mittagstisch saß und in den Radionachrichten hörte, daß sich ihr Sohn Leo in der gefürchteten Eiger-Nordwand in raschem Aufstieg der sogenannten Spinne näherte. Sie wähnte mich indessen am Großglockner. Hätte sie jedoch Sepperls strahlendes Gesicht jetzt beim Einstieg zur Sturzhahn-Südwand gesehen, ich glaube, sie wäre ihm nicht böse gewesen und auch mir nicht. Von hier hatten wir einen wunderschönen Rundblick. Im Südwesten die Tauern, im Westen dann der Großglockner, der Dachstein und gegen Norden die graue Hochfläche des Toten Gebirges. Ich zeigte nach Osten zu den Gesäusebergen und meinte so beiläufig: »Der Kaibling-Südgrat, das wäre eine fesche Tour für dich!« Sepperl aber war mit seinen Gedanken zunächst einmal in der Sturzhahn-Südwand.
Zu den roten Stutzen kam nun noch das rote Perlonseil. Die Welt war für den Sepperl jedenfalls in Ordnung. Ich sagte ihm, daß er die Schuhe festschnüren solle, damit er auch auf den kleinen Tritten einen sicheren Halt finden könne. Dann erklärte ich ihm kurz die wichtigsten Seilkommandos und wie er beim Klettern die Füße auf die schiefen Kalkplatten aufsetzen müsse, um die bestmögliche Reibung zu erzielen. Schließlich, wie man die

Karabiner aus den Haken entfernt und so vielerlei mehr. Dann ging es los. Vor lauter Aufregung faßte der Sepperl die Felsen so fest an, als wollte er den Berg ausreißen. Bald aber stieg er locker und sicher wie ein Zünftiger.
Die Route verläuft so ziemlich in der Fallinie, ich konnte den Sepperl immer auf Zug halten. Nur in der Wandmitte ist ein etwas brüchiger Quergang zu überwinden. Dem Sepperl bereitete dieser Quergang aber keinerlei Schwierigkeiten. Nach einer kurzen Pause ging es weiter. Jetzt konnte man in die lotrechte Westwand hineinschauen. In dieser hatte Heinrich Harrer einen Durchstieg eröffnet. Der Sepperl war tief beeindruckt, als ich ihn aufklärte, daß dies eine Sechsertour wäre. »Glaubst, daß wir die einmal zusammen derpacken werden?« Ich gab mich zuversichtlich: »Wenn du so weitermachst und immer vorsichtig bist, will ich dich gern auch einmal durch diese Wand führen, aber man darf nichts überstürzen. Du hast ohnehin schon mit einer Dreiertour angefangen und die Einser und Zweier ausgelassen.« Sepperl aber meinte: »Die Vierer und die Fünfer mach' ich schon noch vor der Harrer-Route.« Ich war überrascht, wie gut und schnell wir vorankamen. Bald stand ich auf dem Gipfel und sicherte meinen Bruder die letzte Seillänge herauf. »Paß jetzt ein bisserl auf, da ist noch eine haarige Stelle drinnen!« Als der Sepperl 10 Meter unter mir sich anstellte, diesen letzten steilen Riß zu packen, kam er mir schon doch ein bißchen abgekämpft vor. Er probierte ein bißchen herum, dann rief er mit schon etwas ausgetrockneter Stimme zu mir herauf: »Leo, i glaub', jetzt geht ma da Schmäh aus.« Solche Pointen hatte er sich im Umgang mit unseren Wiener Feriengästen angeeignet. Der »Schmäh« ist ihm aber nicht ausgegangen. Nach wenigen Minuten stand er neben mir auf dem Gipfel. »Bergheil, Sepp, ich gratulier' dir.« Sepperl war ganz stolz, er drückte mir die Hand oder, besser gesagt, er wollte sie mir drücken. Seine letzten Kräfte hatte er indessen in den Ausstiegsriß investiert; jetzt legte er seine zarte Kinderhand in die meine. Seine Augen glänzten. Ich hatte einen neuen Bergkameraden gefunden. Wir trugen uns in das Gipfelbuch ein, rasteten noch eine Weile, dann legten wir das Kletterzeug zusammen und verpackten es im Rucksack. Der Sepperl hatte sich ausbedungen, das Seil aufzuschießen, und er war auch bereit, es über der Schulter hinunterzutragen. Zwei Jahre später turnten wir über den Kaibling-Südgrat. Als er vierzehn war, durchstiegen wir die Dachstein-Südwand auf der Pichl-Route. Die Wand ist 700 Meter hoch und verlangt den Kletterern schon einiges an Kondition ab.
Es war schon Herbst, und der Winter stand vor der Tür. Für Sepperl war eine günstige Gelegenheit gekommen, seinem großen Bruder eine Gegenleistung anzubieten. Bei den bevorstehenden steirischen Militär-Schimeisterschaften, an denen ich aktiv teilnehmen sollte, fand sich diese. Beim Schilauf war jedenfalls der Sepperl der »große Bruder«. Die Wettkämpfe begannen mit einem Riesentorlauf. Ich zog die Startnummer 106. Soviel wußte auch ich: Meine Chancen waren gleich Null. Ich hoffte zwar, daß ich auf Grund

meiner guten Kondition das Rennen durchstehen würde, aber das war auch alles. Sepperl bemühte sich wie ein Kurpfuscher um meine 2,20 Meter langen Latten. Er behandelte die Lauffläche mit einem Spezialwachs eigener Produktion. In der kleinen Bergrettungshütte auf der Tauplitzalm wurde gepinselt und gebügelt, daß es gehörig stank und rauchte. »Leo, jetzt kann nichts mehr schiefgehen«, flüsterte mir Sepperl ins Ohr, als ich am Startplatz stand. »58, 59, fertig, los!« lautete das Startkommando, und mit einem kräftigen Ruck sprang ich in die Spur. Beinahe hätte ich zuviel Rückenlage bekommen und wäre gestürzt. Das Wachs, schoß es mir durch den Kopf, Sepperls Geheimwaffe. Meine Fahrt wurde immer schneller, die Tore flogen nur so auf mich zu. Meine 105 Vorkämpfer hatten deutliche, tiefe Spuren hinterlassen. Ich wußte zwar, daß durch diese Spuren und Löcher der kürzeste Weg zum Ziel führte, aber es war mir unklar, wie ich mit dem hohen Tempo dabei heil zu Tal kommen sollte. Am Ziel standen gerade noch einige Zuschauer, die auch den letzten Abgeschlagenen die Ehre erweisen wollten. Ihren Applaus faßte ich mehr als Mitleid denn als Begeisterung auf. Beim viertletzten Tor war es schließlich geschehen. In einem tiefen Loch, aus dem ich kaum heraussah, kamen meine Schier übers Kreuz. Es hob mich aus, und ich flog mit einem eleganten Doppelsalto durch das Tor. Blitzschnell war ich wieder auf den Beinen. Mit ein paar kräftigen Stockstößen taumelte ich durch das Ziel. Erschöpft und verärgert wehrte ich Gratulationen ab. Ich glaubte, man wolle sich einen schlechten Witz mit mir erlauben, als man für mich Bestzeit ausrief, Bestzeit für die Startnummer 106, trotz Sturz. Ich war steirischer Militärmeister im Riesentorlauf geworden. Am Abend kommentierte Sepperl meinen Erfolg mit der Gelassenheit eines Routiniers: »Mam', heute haben wir beim Riesentorlauf zugeschlagen!« Daß er in der Mehrzahl sprach, hatte seinen guten und gerechten Grund.

Beim Torlauf am nächsten Tag ging es dann nicht mehr so gut. Diesmal wirkte sich das Wunderwachs verhängnisvoll aus. Ich wunderte mich über die »echte« Enttäuschung, die Sepperl zur Schau trug, als ich schon beim dritten Tor aus der Piste flog. Hinterher erfuhr ich, daß Sepperl mich auch zum Torlauffavoriten programmiert und damit nicht unwesentlich dazu beigetragen hatte, daß einige meiner prominenten Konkurrenten über ihre Verhältnisse fuhren, zum Sturze kamen und ausschieden. So schoß auch im Torlauf einer von den Außenseitern den Vogel ab. Ja, der Sepperl hatte schon immer etwas für die Kleinen und Schwachen übrig. Sein Kommentar am Abend zu Hause war noch knapper: »Mam', heute haben wir Pech gehabt!«

Im darauffolgenden Sommer war wieder ich an der Reihe. Sepperl war mittlerweile sechzehn geworden, und die Sturzhahn-Westwand hatte er noch in guter Erinnerung. Er kannte sie zwar nur vom Hinüberschauen, aber obwohl er damals mit der Südwand zu tun hatte, dürfte es ihm die Harrer-Route doch auch schon angetan haben. Wir standen jetzt jedenfalls vor dem

Mit ihren 900 Metern ist die Dachstein-Südwand eine der höchsten Felswände der Ostalpen

Einstieg zu dieser schwierigen Felsfahrt: 200 Meter hoch, senkrecht, Schwierigkeitsgrad VI. Der bekannte Erstersteiger der Eiger-Nordwand, Heinrich Harrer, hatte diese reizvolle, aber äußerst schwierige Route vor dem Zweiten Weltkrieg erschlossen. Sie war dann längere Zeit in Vergessenheit geraten. Ich darf für mich in Anspruch nehmen, eine Renaissance eingeleitet und mit der 4., 5. und 6. Begehung diese Route wieder in das Bewußtsein der extremen Bergsteiger unseres Landes zurückgeführt zu haben. Daß Sepperl und ich diese luftige Bergfahrt gemeinsam machten, zählen wir beide zu unseren schönsten Erinnerungen. Nach dreistündiger Kletterei standen wir glücklich auf dem Gipfel und jauchzten hinüber auf den nahen Traweng-Gipfel, von dem aus eine große Schar von Bergwanderern unseren Aufstieg verfolgt hatte.

Sepperl ist mittlerweile zwanzig Jahre alt geworden. Er hat die Hotelfachschule besucht und seinen Beruf gefunden. Zum Klettern ist er in letzter Zeit nicht mehr gekommen. Vielleicht, weil ihm Gleichgesinnte aus dem Kreise seiner Altersgenossen fehlten. Die Freude und Begeisterung für die Berge sind ihm aber geblieben. Schon öfter beschloß er ein Gespräch, das wir über meine Bergfahrten und Expeditionen führten, mit der Bemerkung: »Leo, gehn wir wieder einmal eine gute Tour?« Die Mutter hört sich solche Fragen heute schon leichteren Herzens an. Sie hat jetzt zu mir und wohl auch zu ihrem Sepperl mehr Vertrauen, als sie es seinerzeit hatte, und wahrscheinlich auch die Hoffnung, daß ja doch nur einer ihrer »Buam so narrisch is und sich für nix und wieder nix so abschinden mag«. Wie eigenartig verlaufen doch die Lebenswege. Der Sepperl hatte den Eifer und wohl auch das Talent zum Bergsteigen, und er hatte einen großen Bruder, der Bergsteiger war. Mit sechzehn gelang ihm schon eine Bergfahrt im höchsten Schwierigkeitsbereich. Das Schicksal wollte es jedoch anders mit ihm. Er wird seine Freude und sein Glück in seinem Beruf finden.

Auch ich hatte meine Freude und mein Lebensglück in meinem Beruf gefunden, aber wohl nur deshalb, weil mein Beruf mich dorthin führte, von wo er meinen kleinen Bruder weggeholt hatte. Wenn ich heute zurückblicke, möchte ich meinen, daß mich die Gunst meines Schicksals schon sehr früh in die Obhut nahm, denn ich hatte kein Vorbild unter Brüdern, Verwandten oder Freunden. Die Berge bedeuteten mir in meiner Kindheit und frühen Jugend nicht viel. Die Berge kannte ich nur von unten, und selbst der Wintersport, dem ich später mit so großer Begeisterung huldigen sollte, bestand für mich zunächst nur aus dem Eisstockschießen. Dabei fand ich unter den erwachsenen Männern eine gewisse Gleichberechtigung, die mir wohltat. Ohne eigene Initiative stand ich, sechzehnjährig, einmal auf dem Gipfel des Großglockners. Bergrettungsmänner meiner engeren Heimat hatten mich auf diese Tour mitgenommen. Die blaugefrorenen Knie unter meiner kurzen Lederhose gehörten allerdings mir, so daß ich, wenn ich es recht bedenke, eigentlich doch einen entscheidenden Anteil am Gelingen

◂Westliche Zinne-Nordwand, Cassin-Route (VI+): »Wir stiegen in Wechselführung und bewältigten die mit VI+ beschriebene Route in kürzester Zeit«

Sturzhahn:

1 = Harrer-Route (Westwand): VI—

2 = Schlömmer-Route (Südwestwand): VI, A 3

dieser Bergfahrt leistete. Im Unterbewußtsein dürfte diese erste Begegnung mit den leuchtend klaren Dreitausendern aber doch einen sehr nachhaltigen Niederschlag in mir gefunden haben. Niemand von meinen damaligen Begleitern hätte sich jedoch zur Prognose hinreißen lassen, daß ich vielleicht einmal ein richtiger Bergsteiger werden könnte.

Meine zwei Onkel sind Gendarmen. Sie hüten Ordnung und Gesetz und helfen, wenn es sein muß, in Katastrophenfällen. Der Zauber der Montur war es gewiß nicht, der auch mich in die Gendarmerieschule in der Südsteiermark einrücken ließ. Auch nicht die Verlegenheit, etwa keinen anderen attraktiven Beruf erlernt zu haben. Nein, es war nach den Vorbildern aus meiner Verwandtschaft der Wunsch, in einem so männlichen Beruf etwas Brauchbares leisten zu können. Nach Abschluß des Staatsvertrages, der Österreich wieder die volle staatliche Souveränität brachte und gleichzeitig auch das Recht auf Selbstverteidigung einräumte, wurden die sogenannten B-Gendarmen, vor allem wir Gendarmerieschüler, zu Bundesheersoldaten umfunktioniert. Wer wollte, konnte bei der Exekutive verbleiben. Mir jedoch gefiel es beim Militär besser. Ich wurde Mitglied des österreichischen Bundesheeres und begann, mich auf meinen Berufsweg ernsthaft vorzubereiten. Die Berge trugen zu diesem Entschluß nicht unwesentlich bei. Sie sollten mein menschliches und berufliches Schicksal werden. Es ist bislang ein glückliches. Als Neunzehnjähriger hatte ich Gelegenheit, an einem Alpinkurs in den Tiroler Bergen teilzunehmen. Dabei schien es fast, als würde mir der Zufall einen Streich spielen. Meine Kompanie nannte fünf Teilnehmer für diesen Kurs. Röthel, Wilfing, Adler, Arnold und Krenn waren ihre Namen. Dieses Fähnlein der fünf Auserwählten war berufen und für würdig befunden worden. Ich war der sechste. Der sechste Platz war jedoch bei fünf Auserwählten genauso viel wert wie der hundertste, nämlich nichts. Da schlug sich das Schicksal auf meine Seite. Hugo Krenn hatte einen Gerichtstermin und der Reservemann Schlömmer seinen fünften Platz. Die Begeisterung des Reservemannes war groß, obwohl seine bergsteigerische Erfahrung über die blaugefrorenen Knie am Großglockner vorerst noch nicht hinausgekommen war. Was noch fehlte, sollte nun auf der Wattener Lizum nachgeholt werden, denn dort trafen sich angehende Alpinsoldaten aus allen österreichischen Bundesländern zu einem Kurs.

Zehn Tage lang wurden wir in die Grundbegriffe des Bergsteigens eingeführt. Erfahrene Gendarmeriebergführer lehrten in Theorie und Praxis Klettern, Anseilen, Abseilen, Dülfer-Sitz, mit gleichzeitigen Hinweisen auf den Namensgeber dieses Abseilsitzes, und was eben sonst noch alles in die Elementarschule des Alpinismus gehört. Die Lizumer Sonnenspitze wurde erstiegen, die Kalkwand überschritten. Wir lernten den Umgang mit Karte und Kompaß, das Anfertigen von Marschskizzen und etwas über den tektonisch-geologischen Aufbau der Alpen. Auch Kenntnisse über die alpinen Gefahren und Erste Hilfe wurden vermittelt. Ich lauschte und lernte.

Alles war für mich neu. Ich war mit so großem Eifer bei der Sache, daß ich Lob erntete. Je weiter es dem Kursende entgegenging, desto leidenschaftlicher wurden meine Versuche, schwierige Kletterstellen zu meistern, meine Kraft und meine Klettertechnik an Felsblöcken zu erproben.

Im Stockbett über mir schlief ein »alter Hase«. Er erzählte von seinen Bergfahrten, von der Eiger-Nordwand, von der Matterhorn-Nordwand, von der Dachl-Roßkuppen-Verschneidung, die er im Winter begangen hatte, von einem Sturz am sogenannten »Domüberhang«. Zum erstenmal hörte ich etwas vom Haindlkar und von einem Holzpackelquergang. Wir lauschten seinen Erzählungen mit einem leichten Gruseln und mit Bewunderung zugleich. Ich erkundigte mich nach dem Namen dieses verwegenen Burschen. Er hieß Leo Forstenlechner, war Holzknecht gewesen und in den Gesäusebergen zu Hause. Diese extremen Bergfahrten schienen für ihn eine Selbstverständlichkeit zu sein, wie alles andere auch, das er mit seiner »Bierruhe« anging. Ja, Leo Forstenlechner war damals allererste Klasse unter den extremen Bergsteigern Europas. Ich wurde fast verrückt bei dem Gedanken, daß vielleicht auch ich einmal solche Touren machen könnte. Den Kurs beendete ich mit der Qualifikation »für die Weiterbildung ausgezeichnet geeignet«. Ich konnte zufrieden sein und war es auch. Für meine Kurskameraden gab es unterschiedliche Beurteilungen. Sie schienen von den Bergen nicht so richtig gepackt zu sein. Es fand sich daher auch kein Seilgefährte für meine künftigen Felsgänge aus ihren Reihen.

Was blieb mir anderes übrig, als zunächst einmal allein die Bekanntschaft mit einigen Felsfahrten zu machen. Schließlich wollte ich nicht erst lange auf einen Gefährten warten, denn ich war immerhin schon zwanzig, also ein Spätberufener, und hätte ich mir erst einmal ein brauchbares Rüstzeug für größere Unternehmungen bergsteigerischer Art angeeignet, sollte sich wohl auch für mich ein Seilgefährte finden lassen. Mit neuen Kletterpatschen und den notwendigen Kletterrequisiten ausgerüstet, fuhr ich zum höchsten Berg meiner Heimat, dem Dachstein. Auf der Südwandhütte studierte ich einen abgegriffenen alten Dachstein-Kletterführer, berauschte mich an den Beschreibungen der klassischen Felsfahrten und nahm mir schließlich vor, eine davon am nächsten Morgen anzugehen. Meine Wahl fiel auf die Pichl-Route, mit dem Schwierigkeitsgrad III+.

Die Dachstein-Südwand machte einen gewaltigen Eindruck auf mich. Ihre geschlossene Wandflucht und ihre Höhe von zum Teil mehr als 800 Meter geben ihr ein gigantisches Aussehen. Mein junges Bergsteigerherz schlug jedenfalls bis zum Halse. Am nächsten Tag stieg ich durch die Pfannl-Maischberger-Route auf das Dirndl. Auch dieser Weg wird mit III+ bewertet. Das Klettern machte mir Spaß. Ich ging sehr vorsichtig und versuchte, jedes Risiko auszuschalten. Man sagt, daß sich beim Schwierigkeitsgrad III die Geister scheiden. Nicht etwa so, daß die einen weitermachen bis zu den höchsten Schwierigkeitsstufen, und die anderen aufhören, weil

Große Bischofsmütze, SO-Kante: »Schon die erste Seillänge ist äußerst schwierig...«

es ihnen zu gefährlich wird. Ich glaube, es ist anders zu verstehen. Wie jemand diesen Schwierigkeitsgrad meistert, mit welchem Ernst er sein technisches Können und seine geistige Einstellung zu den Bergen an dieser mittleren Schwierigkeit prüft und mißt, mag entscheidend sein für seinen weiteren Weg in den Bergen. Juan Manuel Fangio und andere große Formel-I-Piloten sollen im Straßenverkehr sehr vorsichtige, beinahe ängstliche Autofahrer gewesen sein, wenn es aber ums Letzte ging, da waren sie draufgängerisch und mutig, allen Schwierigkeiten gewachsen. Der Vergleich hinkt, schon gar, wenn man die Pfannl-Maischberger-Route mit dem Straßenverkehr in Beziehung setzen will. Ich glaube aber, daß es nicht ganz von der Hand zu weisen ist, die Umsicht und Sorgfalt auf den Touren des III. Schwierigkeitsgrades als Voraussetzung für das weitere Gelingen im schwierigsten Fels gelten zu lassen; und das mit der Scheidung der Geister hatte bei mir auch seine Richtigkeit. Jetzt war mir nämlich vollends bewußt geworden, daß ich den Bergen mein ganzes Sinnen und Trachten verschrieben hatte. Nicht nur das Klettern, die sportliche Bewegung machte mir Spaß. Das Gefühl, in wilder Landschaft, in der herrlichen freien Natur sein zu können, machte mich froh und glücklich. Die Berge wurden mir Maß und Mitte. Nie versuchte ich, über sie zu triumphieren. Gelang es mir, sie zu bezwingen, war ich dankbar. Im Laufe der nächsten Jahre besuchte ich fleißig Bergführerkurse. Im Sommer wie im Winter. Ein großer Wunsch reifte: Ich wollte Heeresbergführer werden.

Wieder einmal nahm ich an einem Heeresbergführer-Felskurs im Wilden Kaiser teil. Wir schrieben das Jahr 1958. Treffpunkt war St. Johann in Tirol. Ein Häuflein schüchterner, erwartungsfroher Gesellen harrte der kommenden Dinge. Hände wurden geschüttelt und Fragen gestellt: »Woher kommst du?«, »Was hast du heuer schon gemacht?«. Ich war zwar kein Neuling mehr, in diesem Jahr waren in meinem Tourenbuch immerhin schon die Dachlkante im Gesäuse, die Fleischbank-Ostwand und die -Südostwand, die Totenkirchl-Westwand und die Schüle-Diem-Route am Predigtstuhl, schließlich die Däumling-Ostkante und an der Bischofsmütze sowohl die Ostwand als auch die Westwand sowie die exponierte Südostkante, zuletzt die direkte Roßkuppenkante im Gesäuse verzeichnet. Dennoch war ich in aufgeregter Erwartung, was diesmal der Kaiser-Kurs bringen sollte, ob das Können für den erfolgreichen Abschluß des Lehrganges reichen würde. Nicht weit von den wartenden Kursteilnehmern hatten sich die Ausbildner versammelt.

Vor einem alten Volkswagen, dessen Kofferraumdeckel weit geöffnet war, machte sich ein kleiner, untersetzter Bursche zu schaffen. Es war einer der ganz Großen, Herbert Raditschnig aus Salzburg, der Star unter den damaligen Heeresbergführern. Er zeigte seinen Kollegen die neue alpine Spezialausrüstung, mit der auch wir während des Felskurses vertraut gemacht werden sollten. Im Vorbeigehen warf ich einen Blick auf diese Kletterutensilien und einen zweiten, einen noch forschenderen, auf ihren Besitzer. Dieser

mußte mein Interesse offensichtlich bemerkt haben. Nach kurzer Begrüßung fragte er mich, ob ich Lust hätte, mit ihm am Seil zu gehen. Rasch schüttelte ich ihm die Hand, als wollte ich ganz sicher gehen, daß er sich seinen Entschluß nur ja nicht wieder überlegte. Ich hatte den besten Lehrmeister gefunden. Mit den letzten Strahlen der Abendsonne stiegen wir von der Griesner-Alm zum Stripsenjoch-Haus auf. Mit den schweren Rucksäcken zogen wir unsere Schleifen, Kehre um Kehre. Wie riesige Orgelpfeifen bauten sich vor und um uns die hell leuchtenden Kaiserwände auf. In der Fleischbank-Ostwand hingen einige Nebelfetzen. Das Wetter versprach schön zu bleiben. Meine Stimmung war großartig. Würde ich das Vertrauen Herberts wohl nicht enttäuschen? Ich kannte seine Touren, die er mit den besten Bergsteigern gemacht hatte. Er gehörte der unter der Leitung des Innsbruckers Dr. Heinrich Klier stehenden Expedition zur Jirishhanca in den Anden an. Auch von seinem gelungenen Rückzug aus der Eiger-Nordwand wußte ich. Ein Steinschlag hatte damals seinem Seilgefährten Hias Noichl die Hand zerschmettert. Mit der dritten Begehung des Bonatti-Pfeilers an der Dru zusammen mit Toni Egger hatte er höchste Meisterschaft im Fels bewiesen. Dieser Mann würde mich also jetzt zehn Tage lang auf Herz und Nieren prüfen.
Knapp vor der Hütte ließ ich meine Kameraden an mir vorbeigehen. Ich wollte noch ein wenig verweilen und meinen Blick hinaufrichten zu der lotrechten Wand des Predigtstuhles. Jetzt, da ich wußte, daß Herbert Raditschnig mein Lehrer und Führer sein würde, träumte ich von der Direttissima auf diesen markanten Gipfel, der seiner Gestalt wegen nicht zu Unrecht von einem Predigtstuhl den Namen erhielt. Das wäre jedenfalls für mich das »Non plus ultra«, eine tolle Tour. Noch tief in Gedanken darüber versunken, betrat ich die Hütte. Ein vergnügter Abend stand bevor! Meine Gedanken aber weilten in der himmelstürmenden Direttissima des Predigtstuhls. Rasch vergingen dann die Tage. Der Kurs war schwer, aber erfolgreich. In der Erinnerung nehmen die erste Begegnung mit Herbert Raditschnig und die Direttissima auf den Predigtstuhl einen ganz besonderen Platz ein.

IM GESÄUSE

Ihren Namen hat diese Landschaft von den reißenden Wassern der Enns, die sich seit Jahrtausenden durch die weißen Kalkfelsen hindurchzwängt. Nomen est omen. Wenn die weiße Gischt des Ennswassers talwärts stürmt, dann ist es ein Rauschen und Sausen, daß einem angst und bange werden könnte. Ein Naturschauspiel von ganz besonderem Reiz. Unter den landschaftlichen Prunkstücken meiner Heimat nehmen die lotrechten Felswände, die beiderseits der Gesäuseschlucht gegen den Himmel stürmen, einen ganz

besonderen Rang ein. Es hat einen guten Grund, warum ich mit einer besonderen Liebe an den Gesäusebergen hänge. Hier habe ich nämlich meine erste Sechsertour gemacht: die Dachl-Nordwand. Von der heutigen Bergsteigerjugend wird sie häufig die »alte Dachl-Nordwand« genannt, weil das Dachl selbst sich schon einige noch schwerere Routen gefallen lassen mußte. Ich nenne die Dachl-Diagonale oder den Buhl-Weg, die zu den schwierigsten Unternehmungen des Gesäusekletterns zählen.
Mit Rupert Klein kam ich, Neuling des VI. Grades, in das Haindlkar, um mein erstes großes Gesäuseabenteuer zu erleben. Rupert galt als hoffnungsvolles Klettertalent, er stammte aus dem steirischen Industrieort Donawitz, wo er studierte. Schon ein Jahr nach diesem gemeinsamen Gesäuseerlebnis stürzte Rupert in leichtem Gelände zu Tode. Der Ausstieg aus der Kaibling-Südwand wurde ihm zum Verhängnis.
Der bekannte Alpinschriftsteller Kurt Maix schrieb über das Gesäuse einmal: »Ist der Wilde Kaiser die Hohe Schule der modernen Sportkletterei, so bilden die Gesäusewände die Universität des ernsthaften, schweren Alpinismus im Fels.« Meiner Meinung nach ist das Gesäuse nur mit dem Karwendel oder der Civetta in den Dolomiten zu vergleichen, was die geschlossene Wandformation und vielleicht auch die Anforderungen der Durchstiege betrifft. Das Gesäuse ist auch heute nicht überlaufen. Planspitze, Peternschartenkopf, Roßkuppe, Dachl, Hochtor, Haindlkarturm, Festkogel und Ödstein sind die Namen der über 2000 Meter hinaufragenden Felstürme. Das Hochtor nimmt mit 2365 Meter eine gewisse Vorzugsstellung, zumindest der Höhe nach, ein. Die Wände haben eine Höhe zwischen 400 und 1000 Meter. Ein Idyll für sich war die alte Haindlkarhütte, die heute nur noch der älteren Bergsteigergeneration ein Begriff ist. Ein paar hundert Meter abseits liegt die stattliche neue Haindlkarhütte, die eigentlich gar keine Hütte, sondern schon ein richtiges Haus ist. Im Haindlkar wurde bergsteigerische Geschichte geschrieben. Namen wie Zsigmondy, Pfannl, Maischberger, Wessely, Jahn, Zimmer, Prusik, Peterka, Kasparek oder Brunhuber sind untrennbar mit der Erschließung der Gesäuseberge verbunden. Die Seilschaft Rößner, Moldan, Schintlmeister erkämpfte sich in der Zeit vom 28. Juni bis 1. Juli des Jahres 1931 den ersten Durchstieg durch die Dachl-Nordwand. Erstmals wurde im Gesäuse bei dieser Tour die moderne Seiltechnik zu Hilfe genommen. Einen neuen Höhepunkt setzten Schinko und Sikorowsky mit der Erstdurchsteigung der sogenannten Dachl-Roßkuppen-Verschneidung. Diese Route wurde und wird mit dem höchsten Schwierigkeitsgrad VI+ bezeichnet. Lange Zeit hatte sie, was den Schwierigkeitsgrad anlangte, nicht ihresgleichen weitum. Nach dem Zweiten Weltkrieg sah man hier neue Gesichter: Forstenlechner, Scheiblehner, Ambichl, Willenpart, Waschak, Larch; sie erschlossen dem Gesäuse neue und schwerste Routen. Walter Almberger, Hugo Stelzig und vor allem Klaus Hoi machten zuletzt das scheinbar Unmögliche möglich. Auch das Gesäuse erlebte jetzt die große

Nachlese, die konsequente Steigerung in den höchsten Schwierigkeitsgrad des Kletterns.

Aber nun zurück zu Rupert Klein, der mich durch die Dachl-Nordwand führte. Rupert war auf der Haindlkarhütte schon bekannt. Das hatte den Vorteil, daß wir im Privatabteil des Hüttenwirtes schlafen durften. Auch ich »Gesäuseneuling« partizipierte an diesem Privileg. In der kleinen Hütte ging es zu wie in einem Bienenhaus. Die Bienenkönigin war Hubert Asch, der Hüttenwirt. Er stand in der Mitte der Stube und verteilte die Decken für die Nachtlager. Damals kam mir auch zum Bewußtsein, daß es viel leichter sein muß, ein weißes Kaninchen aus einem Zylinderhut zu ziehen, als hundert Bergsteiger auf 20 Quadratmeter zur Ruhe zu betten. Doch Hubert Asch gelang dieses Kunststück.

Als Eingehtour vor der Dachl-Nordwand absolvierten wir noch schnell die klassische Roßkuppenkante. Sie wird mit V bewertet, eine richtige Aufbautour für die schwierigeren Gesäusefahrten. Die Dachl-Nordwand brachte mich dann einmal in Verlegenheit, knapp unter dem Ausstieg. Ansonsten aber war Rupert mit mir recht zufrieden. Meine erste Gesäusefahrt war jedenfalls von Sonne und Freude überstrahlt.

Wie schnell aber das Glück, diese Unbekümmertheit und dieser Frohsinn in tiefe Betrübnis umschlagen können, machte ein späteres Erlebnis deutlich. Nirgends können Glück und Trauer, Freude und Niedergeschlagenheit sich nämlich so abrupt wandeln wie im Leben eines Bergsteigers. Als ich mit Herbert Raditschnig nach strahlend schönen, glücklichen Tagen im Wilden Kaiser ins Gesäuse kam, in der großen und frohen Erwartung meiner ersten Tour im höchsten Schwierigkeitsgrad VI+, der berüchtigten Dachl-Roßkuppen-Verschneidung, sollte dem strahlendsten Erlebnis eine kummervolle Erfahrung vorausgehen. Wir kamen spätnachmittags auf die Haindlkarhütte. Die Menschen hier oben zeigten ernste Mienen. Bald erfuhren wir, daß der Wiener Bergsteiger René Simek vor kurzem vom Bergrettungsdienst tot geborgen worden war. Er war ein bekannter Alleingänger, der die Nordwand der Großen Zinne in den Dolomiten und die Nordostwand des Piz Badile allein und in kürzester Zeit erstiegen hatte. Heute war er bei der Alleinbegehung der Roßkuppen-Nordwand in den Tod gestürzt. Die Leiche des Bergkameraden wurde unter den Hüttenblock, einem riesigen Felsblock neben der Haindlkarhütte, gelegt. Am nächsten Morgen sollte René Simek für immer von seinen geliebten Gesäusebergen Abschied nehmen und hinausgetragen werden aus dem Haindlkar. Zum erstenmal in meinem jungen Bergsteigerleben kamen mir Zweifel über den Sinn des Bergsteigens überhaupt, über Gefahren, über Risiko und über das Abenteuer Berg. Die große Erwartung, mit der ich hierhergekommen war, schien in weiter Ferne verloren zu sein.

Wir schliefen bis Mitternacht auf einem Tisch vor der Hütte. Im ersten Morgengrauen standen wir beim Einstieg der Verschneidung.

Bevor Schinko und Sikorowsky im Juni 1936 diese Riesenverschneidung bewältigten, hatten Könner wie Kasparek oder Brunhuber schon vergeblich einen Weg zu erschließen versucht. ...»In der Dachlschlucht setzt die 400 Meter hohe Verschneidung an, die unter der hereinwölbenden rechten Begrenzungswand bis 300 Meter wohl 20 Meter überhängend ist.« So steht es im Gesäusekletterführer. Die weitere Beschreibung dieser Route hatte ich vorher fast auswendig gelernt. Die lebende Illustration dazu gab mir Herbert Raditschnig, der einige Meter ober mir über die delikatesten Kletterstellen turnte. »Aus dem Riß äußerst schwierig durch das griffarme Gewölbe eines acht Meter langen und fünf Meter weit hinausragenden Kamines empor, ab dessen Ende frei hängend und äußerst anstrengend mittels vier Haken über den obersten, völlig glatten Wulst so weit hinweg, daß man die ersten zwei, ganz kleinen Griffchen am unteren Abbruch einer fast lotrechten Rinne mit den Fingerspitzen gerade erreicht, wenn man sich im Seilzug nach links legt und äußerst schwierig (nahe der absoluten Sturzgrenze!) nach links in die kurze Rinne und empor auf schlechten Stand.« Hatte diese Beschreibung schon etwas Dramatisches an sich, so war sie doch nur ein schwacher Abklatsch der Realität.

Zwischen den überhängenden grauen und gelben Wänden fristet ein Holunderstrauch sein Dasein. Auch er ist in die Geschichte der Gesäuseberge eingegangen. Wie weit und von woher mochten die Pollen geflogen sein, die sich hier dann in den lotrechten Felsen gefangen hatten, keimten und wuchsen, Blätter und Früchte trugen. Im vergilbten Wandbuch fanden wir Eintragungen mit bekannten Namen: Forstenlechner, Almberger u. a. Vom Holzpackelquergang hatte ich schon einmal gehört, damals in der Wattener Lizum. Heute sollte dieser für mich zur beinharten Realität werden. Wie in einem Kochbuch blätterte ich rasch im Kletterführer: ...»Weiter in gleicher Richtung, längs dem nun mehrfach unterbrochenen Querrißchen, das ganz seicht und ausgesintert ist, etwa zehn Meter weit äußerst schwierig mit Hilfe von sieben oder acht Holzklötzchen und kurzen Spachtelhaken ohne sonstigen Halt.« Wir aber hatten keine Holzklötzchen und im Riß befanden sich auch keine.

»Was machen wir jetzt?« Meine Frage schien Herbert nicht aus der Ruhe zu bringen. »Einmal schauen.« Obwohl mir klar war, daß man mit dem Schauen allein keine Schwierigkeiten meistern konnte, fand ich mich vorerst damit ab. Herbert hatte mein vollstes Vertrauen. Der Salzburger Heeresbergführer Herbert Raditschnig beließ es aber auch nicht beim Schauen, sondern nahm zwei Fifi-Haken in die Hände und kratzte sich damit über diese abenteuerliche Stelle hinweg. Für mich hatte er eine besondere Überraschung bereit. »Du hupfst einfach, Leo!« Ich traute meinen Ohren nicht. Herbert grinste zu mir herüber. Um seinem Vorschlag mehr Nachdruck zu verleihen, nahm er die Schriftsprache zu Hilfe. »Spring einfach ins Seil!« Ein Irrtum meinerseits war also ausgeschlossen. Herbert wollte wirklich,

*Dachl-Nordwand:
Buhl-Gedächtnisweg: 13. Begehung durch Leo Schlömmer und Alfred Kapfenberger (5. 7. 1969)*

daß ich mich einfach ins Seil hineinfallen ließe und, wenn ich als lebender, luftiger Pendel zur Ruhe gekommen wäre, schlicht und einfach mit Seilhilfe zu seinem Standplatz aufzusteigen hätte. Gedacht, getan! Herbert fand jedenfalls gar nichts Außergewöhnliches dabei und ging alsbald zur Tagesordnung über. Auf dieser Tagesordnung stand als nächster Punkt »Graue Verschneidung«. Mittlerweile hatte ich mich an diese Schwierigkeiten etwas gewöhnt. Bald kamen wir zum sogenannten »Trichter«. Er forderte uns noch einmal zu letztem Einsatz heraus. Nach achtstündiger Kletterei im schwersten Fels standen wir am Roßkuppengrat. Wir waren die glücklichsten Menschen der Welt. Daß ich diesen schweren Weg bald im Alleingang schaffen würde, kam mir nicht in den Sinn, obwohl ich in meiner grenzenlosen Freude am liebsten mit beiden Händen nach den Sternen gegriffen hätte.

EIN PEINLICHER ZWISCHENFALL

Meine besondere Leidenschaft galt schon sehr früh dem Schilauf. Zwar standen Können und Begeisterung in einem argen Mißverhältnis zueinander. Immerhin glaubte ich zunächst, mit letzterer das Auslangen zu finden. Natürlich gehörten auch zwei Brettln dazu, und die lagen an einem Heiligen Abend plötzlich unter dem Christbaum.

Den Mitterndorfer Buben scheint es schon in die Wiege gelegt zu sein, daß sie Schispringer werden, oder vielleicht ist dies auf der ganzen Welt so, daß man fürs allererste einmal große Sprünge machen möchte. – Heute treffen sich die Schiflieger aus der ganzen Welt in meiner Heimatgemeinde am Kulm, um mehr als 150 Meter durch die Luft zu segeln. – Schon lange jedoch, bevor die berühmte Kulmschanze errichtet worden war, versuchten sich die Mitterndorfer Buben in dieser Kunst. Also warum nicht auch ich. Zu meiner Begeisterung kam nicht etwa nur ein bescheidenes Können, sondern, was die Begeisterung noch gefährlicher machte, ein ungesunde Portion Mut. Daß er ungesund war, merkte ich freilich erst unmittelbar vor dem Schanzentisch in der Anlaufspur. Er verließ mich nämlich. Und so flog ich wie ein Geschoß, mich mehrmals überschlagend, über den Schanzentisch hinaus. Meine Kollegen, die die Sprungweite messen wollten, wichen in den nahen Wald zurück, und sie taten gut daran, denn die Stelle an der ich landen sollte, war nicht vorauszuberechnen. Dieser Sprunglauf endete für mich mit ein paar furchtbaren »Watschen«, sozusagen als Draufgabe für den Kummer, den ich mit meinen abgebrochenen neuen Schiern hatte. Als Schiläufer war ich jedenfalls von Anfang an nicht gerade vom Glück verwöhnt. Zweimal brach ich mir den Fuß. Was das heißt, monatelang mit Gewichten an den Füßen im Krankenhaus zu liegen, vermag nur der zu ermessen, der es schon einmal versucht hat. Wen darf es also wundern, daß ich allmählich die Schneid verlor, beileibe nicht die Freude. Das Schi-

Dachl-Roßkuppen-Verschneidung

laufen sollte bei mir nicht Selbstzweck sein. Ich entdeckte den hochalpinen Geländelauf.
Was gibt es schließlich Schöneres, als sanfte Schwünge in die tief verschneiten, unberührten Steilhänge der Hochalpen zu ziehen. Daß der hochalpine Schilauf besondere Gefahren birgt, war mir längst bewußt. Schließlich wurden mir als Berg- und Schiführer des österreichischen Bundesheeres und als Ausbildner im Rahmen von Winteralpinkursen immer wieder junge Menschen anvertraut, denen ich das Glück des hochalpinen Schilaufes vermitteln sollte. Aber an diesem Glück kann sich nur einer erfreuen, der auch um die Gefahren weiß und imstande ist, sie zu meistern.
Es war auf der Franz-Senn-Hütte in den Stubaier Alpen. Wir waren eine fröhliche Schar, braungebrannt und durchtrainiert. Jeden Tag standen wir auf einem anderen Gipfel, jeden Tag lohnte eine kilometerlange Talfahrt über unberührte Gletscherhänge den mühsamen Aufstieg. Eine unserer letzten Hochtouren galt der Besteigung des Wilden Hinterbergls. Wir stiegen über den von Spalten zerfurchten Berglasferner auf. Wir Ausbildner korrigierten die Aufstiegsspur, die unsere Schüler zu finden hatten, gaben Anweisungen und marschierten im allgemeinen sorglos hinterdrein. Angeseilt sollte die Gruppe abfahren. Bevor es losging, gab ich noch schnell einige Hinweise. Besonders vor den sogenannten A-Spalten oder auch Dom-Spalten warnte ich meine Schützlinge. Diese sind deswegen so gefährlich, weil sie einen oft sehr schmalen Spaltenriß haben, sich nach unten aber weit, das heißt domförmig, öffnen. Wer unangeseilt in eine solche Spalte stürzt, hat keine Chance auf Rettung. Ich fuhr ohne Seil ab. Nach einigen Schwüngen hielt ich und beobachtete meine Gruppe, die angeseilt abfahren mußte. Ich hatte meine helle Freude, zu sehen, wie gewissenhaft meine Alpinschüler ihr theoretisches Wissen nun in die Praxis umzusetzen sich bemühten. Immer wieder fuhr ich ein Stück voraus, hielt dann und beobachtete meine Gruppe. Gerade war ich wieder in ein schwache Mulde eingeschwungen, als sich plötzlich der Boden unter meinen Füßen zu bewegen begann. Ich kippte um und stürzte kopfüber in ein riesiges Loch. Eisschwerter schauten mir messerscharf entgegen. Eine grundlose A-Spalte öffnete sich unter mir. Ein Schistock, mein Fotoapparat und die Sonnenbrillen verschwanden lautlos im Nichts. Ich glaubte ebenfalls, in dieser unendlichen schwarzen Tiefe zu versinken. So schnell also geht es, dachte ich bei mir. Ich hatte keine Chance, mich irgendwo festzuklammern oder meinen Sturz durch irgendeine Körperwendung zu beeinflussen. Plötzlich aber kam mir zum Bewußtsein, daß ich gar nicht stürzte, sondern daß ich lediglich mit dem Kopf nach unten über dieser grauenhaften dunklen Ungewißheit hing. Meine Kurzschier hatten sich ohne Zweifel an den Spaltenkanten verfangen. Ich getraute mich fast nicht zu atmen. »Eine falsche oder unbedachte Bewegung könnte das Ende bedeuten«, schoß es mir durch den Kopf. Die Sekunden wurden zur Ewigkeit. Ich mußte in dieser Stellung auf Hilfe warten. Der nachrieselnde

Pulverschnee verlegte mir Mund und Augen. Dann hörte ich Stimmen. Vorsichtig machten sich meine Alpinschüler an die Spalte heran und erkannten das drohende Unheil. Ich war unfähig, auch nur das Geringste zu meiner eigenen Rettung beizutragen.
Bald kroch etwas an meinem Körper herab. Es war ein Seil, an dessen Ende kunstgerecht eine Schlinge geknotet war. Wie ein Ertrinkender faßte ich nach dieser Schlinge. Vier Kameraden zogen mit Leibeskräften, und in Sekundenschnelle war ich aus dieser unheilvollen Lage befreit. Tief betroffen schauten wir uns in die Augen. War ich beschämt oder glücklich, stolz oder deprimiert? Das Gefühl, das mich bewegte, war unbeschreiblich. Wir verloren keine Worte, sondern fuhren weiter ab. Als sich unsere Gruppe am Gletscherauslauf anschickte, die Schier abzuschnallen, kam hellvergnügt ein einzelner Schiläufer abgefahren. Genußvoll schwang er vor uns ab. Es war der Stabsarzt, der unseren Kurs betreute. Als wir ihm von dem Vorfall erzählten, wurde er blaß im Gesicht und weich in den Knien. Am liebsten hätte er noch jetzt am Rande der Moräne nach dem Seil gegriffen, um sich festzubinden. Am Abend in der Hütte feierten wir meine »Wiedergeburt«. So ernst diese Sache war, einer brachte uns alle zum Lachen, als er verkündete, daß der Leo Schlömmer eigentlich ein kaltschnäuziger Bursche sei, der sich in eine Dom-Spalte hineinfallen ließ, um seine Alpinschüler zu prüfen, ob sie das Spaltenbergen wohl auch beherrschten.

»VI+« — Meisterschaft in Fels und Eis

BEGEGNUNG IN DEN DOLOMITEN

Wir saßen auf der Bank vor der Drei-Zinnen-Hütte. Es war ein milder Abend. Peppi Reider, der Hüttenwirt, gesellte sich zu uns: »Also morgen geht's da hinauf!« Wir wandten unseren Blick hinüber zu den Nordwänden der Zinnen. Mit Hans Hutegger aus dem Untertal bei Schladming war ich hierhergekommen, um die klassische Comici-Führe durch die Nordwand der Großen Zinne zu durchsteigen. Gleich am nächsten Tag turnten wir die wenig gegliederte, berühmte Nordwand hinauf. An die 500 Meter mißt diese Himmelsleiter aus bestem Dolomitenfels, die noch heute als eine der Genußtouren im VI. Schwierigkeitsgrad in den Dolomiten gilt und oft durchklettert wird. Die erste Besteigung glückte am 13. und 14. August des Jahres 1933. Der berühmte Dolomitenführer Comici erzwang zusammen mit den Brüdern Dimai diesen »Weg« erstmals. Es war gleichsam der Schlüssel für die anderen Dolomitenwände, die nach und nach mit künstlichen Hilfsmitteln erobert wurden. Tags darauf genossen wir den luftigen Aufstieg über die Demuth-Kante auf die Westliche Zinne. Wir saßen im oberen Teil dieser Route auf einem kleinen Absatz und beobachteten eine Seilschaft, die in der Großen Zinne-Nordwand manövrierte. Auf dem Einstiegsweglein unter unserer Nordwand bemerkten wir einen einsamen Wanderer mit Rucksack und langer Hose. Er näherte sich dem Einstieg der Comici-Route. »Er muß sich verlaufen haben, denn hier führt der Normalweg ganz bestimmt nicht auf den Gipfel der Großen Zinne«, dachten wir. Der einsame Wanderer hatte sich aber nicht verlaufen, sondern stieg mit größter Selbstverständlichkeit in diese Route des höchsten Schwierigkeitsgrades ein. Bald hatte er die Seilschaft überholt, und nach drei Stunden stand er am Gipfel. Dieser einsame Wanderer war Claudio Barbier aus Brüssel, einer der hervorragendsten Felsgeher unserer Zeit.

Abends in der Hütte wurde ich mit Claudio bekannt. Er war ohne Partner, und ich sollte es von nun an auch sein, denn mein Schladminger Freund Hans mußte wieder nach Hause. In der Drei-Zinnen-Hütte traf ich noch andere »Bekannte« aus Österreich: Herbert Raditschnig, Walter Almberger und Dr. Heinrich Klier aus Innsbruck. Mit Dr. Klier durchstieg ich am nächsten Tag die berühmte Nordwand der Westlichen Zinne, auf der Cassin-Route. Wir stiegen in Wechselführung und bewältigten die mit VI+ beschriebene Route in kürzester Zeit.

Ich nützte die kurze Bekanntschaft mit Claudio Barbier, um mich mit ihm für eine Kletterfahrt zu verabreden. Bald waren wir uns einig: Auf die Rotwand im Rosengarten fiel unsere Wahl. Lothar Brandler und Dietrich Hasse hatten vor nicht allzu langer Zeit eine neue Führe durch diese 400 Meter hohe, gelbrote Feuermauer eröffnet. Im Hüttenbuch der Paolinahütte steht verzeichnet, daß diese Route schwieriger sei als die Südwand des Torre Trieste oder etwa die Nordwestwand der Cima Su Alto und, was mich besonders beeindruckte, sogar schwieriger als die Westliche Zinne-Nordwand auf der Cassin-Route, die ich eben erst mit Dr. Klier durchstiegen und die mir ganz schön zu schaffen gemacht hatte. Gesagt, getan. Am nächsten Tag stand ich mit Claudio beim Einstieg der Rotwand. Es war ein Erlebnis, Claudio beim Klettern zu beobachten. Der Mann aus dem flachsten Teil Europas kletterte wie eine Spinne. Jetzt war mir auch klar, daß alles, was über Claudio Barbier mit Respekt erzählt wurde, nicht im mindesten übertrieben sein konnte.

Die Rotwand hatte es jedenfalls in sich. Gewagte Freikletterstellen, wie der bekannte Schuppenriß, und Hakengalerien wechselten in bunter Folge ab. Oft kämpften wir mit schlecht sitzenden Haken, mit gelbem und sehr brüchigem Fels. Die Füße baumelten ständig über dem bodenlosen Abgrund. Immer wieder hüllte uns der Nebel ein. Wenn er zwischendurch seinen Vorhang aufriß, konnten wir in der Ferne die weite Ebene der Stadt Bozen und ihrer Umgebung sehen, um uns die bizarren Türme des Rosengartens und des Latemar.

Mir fiel die alte Geschichte vom Rosengarten ein: Der Zwergenkönig Laurin hatte einstmals, als Riesen seinen blühenden Blumengarten verwüsteten, den Fluch ausgestoßen, daß ob solchen Frevels die Rosen dieses Gartens weder bei Tag noch bei Nacht jemals wieder blühen sollten. Der zornige Gnom hatte dabei jedoch auf die Zeit zwischen Tag und Nacht vergessen, und so blühen König Laurins Rosen in der Dämmerung, dann, wenn die letzten Sonnenstrahlen die Dolomitengipfel mit dem zauberhaften Alpenglühen bekränzen. Wie herrlich mußte dieses Schauspiel gerade in dieser Wand sein, die von ihrer Gesteinsfarbe her den Namen trägt: Rotwand.

Claudio hatte die Gewohnheit, sich nach jeder Seillänge die Charakteristik und den von ihm geschätzten Schwierigkeitsgrad zu notieren. Es war erheiternd, zu sehen, oder besser gesagt, nachzulesen, wie der Seilgefährte diese oder jene kniffligе Angelegenheit beurteilte. Claudio sorgte für die eine oder andere Überraschung. Gerade hatte er sich einen überhängenden Riß zu meinem Standplatz heraufgeschunden, als er schon sein Notizbuch zückte und zu schreiben begann. Ich sah ihm keck über die Schulter: Schwierigkeitsgrad IV! Ich konnte nur mit Mühe ein Lachen unterdrücken. Ein paar Seillängen später notierte er an einer, wie mir schien, völlig harmlosen Stelle: V+. »Donnerwetter«, dachte ich mir, »ist Claudio von der Route abgekommen?« Aber ich ließ ihm seinen Glauben.

Nachdem wir einige Tage später noch durch die Micheluzzi am Piz de Ciavazes gestiegen waren, gingen wir spätnachmittags abgekämpft in Canazei zum Friseur, um uns zu verschönern und zu verjüngen. Wir saßen kaum auf den Marterstühlen, als auch schon die Tür des Ladens aufflog und eine Schar von Kindern hereinstürmte. Wir wurden bestaunt wie Marsmenschen, aber nicht etwa der Bärte wegen, die uns in den letzten Tagen in das Gesicht gewachsen waren, sondern weil wir die »Michelizzu« geschafft hatten. Später erfuhren wir, daß vor noch nicht langer Zeit eine mit Vorschußlorbeeren bedachte einheimische Seilschaft in dieser Wand gescheitert war, was unseren Erfolg nur noch eindrucksvoller machte. Die schönen sonnigen Dolomitentage waren bald zu Ende. »Servus, Claudio, es war herrlich, mit dir zu klettern!«

Noch einmal kam ich in diesem Jahr in die Dolomiten. Durch den meterhohen Schnee stieg ich mit Walter Almberger aus Eisenerz in die tief winterliche Einsamkeit der Drei Zinnen zur Auronzohütte auf. Es waren die Tage vor Weihnachten. Wir hatten uns ein verwegenes Ziel gesetzt: Die erste Winterbegehung der vor einem Jahr erstmals durchstiegenen Direkten Nordwand der Großen Zinne. Diese großartige Route wurde von der deutschen Seilschaft Brandler, Hasse, Lehne und Löw erobert. Nach vielen vorbereitenden Versuchen benötigte diese ausgezeichnete Seilschaft fünf Tage für den Durchstieg. Noch heute gilt sie zu Recht als schwierigste Tour in der Nordwand der Großen Zinne. Walter und ich waren ohne Begleitung und ohne sogenanntes Bodenpersonal hierhergekommen. Völlig allein wollten wir diese Unternehmung wagen. Nach stundenlangem, mühsamem Aufstieg mit schweren Rucksäcken betraten wir die kalte, menschenleere Hütte. Plötzlich hielten wir inne. Was war das? Ein Kratzen lenkte unsere Aufmerksamkeit hinter den Ofen. Dort entdeckten wir eine halb verhungerte, kleine weiße Katze. Man hatte das Tier offensichtlich im Herbst versehentlich in der Hütte zurückgelassen. Wir nahmen uns des Hascherls an und machten es wieder »lebendig«. Das Kätzchen wärmte dafür unsere Schlafsäcke, bevor wir uns zur Ruhe begaben.

Schneeschauer, Stürme und eine enorme Kälte vereitelten den Versuch an der »Direttissima«, aber wir gelobten, wiederzukommen. Bei einem Erkundungsgang wären wir beinahe von einem Schneebrett in die Tiefe gerissen worden. Mit dem Zug ging es heimwärts. In Bischofshofen mußten wir die kalte, sternenklare Nacht über auf den Anschlußzug warten. Unsere Gedanken waren schon zu Hause, wo das Weihnachtsfest vorbereitet wurde. Walter bei seiner Familie und ich bei meinen Eltern und Geschwistern.

Einige Monate später war ich mit Walter schon wieder auf der Auronzohütte. Es war Mitte Juni, und der Winterschnee bedeckte noch die weiten Schutthalden vor den Nordwänden der Drei Zinnen. Noch waren keine Touristen hier oben. Wir hatten uns eine tolle Tour vorgenommen: die neunte Durchsteigung der Direkten Nordwand der Westlichen Zinne auf den Spuren der

Franzosen. »Jean-Couzy-Gedächtnisweg« wird dieser gigantische Wandausbruch genannt, der bis 300 Meter Wandhöhe wohl an die 30 bis 40 Meter überhängt, eine verkehrte Riesentreppe aus hellgelbem Dolomitenfels. Es war ein anstrengender Tag, der Fels war morsch und brüchig. Manchmal schien uns ein Maurergewand geeigneter als unsere Bergsteigerkleidung. Wir klebten an senkrechten Fluchten, baumelten unter Dächern, kämpften uns durch überhängende Verschneidungen – härtester Einsatz! Es war eine reine Hakentour, trotzdem zähle ich sie zu den charaktervollsten und interessantesten Felsfahrten, die ich kenne. Daß es in diesem Klettersommer meine erste Felsfahrt war, machte die Angelegenheit für mich zwar nicht interessanter, aber schwieriger. Auf jeden Fall war es eine grobe Herausforderung an meine noch eingewinterten Muskeln und Knochen. Als ich so nebenbei meinem Partner gegenüber bemerkte, daß dies heute meine Eingehtour wäre, würdigte mich dieser keines Blickes. Also konnte ich mir meinen Reim darauf machen, ob mich Walter am liebsten über die Felswand hinuntergeworfen hätte, oder ob er es eben als die selbstverständlichste Sache der Welt ansah, daß man halt eben mit dem Franzosenweg seinen Klettersommer eröffnet.
Wir mußten aufpassen, daß wir nicht an dem kleinen Biwakplätzchen vorbeikletterten, so unscheinbar war es. Als es zu dämmern begann, machten wir es uns auf der kleinen Leiste »gemütlich«. Die Sonne war schon hinter den Bergen verschwunden. Eng aneinander gelehnt, erwarteten wir die kalte Nacht. Lange konnten wir nicht schlafen. Die freudige Erregung über diese abenteuerliche Felsfahrt hatte unsere Sinne zu sehr angespannt.
Nach einem kurzen Dämmerschlaf zog ein strahlender Morgen herauf. Weiter ging's an schlecht sitzenden Haken dem weit ausladenden Abschlußdach entgegen. Obwohl noch keine Sonne in unsere Wand schien, schwitzten wir gehörig. Durst quälte uns. Gegen Mittag waren wir unter dem Schlußdach. Es machte uns zu schaffen, aber es konnte unseren Gipfelsturm nicht verhindern. Der Blick von der Dachkante in die Tiefe ist gigantisch. Ein kurzer Kampf mit der Schwerkraft, und wir hatten die großen Schwierigkeiten überwunden. Beim Aushängen des letzten Karabiners aus einem tief steckenden kleinen Cassin-Haken riß ich mir mein Uhrband auf und – o Schreck – in freiem Fall entschwand meine Omega in der Tiefe, meine gute schöne Uhr. »Dieser prachtvolle Franzosenweg ist aber ein Opfer wert«, dachte ich bei mir. Daß ich sie am Einstieg wieder finden könnte, wagte ich nicht zu hoffen. Wozu auch, als makabres Erinnerungsstück etwa? Nach dem Abstieg trafen wir uns mit Ernst, dem zurückgelassenen Begleiter, der beim Einstieg auf und ab ging und unseren Aufstieg beobachtet hatte.
Er mußte wohl auch das kleine Etwas herunterfliegen gesehen haben und – was noch mehr verwundert, es gut 40 Meter vom Wandfuß entfernt auch tatsächlich gefunden haben. Wie eine Jagdtrophäe schwang er jedenfalls meine Omega, als er uns freudestrahlend entgegenkam. Freilich galt seine

Freude nicht so sehr dem Fund als vielmehr der Tatsache, daß wir wohlbehalten aus dieser schwierigen Wand zurückgekehrt waren. Zu unser aller Überraschung stellten wir fest, daß meine Uhr immer noch ging, das heißt, sie hatte den freien Fall über 350 Meter gut überstanden.
Ernst war sicher, daß sich die Firma Omega eine solche Reklame nicht entgehen lassen würde, und empfahl mir, dieses kleine Wunderwerk mit einem entsprechenden Kommentar einzuschicken. Er fertigte auch eine Skizze an, in die er schematisch die Felswand, den Überhang, die Fallhöhe der Uhr, den Aufschlagswinkel am Wandfuß usw. einzeichnete. Es war für uns eine ausgemachte Sache, daß die Firma mir mit anerkennender Freude umgehend und postwendend eine neue, selbstverständlich goldene Omega-Uhr übersenden würde. Aber wir hatten die Rechnung ohne die Schweizer gemacht. »Es freut uns außerordentlich«, schrieben sie mir, »daß Sie, sehr geehrter Herr Schlömmer, eine so phantastische Uhr haben, die diesen freien Fall heil überstanden hat. Wir wünschen Ihnen, daß Sie noch recht lange mit dieser Uhr zufrieden sind. Mit vorzüglicher Hochachtung.« Das war für mich zugleich das Omega einer lustigen Geschichte am Rande.

MEINE ERSTE WESTALPENTOUR

Das Jahr 1960 war ein schlechtes Westalpenjahr. Mit Hans Zach, dem Heeresbergführer und Hüttenwirt der Oberwalderhütte am Großglockner, einem Meister im steilen Eis, fuhr ich nach Grindelwald. In der Eiger-Nordwand lag mehr Schnee als im tiefsten Winter. Die Neuschneefahnen wehten über dem Mittellegi-Grat. In diesem Sommer wurde die Eiger-Nordwand noch nicht »gemacht«. Verdrossen pilgerten Hans und ich und unsere beiden Begleiter, Dr. Jenny und Hauptmann Obholzer, von Grindelwald hinauf zur Kleinen Scheidegg. Unsere Begleiter in wilder Bergkluft, Hans und ich in Zivil. Verständlicherweise wurden unsere Begleiter im Touristengetümmel auf der Kleinen Scheidegg für die vermutlichen Eiger-Kandidaten gehalten. Mit Hans verabredete ich, daß ich nun in Grindelwald warten würde, und zwar so lange, bis die Eiger-Nordwand ein freundlicheres Gesicht bekäme. Er könne inzwischen nach Hause fahren und seinen Geschäften nachgehen. Zu gegebener Zeit würde ich ein Telegramm etwa folgenden Inhaltes senden: »Komme sofort!« Und Hans sollte dann zur Stelle sein. Wir verabschiedeten uns. Ich blieb in Grindelwald in meinem kleinen Bergzelt zurück. Nach einigen Tagen war ich jedoch des Wartens überdrüssig. Ich wollte mich auf einen »Abstecher« nach Chamonix begeben. »Vielleicht«, so dachte ich mir, »ist dort in der Zwischenzeit eine kleine Felstour drinnen.«
In Chamonix trifft sich die große Bergsteigerwelt. In den Gassen und Straßen drängen sich in ihrer rauhen Bergschale Touristen aus aller Herren

Westliche Zinne-Nordwand: »Wir klebten an senkrechten Fluchten, baumelten unter Dächern, kämpften uns durch überhängende Verschneidungen«

Ländern, die an schönen Tagen die Seilbahn auf die Aiguille du Midi bevölkern. Chamonix lebt vom Mont Blanc so wie Grindelwald vom Eiger oder Zermatt vom Matterhorn. Überall, wo es so prächtige Berge gibt, sind diese exklusiven Orte aus dem Boden gewachsen.
Bei einem Bummel durch die Stadt traf ich den Innsbrucker Otti Wiedmann, der mich auf einen Drink einlud. Wir kannten uns eigentlich nur flüchtig, aber ich wußte, daß Otti ein guter und erfolgreicher Bergsteiger war. An den Tischen einer kleinen Bar saßen fachsimpelnd französische Bergsteiger: Michel Vaucher, der Bezwinger des Dhaulagiri, Berardini, der Erstbesteiger der Dru-Westwand, Pierre Mazeaud und noch andere. Sie unterhielten sich mit hübschen Mädchen. Wir verstanden kein Wort Französisch.
Otti Wiedmann war wie ich ohne Partner nach Chamonix gekommen. Aus Spaß und Langeweile hatte er sich eben an einer Schi-Schwimm-Konkurrenz beteiligt und erzählte mir stolz von seinem neuen Rucksack und dem Pokal, den er dabei hatte gewinnen können. Er war nämlich ein hervorragender Schirennläufer. Beim Schwimmen hatte sich etwas Heiteres ereignet. Ein französischer Nationalklasseläufer lag nach dem Torlauf weit vor ihm, aber der Unglückliche war des Schwimmens nicht mächtig. Aber was tat der ehrgeizige Franzose? Mit Lederhandschuhen geschützt, arbeitete er sich an der Außenbahn am Bassinrand dahin, Länge um Länge. Otti als »Schwimmer« hatte aber die Nase vorne und gewann die Konkurrenz. Eine noch größere Freude als dieser Schi-Schwimm-Erfolg würde Otti, wie er mir sagte, eine zünftige Felsfahrt bereiten. Wir waren bald einig: Die Ostwand des Grand Capucin (3838 Meter) müßte jetzt trotz der schlechten Verhältnisse zu machen sein. In diesen steilen Granitplatten konnte sich der Schnee nicht halten.
Walter Bonatti, der italienische Bergführer, einer der besten Bergsteiger der Welt, hatte mit seinem italienischen Seilgefährten Chigo in mehrtägigem Kampf diese 450 Meter hohe Wand erstmals bezwungen, eine großartige Leistung. Diese Tat war sozusagen die Einleitung des modernen Extremkletterns im Hochgebirge gewesen. Erst später folgten dann ähnliche Unternehmungen, wie die Bezwingung der Westwand der Petit Dru und die Erkletterung ihres Südwestpfeilers, die Bonatti im Alleingang schaffte.
Die Seilbahn trug uns auf die 3800 Meter hohe Aiguille du Midi. Mit schweren Rucksäcken traten wir aus dem schmalen Schneetunnel der Bergstation hinaus in die glitzernde Wunderwelt des »Weißen Berges«. Im tiefen Firn des Rognon-Gletschers stapften wir in Richtung Turinerhütte auf der italienischen Seite des Mont Blanc, vorbei an riesigen Gletscherspalten. Über unseren Köpfen schwebte die Luftseilbahn hinüber nach Courmayeur. Bald standen wir vor der großen Kapuze. Man sieht ihrer Ostwand nicht an, daß sie 450 Meter Höhe mißt, so sehr wird sie von den umliegenden Bergen überragt. Aber man darf sich nicht täuschen lassen, was die Länge und Dauer der Tour betrifft. Wehe dem, der durch Wettersturz vor Verhältnisse

Grand Capucin-Ostwand: zwei Bergsteiger im Quergang (Kreis) zum Einstieg

gestellt ist, wie sie unseren Aufstieg erschwerten und uns das Letzte abforderten. Über vereiste und schneebedeckte Felsen stiegen wir auf, verfolgten einen plattigen Quergang nach rechts und erreichten in den Abendstunden einen guten Biwakplatz im untersten Wanddrittel. Das war auch unser programmiertes Ziel für diesen Tag. Langsam wurde es dunkel. Der Gletscher lag schon im Schatten, doch am Dent du Géant leuchtete noch das rote Feuer der Sonne. Würde es morgen schön sein? Die Nacht war lang und kalt. Die friedliche Stille des violett-fahlen Gletschers, die Nähe des Kameraden, dem ich zwar erst vor kurzem begegnet war, mit dem mich aber ein bedingungsloses und herzliches Vertrauen verband, gaben mir innere Ruhe und Zuversicht.

Gleich am frühen Morgen wollten wir weiter und möglichst noch am selben Tag aus der Wand kommen. Aber das Wetter war unsicher geworden. Wolkenfetzen und Sturm jagten drüben über die Grandes Jorasses. Wir überlegten, ob wir weitermachen oder zuwarten sollten, oder gar uns zur Umkehr entschließen müßten. Dieses Hin und Her kostete uns Zeit. Gegen 9 Uhr vormittags brachen wir endlich auf. Als Westalpenneulinge hatten wir viel zu schweres Gepäck. Einiges mußte daher zurückbleiben. Wir vereinbarten, daß ich heute die Führung übernehmen und morgen Otti an der Reihe sein sollte.

Zügig kamen wir höher. Wir entfernten uns aus der Welt der Sicherheit und näherten uns jener des Abenteuers. Obwohl das Wetter unsicher war, brachen wir die Brücke hinter uns ab. Zu oft schon hatte ich in diesem Bergsommer vergeblich gewartet. Heute sollte es kein Zurück geben. Senkrechte Verschneidungen, überhängende Wandstellen, kleine und größere Dächer wechselten einander ab. Immer aber führte unser Weg über festen Mont-Blanc-Granit. Mit dem Gesicht zur Wand standen wir mit den Spitzen unserer Profilsohlen ständig auf kleinsten Tritten und Leisten. Mir gefiel diese Kletterei. Fast alle Haken steckten im Fels, aber nicht alle waren zuverlässig. Es blieb uns nicht viel Zeit, nach dem Wetter zu schauen.

In den späten Nachmittagsstunden kämpfte ich über einen 50 Meter hohen, überhängenden Wulst aus glattem Granit empor. Ein feiner Riß führte nach oben. Otti, der mich sicherte und ab und zu auch mit mir sprach, sagte, daß diese Stelle im Mont-Blanc-Führer mit VI, A 3 bewertet würde. Ich nahm meine ganze Kraft zusammen und meisterte diese schwierige Stelle. Dennoch gelang es mir nicht ganz, den geräumigen Absatz oberhalb des Wulstes zu erreichen. Das Seil war zu Ende. Otti mußte nachkommen. Knapp unter mir baute er sich einen kühnen Schlingenstand. Angesichts der hier sehr schlecht sitzenden Haken war ich heilfroh, bald wieder weiterklettern zu können. Wasser- und eisüberzogene Felsen drosselten unser Tempo. Jetzt verstand ich auch, daß der Walkerpfeiler an der Grandes Jorasses oft mehrere Jahre hindurch nicht zu begehen ist, weil die Vereisung der Felspartien einfach zu gewaltig sein kann.

Über eine Stunde kämpfte ich hier mit Fels und Eis wie ein Schwerstarbeiter. Schließlich hatte ich einen Großteil des Eises abgeräumt, so daß wir wieder eine halbe Seillänge vorankommen konnten. Da es schon gegen Abend ging, mußten wir uns um einen geeigneten Biwakplatz umsehen. Ich kletterte noch eine Seillänge weiter und kam auf eine zirka einen Meter breite, schneefreie Leiste. Hier bereiteten wir unser zweites Nachtlager vor. Drüben an der Grandes Jorasses schneite es. Vielleicht blieben wir hier verschont. Der Wind hatte vorerst die Wolken auf unserer Seite wieder vertrieben. Plötzlich hellte es drüben an der Grandes Jorasses wieder auf. Das versprach eine kalte und klare Nacht. Man sagt, daß die Sterne matt leuchten müßten und es nachts kalt sein sollte, dann würde der nächste Tag schönes Wetter bringen. Was die Kälte anlangt, konnten wir zufrieden sein. Aber die Sterne leuchteten hell und rein. So prachtvoll ein solcher Sternenhimmel auch sonst sein mag, er verhieß uns nichts Gutes.

Lange saßen wir schweigend und fröstelnd, betrachteten die gespenstisch erhellten Gletscher um uns und ließen die Gedanken in die Ferne schweifen. An Schlaf war noch nicht zu denken. Zu anstrengend waren die letzten Stunden gewesen. Auch wegen des Wetters machten wir uns ernstlich Sorgen, aber dann fielen wir doch in einen tiefen, kurzen Schlaf, aus dem uns das Heulen eines aufziehenden Sturmes riß. Es roch nach Schnee. Wenn ich nur nicht meine steifgefrorenen Schuhe anziehen müßte! Wie zwei Eisklumpen hingen sie im Seilgeländer. Während Otti schon eifrig in seinem Rucksack wühlte, ließ ich meine Füße noch in den warmen Daunenüberschuhen. Dann aber mußte es sein. Eine harte Tagesarbeit wartete auf uns. Otti machte sich startklar. Schon nach der ersten Seillänge in überhängender Wand wurde uns wieder richtig warm. Wir litten Durst, denn unsere Flasche war längst leer, der Mund ausgedörrt. Ganz leicht fielen Schneeflocken aus dem glasigen Himmel. Drüben an der Grandes Jorasses schien die Hölle los zu sein. Bei uns herüben war es noch erträglicher, wie lange noch? Die Schneeflocken schmolzen auf den Granitplatten. Gierig leckten wir das kostbare Naß. Doch bald belehrten mich heftige Magenschmerzen, wie ungesund Schneewasser mit Granitstaub sein kann.

Während Otti über einen dachartigen weiten Überhang hinauspendelte, der laut Beschreibung den Schwierigkeitsgrad VI, A 3 aufwies, wurde das Schneetreiben immer heftiger. Wir versuchten das Tempo zu beschleunigen. So schnell wie möglich wollten wir die Wand hinter uns bekommen. Aber erst nach zwei Stunden standen wir, vollkommen durchnäßt, am Gipfel des Grand Capucin. Schneeschauer jagten um die Gipfelfelsen unseres Berges. In tiefes, undurchdringliches Grau war die übrige Welt gehüllt. Unwillkürlich mußte ich an Freund Zach denken. Wenn der wüßte, daß ich, anstatt auf die Eiger-Nordwand aufzupassen, jetzt am Grand Capucin stand – nicht auszudenken! Wahrscheinlich saß er jetzt hinter dem warmen Ofen auf der Oberwalderhütte und hatte heftigen Schluckauf.

Im herrlichen Granit des Grand Capucin

Abseilend und abkletternd suchten wir auf der anderen Seite des Berges unseren Weg zurück in die Sicherheit. Otti hatte keine brauchbaren Steigeisen. Durch ein Eiscouloir sicherte ich ihn hinunter. Oft brachen wir im morschen Eis ein und standen im Wasser. Schneebretter glitten lautlos neben uns in die Tiefe. Bei Einbruch der Dunkelheit irrten wir wie zwei Schlaftrunkene über den spaltenreichen Géant-Gletscher, müde und abgekämpft. Wir versuchten, alte Spuren zu finden. Der Sturm begleitete uns wie schwere Orgelmusik. Endlich, nach langem Suchen, erkannten wir die dunklen Konturen der Seilbahnstation auf der Aiguille du Midi. Zwei Innsbrucker Freunde erwarteten uns hier. Am Holzboden der Seilbahnbaracke träumten wir in den neuen Tag hinüber.

IM MORGENGRAUEN DURCH DIE ORTLERWAND

Nach dem Abenteuer am Grand Capucin war ich wieder im kleinen Zelt in Grindelwald auf meinem Beobachtungsposten. Das Zelt stand im Wasser, es regnete und regnete. Und die Eiger-Nordwand, unser geheimes Ziel? Schnee- und Eislawinen donnerten über die steilen Eisfelder hinunter zum Wandfuß. Gespenstisch rauschte und dröhnte es die ganze Nacht über. Wieder war Neuschnee gefallen. Meine Hoffnung war auf dem Nullpunkt angelangt. Nach dem kostspieligen Chamonix-Ausflug stand ich mit meinen Finanzen auf Ebbe. Ich hatte nicht einmal genug Geld, um nach Hause zu fahren. Was tun? Meine letzte Rettung war, so überlegte ich, Hans das vereinbarte Telegramm zu senden. Mit gemischten Gefühlen begab ich mich zum Postamt in Grindelwald. »Komme sofort – Leo.« Daß ich pleite war, verschwieg ich geflissentlich; auch, daß die Wand gar nicht zu machen war. Einen Tag später bog ein Opel Caravan mit Tiroler Kennzeichen um die Ecke beim Hotel Gletschergarten in Grindelwald. Hans hatte noch zwei Freunde mitgebracht. Den Bauer »Batschi« und den Glocker »Turl«. Sie hatten natürlich längst erkannt, was mit dem Eiger los war. Aber immerhin blieb ihnen vorerst meine mißliche Finanzlage verborgen. Ich mußte auf sie einen so erbarmungswürdigen Eindruck gemacht haben, daß sie mir bald verziehen. Vollends ausgesöhnt waren sie, als plötzlich ein Königsgedanke auftauchte: »Dolomiten.« Dort wäre es wärmer. Und da man auf einer so langen Autofahrt ohnehin einmal die Beine vertreten müsse, kam es uns sehr zustatten, daß auf halber Strecke sich der höchste Berg des heutigen Italien befindet, der König Ortler, 3899 Meter, der seine »Stirn hoch in die Lüfte reckt«. Und diese Stirn ist seine berühmte Nordwand. Mir war bekannt, daß diese Nordwand erst zwölfmal begangen worden war. Die dreizehnte Begehung stand uns also ins Haus.

Im Schein der Nachmittagssonne pilgerten wir, schwer bepackt wie Tragtiere, das schmale Steiglein von Sulden hinauf zur Tabarettahütte. Am Vormittag hatte es hier scheinbar geregnet. Vereinzelt hingen noch Nebelfetzen über dem Talbecken. In der Tabarettahütte verstauten wir zuerst einmal unser Gepäck im menschenleeren Gastraum. Dann traten wir vor die Türe und suchten im eintönigen Grau den Ortler und seine gewaltige Wand, die höchste Eiswand der Ostalpen, unser großes Ziel. Vergeblich! Das Wetter wollte nicht. Wir hatten Hausarrest. Hans machte sich nützlich, indem er das alte Hüttengrammophon reparierte. Der Wirt erzählte uns aus Dankbarkeit dafür von einem tragischen Unglücksfall in der Wand, dem zwei deutsche Bergsteiger kurz vorher zum Opfer gefallen waren. Zwischendurch blätterten wir im Ortler-Führer und fanden folgenden Aufsatz: »An dieser 1400 Meter hohen Wand, einer lotrechten Eismauer, zu deren beiden Seiten viele Vorräte an Stein- und Eisschlagmunition in den Überhängen und Wülsten vorbereitet sind, haftet das Auge des gewöhnlichen Sterblichen nur mit Grauen. Und wer dem Toben und Heulen der Stein- und Eislawinen gelauscht, die von Zeit zu Zeit die Wand herabdonnern, die Eislawinen vom Ortler und den Überhängen in der Rinne, der wendet entsetzt den Blick ab von dem schaurigsten aller Erdenwinkel und kann verstehen, daß es bisher keinem Menschen gelang, sich dort in einem Lotteriespiel einen Weg zum Ortlergipfel zu erkämpfen.« Hans Ertl, der erfolgreiche deutsche Alpinist, war es dann gewesen, der diese Wand als erster durchstieg. Vor ihm hatte sich Willo Welzenbach vergeblich bemüht. Ertl bezeichnete diese Fahrt als die »Grenze des Menschenmöglichen, das im Steileis noch erklettert werden kann«. Quae mutatio rerum! Wie hatte sich doch das Bergsteigen im Laufe der letzten Jahrzehnte gewandelt.

Neugierig trat ich wieder einmal vor die Hütte. Es schien aufzuklaren. Die Ortler-Nordwand, eine gigantische Flucht aus Fels und Eis, baute sich vor mir auf. In der Gipfelfallinie lag diese berüchtigte Route. Im obersten Drittel ein Eisbalkon über dem anderen. Dennoch schien es ein naturgegebener Anstieg zu sein. Man könnte auch sagen, eine Idealführe. Morgen würden wir einsteigen. Wir packten die Säcke mit großer Sorgfalt. Auch auf meine Daunenschuhe verzichtete ich nicht. Erst vor kurzer Zeit hatte ich sie am Grand Capucin schätzen gelernt. Sternenklarer Himmel, mitternächtliches Frühstück auf der Hütte, dann verließen wir diese Geborgenheit.

Mit unseren Steinschlaghelmen und den darauf montierten Stirnlampen mußten wir wie Marsmenschen ausgesehen haben. Wir stolperten über den steilen Moränenhang zur Randkluft hinüber. Auf den vereisten Felsplatten gebrauchten wir unsere Zwölfzacker. Keiner sprach ein Wort, jeder war mit sich selbst beschäftigt. Mein »Auftrieb« war dem Nullpunkt nahe. Noch vor einer Stunde hatten wir herrlich klaren Sternenhimmel, jetzt um 2.30 Uhr morgens war es schaurig finster. In der Nacht war hier eine Preßschneelawine niedergegangen, es sah wüst aus. Mit ernsten Wettersorgen stiegen wir in die Wand ein. Die Seile ließen wir vorerst noch im Rucksack. Wir mußten mindestens ein Drittel der Wand gemeinsam gehen, um möglichst schnell zu sein, denn ein verfrühter Wettersturz konnte eine Katastrophe bedeuten. So nahmen wir den Wettlauf mit der Zeit auf. Von Hans sah ich längere Zeit nichts, jeder suchte sich seinen eigenen Weg: einmal in den tief eingefressenen Lawinenrinnen, dann wieder auf den Eisrücken. Das Blinken einer Stirnlampe und das monotone Keuchen sagten mir, daß sich Hans wenige Meter neben mir im Aufstieg befinden mußte. Auf einem Wulst rutschte ich ein paar Meter ab, das Herz stockte mir fast. Mit dem Charlet-Eisbeil konnte ich mich gerade noch erfangen. Gleichmäßig ging der Atem, gleichmäßig und vorsichtig waren die Bewegungen. Durch das Couloir gingen nun ständig kleine Staublawinen nieder. Das Rieseln und Rauschen, die stockdunkle Nacht und der Gedanke, daß vielleicht einmal eine stärkere Lawine kommen könnte, waren beklemmend. Dann war Hans wieder ganz knapp neben mir. Wir hatten den markanten Felsen am Beginn des mittleren Wanddrittels erreicht. Die Steilheit wurde jetzt extrem. Schnell eine Standstufe, und die Füße konnten sich ein wenig ausrasten.

Da, plötzlich rauschte es, wir preßten uns eng an die Wand. Der Rucksack, einen Augenblick geöffnet, war angefüllt mit Neuschnee, die Biwakausrüstung, der Fotoapparat, alles über und über voll Schnee. Wir sahen aus wie Weihnachtsmänner. In Wechselführung ging es weiter. Jeder war immer etwa 80 Meter unterwegs. Wir gingen sehr schnell. Der Höhenmesser zeigte 3400 Meter. Ich fror an den Füßen. Ich mußte die Riemen lockern. Seillänge um Seillänge spulten wir ab. Immer noch waren wir auf unsere Stirnlampen angewiesen. Als wir uns wieder einmal aus dem Staubschnee buddelten, merkten wir, daß es langsam Tag wurde. Das Wetter hatte sich zum Guten gewendet. Die Wolkenbank, die während unseres nächtlichen Aufstieges das Ortlermassiv bedeckte, war nach Osten abgewandert. Beide hingen wir jetzt an einem Standhaken über einem 1000 Meter tiefen Abgrund. Zirka 50 Meter links ober uns war der erste Eisbalkon. Bis zu 20 Meter hängen diese dachartigen Wülste aus dem Couloir. Mit Freude stellten wir fest, daß wir uns in der Nacht, im Morgengrauen, nicht verhaut hatten, denn knapp rechts von uns führte die »Direttissima« zum Gipfel.

Wir genossen einen herrlichen Sonnenaufgang mitten in der Ortlerwand. Tief unter uns lag die Tabarettahütte, ganz klein, fast nicht auszunehmen. Über dem Suldental lag noch Nebel. Rasch machte ich einige Fotos, dann ging es weiter. Am Vorabend hatte uns der Hüttenträger noch freundschaftlich aufgeklärt: »Die Wand ist ein Wahnsinn, alles was herunterkommt, rast durch die Rinne.« Hin und wieder traf mich ein Querschläger am Helm. Kaum war ich 20 Meter Seil weitergegangen, überfiel mich das Gefühl, in einer Mausefalle zu stecken. Das Eis war hier extrem steil. Rechts und links vor mir glänzte es blau, eine Lawine hatte die Rinne blankgefegt. Ich fragte Hans, den ich unter mir sah, ob ich einen Haken schlagen sollte, wartete aber gar nicht erst seine Antwort ab. Schon nach den ersten Hammerschlägen biß der Haken an. Behutsam klinkte ich Karabiner und Seil ein. Zug! »Was wäre, wenn bei dieser heiklen Arbeit ein Tritt ausbräche?« schoß es mir blitzartig durch den Kopf. Dann ging es weiter. Ich hackte kleine Griffe aus dem Eis, diese dienten dann wieder als Tritte für die beiden vorderen Zacken meiner Steigeisen. Ein gewagtes Spiel mit dem Gleichgewicht. Wir verwendeten keine Trittleitern.

»Wenn nur von oben nichts kommt, denn es wird schon bedenklich wärmer.« Der Höhenmesser zeigte 3780 Meter. Die nächsten 100 Meter waren weniger steil, wir schlugen keinen einzigen Haken mehr, nur Standstufen. Das bedingungslose Vertrauen zum Gefährten ließ uns mit Schultersicherung auskommen. Ziemlich stark schien jetzt die Sonne schon in die Wand. Kaum 80 Meter von uns entfernt hing der Ortler-Gletscher in unsere Route herein. Von den Eiskaskaden fielen schon die ersten Tropfen. Ich führte die letzte Seillänge, die uns endgültig aus der Wand brachte. Ein kurzer Quergang unter der riesigen Gipfelwächte, und dann stand ich am festen Firn der Ortler-Schulter. Dreimal zog ich kurz am Seil, das Zeichen zum Nachkommen. Rufen hätte hier nichts genützt, denn ununterbrochen heulte der Gipfelwind. Ein glücklicher Händedruck. Es war erst gegen 8 Uhr morgens. Vor genau fünfeinhalb Stunden hatten wir begonnen, in stockdunkler Nacht. Wie anders war diese Gipfelstunde heute als vor kurzem drüben am Grand Capucin.

Hier genossen wir den prachtvollen Sonnenschein des Morgens. Rundum zum Greifen nahe die Gipfel: Cevedale, Adamello, Presanella, Bernina und Brenta, im Osten die Dolomiten, gegen Norden zu die Ötztaler Alpen, die Weißkugel, der Similaun, die Finail-Spitze und wie sie alle heißen. Oft hatte ich im Frühjahr von dem einen oder anderen Gipfel hierher zum Ortler geblickt, zu seiner Nordwand. Jetzt war eine alte Sehnsucht gestillt. Auf dem Weg abwärts zur Payerhütte trafen wir auf die ersten Führerpartien. Sie konnten es nicht glauben, daß wir an diesem frühen Morgen schon aus der Nordwand kamen. »Bergheil!« riefen wir uns zu, und dann gingen wir auseinander; die einen hinauf in die sonnige Höhe, wir hinab in das Tal und neuen Zielen entgegen.

ZINNE-DIRETTISSIMA

In Chamonix, in einer dunklen Bar bei Kerzenschein und Apfelsaft, vereinbarte ich mit dem bekannten französischen Bergsteiger Pierre Mazeaud eine Zinnentour. Pierre war einer der Erstbegeher des von mir in diesem Frühjahr schon durchstiegenen »Franzosenweges« in der Nordwand der Westlichen Zinne. Auch in den Roten Spitzen von Chamonix war ich mit ihm schon geklettert. Pierre ist Nationalratsabgeordneter in Paris. Er fährt gerne schnelle Sportwagen, was ihm bei seiner Kletterleidenschaft zugute kommt, denn die Strecke Paris – Chamonix ist weit, und Pierre durchrast sie sehr

Zinne-Direttissima: obere Wandhälfte

häufig, um in seine geliebten Berge zu kommen. Durch mein Ortler-Abenteuer verspätet, versäumte ich mit Pierre die geplante Zinnentour. Schade, doch dafür machte er mich mit seinem oftmaligen Begleiter Jean Alzetta bekannt. Jean sprach nur sehr wenig deutsch. Vor einem Jahr war ihm mit Claudio Barbier und seiner Freundin Nadine Simandel die dritte Durchsteigung des »Franzosenweges« gelungen. Am nächsten Tag sollte ich mit Jean die Nordwand der Großen Zinne angehen, auf der Direttissima.
Die Erinnerung an diese Bergfahrt wird mich immer traurig stimmen. Wir waren die 36. Seilschaft, als wir an diesem kühlen Morgen in die große Wand einstiegen. Weit mußten wir unten am Einstieg den Kopf in den Nacken legen, um die »Große Verschneidung« im mittleren Drittel der Wand ausnehmen zu können. Durch sie sollte unser Weg führen. Wir fühlten uns sehr klein und armselig, als wir am Einstieg zu dieser überhängenden gelben Wandflucht standen. Meine Schuhe waren noch feucht von der Ortlerwandbegehung. Da wir beide in bester Verfassung waren, kamen wir rasch und gut voran. Im überhängendsten Teil der Wand wurden wir zum Biwak gezwungen. Zwei Tiroler unter uns, die vernünftigerweise erst zu Mittag eingestiegen waren, hatten es besser. Sie hatten sich auf der einzigen ebenen Plattform in dieser 600 Meter hohen Nordwand niedergelassen und fühlten sich wie die Fürsten dieser Welt, denn sie sangen und machten Witze bis gegen Mitternacht; dann erst gab es auch bei ihnen »Nachtruhe«. Jean und ich kamen zu keinem Schlaf. Wir mußten immer wieder die Sitzschlingen wechseln, denn die Blutzirkulation in den Beinen war gefährdet. Wie Würste hingen wir in der Wand. Ein verrücktes Biwak über einem bodenlosen Abgrund. Schon im ersten Licht des jungen Tages setzten wir unsere Arbeit fort. Jean konnte fast nicht Deutsch, besonders dann nicht, wenn er in Nöten war. In der Aufregung oder bei einem Zornausbruch bediente er sich ausschließlich seiner Muttersprache.
Unten am Wandfuß saß auf einem Felsblock ein neugieriger Zuschauer. Schon am Vortag war er uns aufgefallen. Die Zinnenwände sind ja wie eine gigantische Naturarena, und viele Zaungäste des Alpinismus bevölkern die Wandeinstiege und kiebitzen. Vor allem sind es Italiener, die mit viel Geschrei für Stimmung bei den Einstiegen sorgen. Es kommt nicht selten vor, daß man, wenn man gerade eine schwierige Stelle gemeistert und den Standplatz nach einer Seillänge erreicht hat, Applaus auf offener Szene erhält. So ist es eben bei den Zinnenwänden. Der eine mag sich darüber ärgern, der andere wird sich daran amüsieren.
Wir kletterten noch im überhängenden Teil der Wand, als sich aus der Gipfelregion plötzlich eine gewaltige Steinlawine löste. Instinktiv preßten wir uns an den Fels, obwohl wir eigentlich durch Überhänge nach oben geschützt waren. Nach bangen Sekunden wurde es wieder still. Totenstill. Die Steine waren auf der Schutthalde verrieselt. Was war mit unserem Zuschauer? Der kleine Punkt da unten rührte sich nicht mehr. Hatte ihn der

Ortler-Nordwand. »Wir genossen einen herrlichen Sonnenaufgang mitten in der Ortlerwand«

Steinschlag getroffen? Obwohl wir mit uns selbst genügend zu tun hatten, stellten wir uns diese bange Frage. Schon bald sollten wir die traurige Antwort erhalten. Einige Männer bewegten sich auf die Unfallstelle zu. Sie trugen eine Bahre. Am selben Abend erfuhren wir dann auf der Drei-Zinnen-Hütte, daß »unser Zuschauer« von Steingeschossen erschlagen worden sei. Obwohl wir diesen Menschen nie in unserem Leben gesehen hatten, überfiel uns bittere Traurigkeit. Die Berge sind unberechenbar. Sie haben ihre eigenen Gesetze, ihre eigene Weisheit, und sie mahnen uns oft in Augenblicken unseres vermeintlich größten Erfolges, unseres schönsten Glücks, an die Vergänglichkeit. Jean, mein Seilgefährte, verunglückte ein Jahr später bei einer Grönlandexpedition tödlich, ebenso Nadine, seine hübsche Freundin, eine Sportlehrerin und hervorragende Alpinistin, und noch einige andere. Immer, wenn ich am Patern-Sattel stehe und in die steil aufragende Nordwand der Großen Zinne schaue, muß ich an unseren »Zuschauer« denken, an Jean Alzetta, an Nadine und an manch anderen guten Bergkameraden.

Eiger-Nordwand: »Berühmt geworden ist diese Wand durch ihre abenteuerliche Erschließungsgeschichte«

Durch die drei größten Nordwände der Alpen – in einem Jahr!

EIGER-NORDWAND

Es gibt Menschen, die auf sich besonders aufmerksam machen können, und solche, die es nicht können. Unsere Zeit, die Zeit der Attraktionen und Sensationen, sucht diese auffälligen Menschen aus der Masse heraus und stellt sie ins Rampenlicht. Die Stillen und Bescheidenen geraten nur zu leicht in Vergessenheit. Sie müssen die Bildfläche räumen. Weil aber die Letzten einmal die Ersten sein werden, muß man über diese Ungerechtigkeit in der Welt gar nicht so sehr traurig sein.

Bei den Bergen ist es ähnlich. Die einen sind berühmt und berüchtigt, die anderen kaum bekannt, friedlich, pressefeindlich, mit einem Wort: nicht »up to date«. Zu den ersteren gehört zweifellos der Eiger. Er ist berüchtigt wegen seiner Nordwand. Der vielen Opfer wegen, die sie schon gefordert hat, wird sie auch »Mordwand« geheißen. Berühmt geworden ist diese Wand durch ihre abenteuerliche Erschließungsgeschichte, über die schon sehr viel geschrieben wurde. Auch zum Filmstar hat man sie gemacht. Der Name Eiger hat eben in der Werbebranche einen guten Klang. Wenn so ein »Flachlandtiroler« vor dem Fernrohr auf der Kleinen Scheidegg steht und in die Eiger-Nordwand späht, macht er mitunter ein Gesicht, als müßte er selbst den harten Kampf gegen Eis- und Steinschlag austragen. Er vergißt, daß einige Meter hinter ihm der sanfte Liegestuhl bereitsteht, in dem er sich von den Strapazen am Dritten Eisfeld wieder ausruhen könnte. So nimmt seine Majestät Tourist leibhaftig Anteil am Geschehen in dieser furchterregenden Wand. Nicht immer allerdings zum Ruhme der Bergsteigerei. Als Meinungsforscher und Meinungsbildner ist besagter Zaungast nämlich zu hoch im Kurs, und er weiß nur zu gut um seinen Wert und seine Bedeutung.

Ich möchte aber nicht von den unrühmlichen Begleiterscheinungen sprechen, die sich auf den Balkonbrüstungen und in den Rauchsalons der Luxushotels um die Eigerwand herum angesiedelt haben, sondern von dieser ernsten, stolzen Wand selbst berichten. Der Eiger ist ein Fastviertausender. 3970 Meter hoch ragt sein Gipfel über dem malerischen Schweizer Gebirgsort Grindelwald in den Himmel. Seine eisgepanzerte Nordwand steigt vom Wandfuß 1800 Meter hoch auf. Kaum woanders ist die Gefahr eines unvermittelten Wettersturzes so groß wie hier. Der Eiger ist nämlich der am weitesten gegen Norden vorgeschobene Pfeiler des Berner Oberlandes, und in seiner Nordwand fängt sich das unfreundliche Nordwestwetter. Wenn eine Schlechtwetterfront einmal in diese große Wand eingebrochen ist, setzt sie sich oft tagelang fest. In der großen Höhe sind dann Schneefälle auch im Sommer keine Seltenheit.

Der bekannte französische Bergsteiger Gaston Rébuffat, der die Eiger-Nordwand im Juli 1952 durchstieg – im Verein mit dem Österreicher Hermann Buhl –, beschreibt sie treffend: »Die Nordwand des Eiger strebt wie ein Störenfried aus den lieblichen grünen Wiesen empor, die die Kleine Scheidegg umgeben. Düster, kalt, freudlos. Kein Gletscher, kein Firnfeld trennt sie vom grünenden Erdboden. Immer im Schatten liegend, scheint sie an der Reise der Erde um die Sonne nicht teilzunehmen. Zu den Füßen des Eiger liegen seine Trümmer. Riesige Felsblöcke. Dann kommt eine kleine Steilwandstufe, welche das morsche Gebälk bis 2800 Meter trägt. Das ist das untere Drittel der Wand. Das mittlere Drittel besteht aus einer Zone mit drei Eisfeldern. Das letzte Drittel schließlich richtet sich senkrecht auf wie eine Dolomitenwand bis zum Schneegrat des Gipfels.«

Die Riesenausmaße, die großen objektiven Gefahren und die unvermittelt hereinbrechenden Wetterstürze machen die Eiger-Nordwand zu einer äußerst schwierigen und gefährlichen bergsteigerischen Unternehmung. Auch das technische Repertoire der Bergsteiger wird auf eine harte Probe gestellt. Fels und Eis wechseln in bunter Folge. Ein rasches Vorwärtskommen enthebt den Bergsteiger gewiß vieler Gefahren, aber dazu bedarf es der nötigen Kondition, einer reichen Erfahrung und besonderer menschlicher Reife und Ausgeglichenheit. Auch unter den besten Vorzeichen darf einen aber in dieser Wand das Bergsteigerglück nicht verlassen.

Die beiden Deutschen Anderl Heckmair und Ludwig Vörg sowie die Österreicher Fritz Kasparek und Heinrich Harrer erreichten im Jahre 1938 als erste den Eigergipfel über die Nordwand. Vor ihnen und auch nach ihnen sind viele in den Tod gestürzt, an Erschöpfung gestorben und haben so den makabren Nimbus dieser »Mordwand« begründet. Aber diese Bezeichnung stammt gewiß nicht von den Bergsteigern selbst. Das Wortspiel geht sicher auf einen Halbschuhtouristen unten am Fernrohr zurück.

Neben der klassischen Erstersteigerroute führen heute noch andere »Wege« durch die Eiger-Nordwand. Berühmtheit erlangten zuletzt Alpinisten aus Japan, die diese Wand auf ihrer »Direttissima« belagerten. In vierzigtägiger Expeditionsarbeit fanden sie einen Durchstieg, der wohl Aufsehen erregen konnte, doch gewiß nie so umworben sein wird wie die klassische Führe.

Als ich mich zu einer Durchsteigung der Eiger-Nordwand entschlossen hatte, bereitete ich mich gewissenhaft auf diesen schweren Gang vor. Ich durchkletterte die Eisflucht der Triolet-Nordwand und folgte den Spuren von Walter Bonatti über den Dru-Südwestpfeiler. Nach diesem harten Training fühlte ich mich der Eiger-Nordwand gewachsen. Mitte August 1961 stand ich dann, vom Mont Blanc kommend, vor der Wand. Sie trug ein Pulverschneekleid. Ich glaubte nicht mehr recht an die Möglichkeit einer

Durchsteigung in diesem Jahr und fuhr nach Hause. Ganz überraschend kam aber nun eine länger anhaltende Schönwetterperiode. Als ich zu Hause aus dem Radio plötzlich die Meldung hörte, daß ein Tiroler Bergsteiger in der Eiger-Nordwand bei seinem Alleingang tödlich abgestürzt sei, wurde mir zur Gewißheit, daß am Eiger günstige Wandverhältnisse herrschen müßten, denn sonst hätte wohl kaum jemand einen Alleinversuch unternommen. Der bedauernswerte junge Tiroler war Adi Mayr, ich sollte später noch seine Spuren im Dritten Eisfeld finden.

Mein Cousin Reinhard und ich nahmen den schnellsten aller Züge nach Grindelwald. Meine Eltern zu Hause beruhigte ich mit der Bemerkung, daß wir bloß auf den Großglockner möchten. Reinhard sollte mein Betreuer sein. Da er selbst schon einige schwierige Bergtouren im Gesäuse und im Dachsteingebiet mit mir gemacht hatte, war er natürlich auch auf den Eiger gespannt. Die Jungfraubahn brachte uns schließlich hinauf auf die Kleine Scheidegg. Mein ursprünglicher Partner Hans Zach, mit dem ich ein Jahr zuvor durch die Ortler-Nordwand geklettert war, hatte Terminschwierigkeiten, ebenso mein Capucin-Begleiter Otti Wiedmann aus Innsbruck. Aber ich wollte nicht zu lange warten.

Auf der Kleinen Scheidegg herrschte große Aufregung. Alle Fernrohre waren besetzt, denn drei Seilschaften befanden sich in der »Mordwand«. Zwei Tschechen waren schon sehr weit vorangekommen, über das Zweite Eisfeld arbeiteten sich zwei Polen und die beiden Schweizer Inwyler und Grüter hinauf. Während ich im Grase liegend die Wand studierte und traurig war, keinen Seilgefährten zu haben, kam ein ziemlich abgekämpfter, nicht mehr ganz junger Mann die Trasse der Jungfraubahn heraufgeschwitzt und auf mich zu. Wir kamen ins Gespräch. Er hieß Alois Strickler. Meinen Namen kannte er vom Hörensagen. Strickler war an diesem Tag schon in der Wand, in der Nähe des Hinterstoißer-Querganges gewesen. Sein Gefährte Ernst Schmidt, Schweizer Everestbezwinger, fühlte sich jedoch nicht in Form, so daß sie sich zur Umkehr entschlossen. Strickler machte ein recht bekümmertes Gesicht, als er mir von diesem Rückzug erzählte. Ich faßte die Gelegenheit beim Schopf: »Wollen wir morgen die Wand machen?« Als hätte er auf ein solches Angebot gewartet, meinte er so beiläufig: »Wär' nicht schlecht!« Obwohl ich diesen Mann noch nie in meinem Leben gesehen hatte, sagten mir sein Wesen und sein Äußeres: Auf diesen Mann kannst du vertrauen. Im Verlauf des weiteren Gespräches erzählte mir mein neuer Partner einiges von seinen bisherigen Touren: Matterhorn-Nordwand, Triolet-Nordwand. Allerhand! Ein Handschlag besiegelte unseren Entschluß, morgen gemeinsam die Eigerwand in Angriff zu nehmen. Noch in den Abendstunden meldete unser Transistorradio: »Ein Hoch über ganz Mitteleuropa!«

Am Freitag, dem 1. September 1961, um 1 Uhr nachts verließen wir unser Quartier. In stockdunkler Nacht querten wir über Grashänge und Schutthalden zum Wandeinstieg. Reinhard und die Kameraden von Lois trugen noch unsere Rucksäcke. Bleich ragte die Nordwand in den Sternenhimmel. Es war noch stockdunkel, als wir vor 3 Uhr früh mit unseren Stirnlampen die Randkluft überschritten. Nach einem Händedruck und einem herzlichen »Hals- und Beinbruch« waren Lois und ich allein. Wir kletterten die ersten Absätze nebeneinander durch unschwieriges Gelände. Im Eifer verfehlten wir allerdings den kürzesten Weg beim Zerschrundenen Pfeiler. Bis wir wieder auf die richtige Route kamen, war eine Stunde verloren. Bereits um 6 Uhr früh hatten wir schon 700 Meter Wand zurückgelegt. Die erste schwierige Stelle, den sogenannten Schwierigen Riß, meisterten wir souverän. Trotz des schweren Gepäcks kamen wir flott bergan. Wir gingen ständig in Wechselführung. Oft lächelten wir uns gegenseitig an; jeder war mit seiner »Neuentdeckung« anscheinend zufrieden.

Um 8 Uhr früh passieren wir den Hinsterstoißer-Quergang. Heftiger Steinschlag läßt uns hier nur sehr zögernd vorankommen. Eng an den Fels gepreßt warten wir die Salven ab, die uns von oben her eindecken. Im Schwalbennest schnallen wir die Steigeisen an, denn es ist für längere Zeit die geschützteste Stelle in der Wand. Neugierig und aufgeregt prüfe ich die Verhältnisse im Ersten Eisfeld. Bis hierher hatten wir einigermaßen festen Fels unter den Beinen, doch jetzt geht es hinaus in die unberechenbare freie Eiswand. In der Linken den Eisdolch, in der Rechten das Eisbeil, so gehe ich das 55 Grad geneigte Erste Eisfeld an. Die Felsbarriere zwischen Erstem und Zweitem Eisfeld besteht dann aus brüchigem, abwärts geschichtetem, teilweise von einer Eisschicht überzogenem Fels. Während ich sichere, überwindet Lois ohne Steigeisen sicher diese Wandstufe. Für mich ist es nicht einfach, mit den Eisen an den Füßen Fünferstellen zu klettern. Als ich auf gleicher Höhe mit Lois bin, quere ich in heikler Kletterei zum sogenannten Eisschlauch. Die Felsen sind von einer 5 Zentimeter dicken Eisschichte überzogen. Die Wand ist fast senkrecht. Bald sind wir beim Zweiten Eisfeld, das sich nach links hinzieht. Während Lois nachklettert, schaue ich an ihm vorbei hinab an den Wandfuß und hinaus nach Grindelwald. Ein unglaublicher Tiefblick.

Hierauf beginnt unser Sturmlauf über das Zweite Eisfeld, das mit seinen 500 Meter Breite und etwa 200 Meter Höhe das größte der Wand ist. Je höher wir hinaufkommen, umso kleiner werden wir in diesem Riesenreich aus Eis und Fels. Die Dimensionen verschieben sich zu unseren Ungunsten. Ständig grollt und dröhnt es um uns. Der Steinschlag spornt uns zu großer Eile an. Beim sogenannten Todesbiwak gönnen wir uns eine kurze Verschnaufpause. Wir laben uns mit warmem Tee aus der Flasche. Hier sind wir gegen Steinschlag geschützt. Ober uns, in der Rampe, hören wir Seilkommandos. Es sind die beiden Seilschaften, die schon gestern am frühen Morgen den Angriff auf die Wand eröffnet haben. Wir werden sie in kürzester Zeit eingeholt haben. Punkt 12 Uhr mittags gehe ich das Dritte Eisfeld an.

Mehr als die Hälfte der Wand haben wir jetzt hinter uns. Von Lois gesichert, steige ich hinaus in die 60 Grad geneigte Eisflanke. Hier finden wir noch die Spuren des tödlich abgestürzten Tiroler Bergsteigers Adi Mayr. Die übergroßen Stufen im Eis müssen von ihm sein, denn nur ein Mensch in Todesangst schlägt solche, um sich dadurch eine etwas größere Sicherheit vorzugaukeln. Hier dürften ihn endgültig die Nerven verlassen haben. Im Bereich der Rampe stürzte er dann in den Tod. Wir haben keine Zeit, den Unfall zu rekonstruieren, sondern verabschieden uns im Gedanken von Adi Mayr, der dasselbe Ziel hatte wie wir, dem das Schicksal aber nicht gnädig gewesen war. Etwa 300 Meter über diesem Eisfeld befindet sich die Spinne. Durch ihren Trichter schleudert die widerspenstige Gipfelwand Geschosse aller Kaliber zu Tal. Sekunden vor dem Aufschlag hört man die Steine und Eisklumpen schon heranheulen. Man gewöhnt sich schließlich daran. In der Rampe sind wir wieder etwas besser geschützt.
Um 14 Uhr treffen wir im sogenannten Wasserfallriß, im obersten Teil der Rampe, auf die zwei Seilschaften, die am Vortag eingestiegen sind. Zwei Polen und zwei Schweizer sind es. Wir begrüßen uns herzlich. Es sind prächtige Kerle. Daß wir an diesem Teil der Rampe nicht an ihnen vorbeiklettern können, verdrießt uns ein wenig. Die vier machen umständliche Manöver, seilen die Rucksäcke einzeln auf. Wir müssen warten. Kostbare Zeit verstreicht. Gewiß hätten wir am Abend den Gipfel erreicht, den Durchstieg also in einem Tag geschafft. Aber es sollte nicht sein. Am linken Rand des Rampeneisfeldes müssen wir zum Biwak rüsten. Oberhalb von uns die Schweizer, unterhalb von uns die Polen. Wir haben den schlechtesten Platz erwischt. Nur eine kleine Nische können wir aus dem Eis für uns zwei und eine kleinere für den Benzinkocher heraushauen. Die Steigeisen behalten wir während der Nacht an den Füßen, um uns besser verspreizen zu können. Herrlich schmeckt die gute Suppe. Die Stimmung ist ausgezeichnet. Die Polen und Schweizer sind froh, daß wir bei ihnen sind. Die Sonne ist längst hinter den Gipfeln verschwunden. Es wird merklich kälter. Unsere nassen Kleidungsstücke beginnen allmählich steif zu frieren. Umständlich stülpen wir den Perlonsack über. An Schlaf ist nicht zu denken.
Um 3 Uhr früh schaue ich wieder einmal aus dem Sack. Sternenklarer Himmel. Als ich eineinhalb Stunden später wieder durch das Guckloch des Biwaksackes spähe, muß ich die betrübliche Feststellung machen, daß das Wetter umgeschlagen hat. Ich verständige sofort die Kameraden. Keine 10 Meter weit kann man sehen. Mit Nebel, leichtem Schneefall und mit gewaltigen Windstößen empfängt uns der graue Morgen. »Jetzt sind wir dran«, sage ich zu Lois, der sich bemüht, unseren Benzinkocher für das Frühstück in Gang zu bringen. Plötzlich erinnere ich mich der vielen Tragödien der Eiger-Nordwand-Geschichte. Wir müssen so schnell wie möglich weg von hier und versuchen, aus der Wand zu kommen. Um 5.30 Uhr beginnt Lois das Rampeneisfeld zu queren. Rasch, aber doch äußerst vor-

Eiger-Nordwand, Drittes Eisfeld: »Übergroße Stufen im Eis... letzte Spuren des Tirolers Adi Mayr«

sichtig stufenschlagend, überwindet er diesen Abschnitt. Allmählich bessert sich aber doch das Wetter. Durch ein Nebelloch können wir in die »andere Welt« hinabsehen. Ganz klein, wie ein Spielzeugdorf, liegt abgrundtief unter uns Grindelwald. Auf Wunsch der beiden Polen und der Schweizer Inwyler und Grüter hängen wir unsere Seilschaften zusammen. – Es wird zwar langsamer gehen, aber die Sicherheit geht jetzt über alles.

Lois und ich übernehmen bis zum Gipfel die Führung. Für den Brüchigen Riß schnalle ich die Steigeisen ab. Ich hoffe dadurch, rascher und sicherer zum Götterquergang hinaufzugelangen. Auf einem winzigen Felsblock mache ich Stand. Die Erstbegeher haben diesen Quergang so genannt, weil er einem Steg in den Weltraum ähnelt. Als Lois bei mir auftaucht, macht er mir eine betrübliche Mitteilung. Ein Pole hat beim Standwechsel Lois' Steigeisen verloren. Mir läuft es kalt über den Rücken, wenn ich an die eistechnisch sehr schwierige Spinne denke, die auf uns wartet. Ohne Steigeisen ein fast hoffnungsloses Unterfangen. Die Nebelwand ist aufgerissen, und ständig werden wir jetzt von Flugzeugen umkreist. Sie fliegen bis zu 20 Meter an uns heran, stellen den Motor ab und rufen uns zu, daß das Wetter wieder schlechter werden wird. »Kühne Burschen diese Piloten«, denke ich mir. Je öfter diese Vögel aber zu uns heranfliegen, desto unangenehmer wird es. Im Lärm, den sie verursachen, kann man den Steinschlag nicht wahrnehmen.

Ich kann mich lange nicht entschließen, in die Spinne hineinzuqueren. Unablässig jagen Steinsalven über ihre blanke Eisfläche. Schließlich überwinde ich mich. Es ist kurzfristig ruhig geworden. Lois und die anderen vier Kameraden lassen mich nicht aus den Augen. Nur wenige Millimeter dringen die Zacken der Steigeisen in das Eis ein. Immer wieder muß ich für Lois, der ja auch keine Steigeisen hat, kleine Kerben in das Eis hauen. Hie und da wird eine Eisschraube zur Zwischensicherung eingedreht. Während Lois die nachfolgenden Polen und Schweizer sichert, steige ich bereits weiter, um keine Zeit zu verlieren. Zu allem Überfluß verfehle ich den richtigen Ausstieg aus der Spinne. Ich habe von zwei Eisschläuchen den falschen, den schwierigeren, erwischt. Diese Seillänge sollte die schwierigste in der ganzen Eiger-Nordwand werden. Ein zu Eis erstarrter Wasserfall bildet unseren Weiterweg. Eine volle Stunde benötige ich für diese »Wasserfallseillänge«. Durchnäßt bis auf die Haut, am ganzen Körper schlotternd, lasse ich meine Kameraden nachkommen. Lois entpuppt sich als hervorragender Geher. Verwegen, mit eiskalter Entschlossenheit, stieg er auf kleinsten Kerben schon in der Spinne, und jetzt turnt er diesen vereisten Riß höher. Nur selten nimmt er Seilhilfe in Anspruch. Er ist schneller als die anderen mit Steigeisen. Dabei ist Lois 35 Jahre alt und von Beruf Mechaniker, also nicht einmal ein Profi. Im Fels der Ausstiegsrisse geht Lois zuerst voran, dann wechseln wir in der Führung. Nach einem kurzen Pendelquergang tauchen wir in einem 80 Meter hohen Kamin unter. Er ist technisch nicht sehr

Eiger-Nordwand: Ausstieg aus dem Eisschlauch

schwierig, aber ein Wasserfall hüpft von einer Seitenwand auf die andere und macht unseren Durchstieg zu einer delikaten Sache. Immer wieder müssen wir nach Luft schnappen und durch die Wasserwand hindurch nach Griffen suchen. Nach 40 Metern finde ich mitten in diesem Brausebad einen kleinen Stand. Die Polen lassen lange auf sich warten. Das Wetter ist sehr launisch. Wolken und Sonne wechseln in bunter Folge. Nichts kann uns aber einschüchtern, auch das viele Wasser nicht, denn wir wissen jetzt, daß wir in wenigen Stunden am Gipfel stehen werden.
Unter dem Gipfeleisfeld, das noch immer eine Neigung von 55 Grad hat, trennen wir uns von den Polen und von den beiden Schweizern. Jetzt hören wir auch schon Rufe vom Gipfel herunter. Das müssen unsere Kameraden sein, die den Eiger über die Normalroute bestiegen haben und uns am Gipfel erwarten. Der wächtenverhangene Gipfelgrat ist, gemessen am Vorangegangenen, eine reine Freude, doch werden wir deswegen nicht leichtsinnig. Bis zum letzten Schritt wird gewissenhaft gesichert. Abends um 18 Uhr reichen wir uns endlich auf dem Gipfel des Eiger die Hände. Schweizer Reporter sind heroben, auch mein Cousin Reinhard hat sich zu ihnen gesellt. Er strahlt über das ganze Gesicht. Hundert Fragen von den Freunden hageln auf uns nieder. Wie war es? Wo sind die anderen? Reinhard sorgt für Heiterkeit, als er mich fragt, ob ich nichts zum Essen für ihn hätte.
Eine Stunde später sind die Polen und die beiden Schweizer glücklich auf dem Gipfel. Allmählich wird es dämmrig. Das Wetter hat sich gebessert und läßt uns im letzten Sonnenlicht das Panorama des Berner Oberlandes genießen: diese herrliche Welt, die wir heute wie schon so oft erneut gewonnen haben, die für uns immer neue alte Welt der Berge! Fischerhorn, Mönch, Jungfrau und wie sie alle heißen mögen, diese prächtigen Viertausender! Einsam ragen sie aus dem Nebelmeer, das die Erde zu bedecken scheint. Unsere Müdigkeit ist wie weggeblasen. Wir sind glücklich, die berüchtigte Eiger-Nordwand liegt hinter uns. Trotz der harten Stunden war es eine herrliche Fahrt – mit dem besten Bergkameraden, den man sich wünschen kann.
Noch einmal mußten wir beim Abstieg biwakieren. Statt der nassen, gefrorenen Wollstrümpfe wickelten wir uns trockene, elastische Binden um die Beine und zitterten dem Morgen entgegen. Das dritte Biwak wartete auf der Heimfahrt in Zürich auf mich. Dort sind die Warteräume auf Bahnhöfen in der Nacht gesperrt. So machten wir es uns auf einer Stadtparkbank bequem. Die Sterne leuchteten rein und klar, dieselben Sterne, die auch über dem Gipfel des Eiger standen.

MATTERHORN-NORDWAND: ERSTE WINTERBEGEHUNG

Matterhorn! Es gibt keinen Berg auf der Welt, der sich mit ihm messen könnte. Wohl gibt es höhere, größere, wildere, gefährlichere, aber alle zusammen sind doch kein Matterhorn. Woran mag das liegen? Das Horn, der Cervino oder die Becca, wie die Italiener sagen, ist der eleganteste, von zahllosen Bildern her bekannteste und vertrauteste, durch seine Ersteigungsgeschichte vielleicht berühmteste Berg der Alpen und der ganzen Welt. Matterhorn gibt es eben nur eines, und das schaut jahraus, jahrein den Zermattern zum Fenster herein. Das kleine Bergdorf an seinem Fuße hat dem Horn auch den Namen gegeben, und dieses wieder lockt Hunderttausende Neugierige aus aller Welt in das Zermattertal, das sich bis an den Sockel der stolzesten Walliser Eisriesen heranschlängelt. Monte Rosa, Breithorn, Matterhorn, Zinalrothorn, Täschhorn und Dom sind ihre Namen. Sie sind die Zinnen der stolzen Krone, die Zermatt auf dem Haupte trägt. Wahrlich eine stolze Königin unter den Alpensiedlungen.

Die Ersteigungsgeschichte des Matterhorns ist dramatisch wie keine zweite. Nach vielen vergeblichen Versuchen standen der Engländer Edward Whymper und seine Begleiter am 14. Juli 1865 als erste Menschen auf dem Gipfel des Horns. Der Abstieg vom Gipfel endete mit einer Tragödie. Vier von den sieben Bergsteigern stürzten in die Tiefe, in die schaurige Nordwand hinab. Zwei Tage nach diesem denkwürdigen Tag gelangte der Italiener Jean-Antoine Carrel mit seinem Gefährten Jean-Baptiste Bich über den Italienischen Grat zum Gipfel. Die jahrelange Rivalität war überschattet vom tragischen Geschick Whympers, der den Tod seiner Begleiter nur schwer verwinden konnte.

Nach und nach wurden die neuen Wege auf diesen stolzen Gipfel gefunden. Der Hörnligrat blieb der beliebteste Aufstieg. Zwischen Hörnligrat und Zmuttgrat liegt die Nordwand. Sie ist wild und ernst, beileibe nicht senkrecht wie etwa die Nordwand der Großen Zinne, sondern vielmehr eine überaus steile, haltlose »Rutschbahn des Todes«, wie sie manchmal bezeichnet wird. Aus den Brüchen des Matterhorngletschers wirft sie sich 1400 Meter bis zum Gipfel auf. Ihr unteres Drittel besteht aus einem Eisfeld mit einer Steilheit von 55 bis 60 Grad, das mittlere Drittel nähert sich schon mehr der Senkrechten, es ist eine von Eis überzogene Felsbarriere. Das obere Drittel schließlich legt sich zwar wieder etwas zurück, ist aber deswegen nicht leichter zu erklettern. Es ist also kombiniertes Gelände: Schnee, Eis und abwärtsgeschichteter, eisüberronnener Fels wechseln ununterbrochen ab. Von allen großen Nordwänden der Alpen wurde die Matterhorn-Nordwand am frühesten bezwungen. Anfang August 1931 gelangten die beiden Münchner Bergsteiger Franz und Toni Schmied erstmals durch die Nordwand auf den Gipfel. Sie erreichten ihn bei Schneesturm, nach einem Biwak auf ca. 4150 Meter. Eine großartige Leistung, wenn man bedenkt,

daß auch heute noch Seilschaften nicht selten drei bis vier Tage brauchen, um die Wand zu durchklettern. Und dabei sind es von vornherein nur die Besten, die diese Durchsteigung wagen.

Die Matterhorn-Nordwand ist deshalb auch bis heute keine Modetour geworden. Die Kletterei in dieser Wand ist unangenehm. Gegen das brüchige, steile und vereiste Gelände kann der Bergsteiger nicht mit technischen Hilfsmitteln ankämpfen. Es gibt fast keine Haken in der Wand, selbst im Felsgelände muß oft mit Steigeisen geklettert werden. Die Standplätze sind durchwegs schlecht. Will man zur Sicherung einen Haken eintreiben, sprengt man meist das Gestein. So überlegt man es sich das nächste Mal und geht lieber ungesichert weiter. Ein Sturz des Seilersten würde zur Katastrophe führen.

In den Westalpen gibt es drei Nordwände, die an alpinistischer Bedeutung und Gefährlichkeit alle anderen überragen: die Eiger-Nordwand, der Walker Pfeiler an der Grandes Jorasses und die Nordwand des Matterhorns. Die Matterhorn-Nordwand gilt im Sommer zwar als die leichteste von den dreien, aber im Winter...? Kletterei im vereisten und verschneiten Fels bei 30 Minusgraden auf eine Höhe von 4477 Metern, bei Stürmen, wie sie nur um so freiragende Bergspitzen dieser Höhe toben, das sind die Bedingungen, die dieser Berg seinen Nordwandbezwingern in der Winterszeit stellt. Von diesen großen »Dreien«, Eiger, Jorasses und Matterhorn, wurde die Eiger-Nordwand als erste im Winter bezwungen, und zwar im März 1961; daß auch die zweite bald auf dem Programm der Winterbergsteiger stehen würde, war zu erwarten. Der erste Versuch, diese Wand im Winter zu durchsteigen, scheiterte im März 1961. Walter Bonatti drang mit seinem Gefährten bis zur Großen Verschneidung vor, doch von dort mußte der Rückzug über das Einstiegseisfeld angetreten werden. Bonatti revanchierte sich ein Jahr nach unserem Erfolg am Matterhorn mit der ersten Winterdurchsteigung des Walker Pfeilers, zusammen mit seinem Bergkameraden Cosimo Zapelli.

Ein neuer Winter zog in das Zermattertal. Man schrieb den 19. Dezember 1961. Die beiden Schweizer Bergführer Hilti von Allmen und Paul Etter unternahmen einen Angriff auf die Nordwand, der jedoch schon in der Einstiegsflanke ein Ende fand. Der nächste »tollkühne Versuch«, wie man in den Tageszeitungen lesen konnte, ließ nicht lange auf sich warten. Vom 7. bis 9. Jänner 1962 bemühten sich Toni Kinshofer, Pierre Mazeaud, Erich Krempke und Toni Hiebeler um einen Erfolg. Von »Tollkühnheit« konnte aber nicht die Rede sein, der Versuch war nämlich nur sehr zaghaft vorgetragen worden. Diese Viererseilschaft erreichte nach zwei Biwaks in der Wand nicht einmal die Große Verschneidung am unteren Ende des mittleren Drittels der Nordwand. Wegen des herrschenden Schlechtwetters mußte dann auch diese bewährte Seilschaft den gefährlichen Rückzug antreten. Viel Unsinn war anläßlich dieses Versuches in der Tagespresse zu lesen.

Winterliche Matterhorn-Nordwand

Unter anderem, daß die Seilschaft Hiebeler (Hiebeler war nie Seilschaftsführer, sondern Toni Kinshofer) mit geheizten Windjacken und Schuhen ausgerüstet gewesen wäre. Leider gibt es bis heute eine solche Bergausrüstung nicht. Die Presse wollte aus diesem großen Alpinunternehmen eine Sensation machen. Eine Woche später versuchten die Brüder Huber und Sedlmayer aus der Steiermark ihr Glück in der winterlichen Nordwand. Die drei damals ziemlich unbekannten Alpinisten zeigten solides Können und kamen auch realtiv gut voran. Nach zwei Tagen Kletterzeit erreichte die Dreierseilschaft die Große Verschneidung in ca. 3950 Meter Höhe. Wegen Schlechtwettereinbruchs mußte aber der Versuch abgebrochen werden. Die Seilschaft konnte auf den Hörnligrat aussteigen und zur Solvayhütte gelangen. Leider trugen alle drei Erfrierungen davon. Dieser Versuch hatte jedoch gezeigt, daß die Wand im Winter zu bezwingen wäre.

Ich vernahm von diesem Geschehen rund um die Matterhorn-Nordwand zu Hause aus dem Radio und aus der Presse. »Wie gerne wäre ich in Zermatt dabei«, dachte ich mir. Schon vor längerer Zeit hatte mich Toni Hiebeler zur ersten Winterbegehung der Civetta-Nordwestwand eingeladen, zusammen mit den beiden ausgezeichneten Italienern Sorgato und Ronchi. Überraschend flatterte mir nun ein Brief ins Haus und riß mich aus meinen Träumen. Toni Hiebeler lud mich ein, nach Zermatt zu kommen, um mit ihm die Winterbesteigung der Matterhorn-Nordwand zu versuchen. Pierre Mazeaud sei ausgefallen. Später erfuhr ich noch, daß auch der Deutsche Pokorsky wegen eines schweren Autounfalles absagen mußte, und Toni Kinshofer, der sich für eine Nanga-Parbat-Expedition vorbereitete, kein Risiko mehr eingehen wollte. Ich sagte sofort telegrafisch zu. Rasch hatte ich meine Ausrüstung beisammen.

Am 27. Jänner traf ich in Zermatt ein. Mit einem kleinen Handschlitten erwartete mich Toni am Bahnhof. Nach einer herzlichen Begrüßung warf ich mein Gepäck auf den Schlitten. Toni war nervös und machte einen etwas verwirrten Eindruck. Auf dem Weg zum Chalet »Steg« erfuhr ich nähere Einzelheiten. Toni war bei den Zermattern »unten durch«. Er hatte nämlich in der Schweizer Boulevard-Zeitung »Der Blick« ein Interview gegeben, in dem er die mangelnde Bergausrüstung und Bekleidung der drei Steirer Adolf und Franz Huber sowie Sedlmayer heftig kritisierte. Am Dorfplatz von Zermatt hatten daraufhin die Zermatter Bergführer diese »Blick«-Ausgabe öffentlich verbrannt. Ganz Zermatt stand auf der Seite der steirischen Naturburschen, und alle waren gegen Hiebeler. Ich begriff zuerst nicht, warum sich die Gemüter über solche Dinge erhitzen konnten, sollte aber bald selbst in den Strudel ähnlicher Auseinandersetzungen hineingezogen werden. Toni machte mich noch am selben Tag mit Erich Krempke bekannt. Erich ist Wiener. Er lebt mit seiner Familie schon längere Zeit in Zermatt als Architekt. Auf den ersten Blick faßte ich Zutrauen zu ihm.

Das Wetter war miserabel, doch ich wartete geduldig. Meine Begeisterung reichte auch für eine längere Wartezeit aus. Eines Tages würde es gewiß losgehen. Toni mußte für einige Tage nach Deutschland verreisen, das paßte mir gar nicht. Wenn plötzlich das Wetter schön werden sollte, könnte ich ihn so schnell wieder herholen? Eines Tages traf ich Hilti von Allmen, den hervorragenden Schweizer Bergführer, der die Eiger-Nordwand schon kannte und außerdem schon einen Winterversuch am Matterhorn unternommen hatte. »Wo ist Toni«, fragte er mich. Als ich ihm sagte, daß Toni für einige Tage nach Deutschland hätte fahren müssen, forderte er mich spontan auf, mit ihm und Paul Etter in die Wand zu gehen. Von Hilti eingeladen zu werden, ist bestimmt eine schöne Sache, diesmal aber ging es nicht. Toni hatte mich hierher gerufen, und ihm mußte ich im Wort bleiben. Das Wetter schien sich zu bessern. Am Abend nach diesem Gespräch mit Hilti rief mich Toni aus Deutschland an und fragte, wie es in Zermatt ausschaue. Ich übertrieb ein wenig: »Toni, was machst du jetzt in Deutschland? Das Wetter ist schön, es kann losgehen. Hilti und Etter warten schon, Deutsche sind auch da.« Dann provozierte ich ihn: »Wenn du nicht bald kommst, gehe ich mit den Schweizern.« Gerade aber, weil hier ohnehin alles gegen Toni war, fühlte ich mich verpflichtet, auf ihn zu warten.

Die Hörnlihütte, ca. 3200 Meter hoch gelegen, ist der Hauptstützpunkt für die Matterhorn-Besteigungen. Auch in die Nordwand steigt man von hier ein. In der kleinen Hütte herrschte am 2. Februar 1962 eine Temperatur von 15 Grad unter Null. Erich, Toni und ich kochten auf dem Benzinkocher Tee und Suppe, dabei wärmten wir uns die Hände. Mit uns waren noch zwei andere Seilschaften hier und warteten schon seit Tagen auf schönes Wetter: die beiden Schweizer Hilti von Allmen und Paul Etter sowie die drei Deutschen Werner Bittner, Rainer Kauschke und Peter Siegert, die drei Sachsen aus München. Sie hatten in den Dolomiten bereits außergewöhnliche bergsteigerische Leistungen vollbracht.

Wenn wir vor die Hütte gingen, warf uns der Sturm fast um. »Das Horn raucht«, sagen die Einheimischen und meinen damit die Sturmfahnen um Grat und Gipfel. Zermatt, tief unter uns, lag schon im Schatten der kommenden Nacht, während hier oben noch die letzten Sonnenstrahlen ihr Lichtspiel mit den Schneefahnen trieben. Wir rüsteten für den Aufbruch. Kameradschaftlich unterhielten wir uns, doch niemand wollte sich in die Karten schauen lassen. Wie sollte es auch anders sein, wenn mit so viel Ehrgeiz um ein so großes Ziel gebuhlt wird. Hilti meinte, daß für den nächsten Tag schönes Wetter vorausgesagt wäre, doch bald müßte wieder mit einem Rückschlag gerechnet werden. Für mich stand fest, daß wir also am ersten Tag so hoch wie möglich kommen müßten. Sollte am zweiten Tag das Wetter tatsächlich schlechter werden, müßten wir uns auf Biegen und Brechen zum Gipfel durchkämpfen. Man würde die Wand im Stile einer Sommerbegehung zu bezwingen versuchen. Da die Deutschen wie wir zu dritt waren, machte ich Peter Siegert den Vorschlag, aus unseren zwei

Dreierseilschaften drei Zweiermannschaften zu machen. Peter war mit meinem Vorschlag jedoch nicht einverstanden. Er meinte, sie wären schon öfter zu dritt geklettert und bestens aufeinander eingespielt.

Unruhig gingen wir noch einmal vor die Hütte. Wir schauten lange hinüber zum Monte Rosa und zum Breithorn. Immer wieder aber blieb unser Blick am Matterhorn hängen, über das sich schon schwere Schatten der Nacht gebreitet hatten. Da unterbrach Toni unser Schweigen: »Willst nicht noch etwas warten, bis das Wetter sicher ist und wir allein in der Wand sein können?« Ich antwortete: »Jetzt sind wir doch schon da, jetzt packen wir's auch.« Dann unterhielten wir uns über die dramatische Eiger-Nordwand-Begehung, bei der sich Buhl und Rébuffat mit ihren Gefährten im Wettersturz durchgekämpft hatten. Alle sieben hatten sich damals zusammengebunden. Es war ein Sieg der guten Kameradschaft, die keinen Nationalstolz kannte, keinen falschen Ehrgeiz. Hier am Matterhorn schien aber von vornherein jede Seilschaft für sich die Wintererstеigung buchen zu wollen. Toni überraschte mich mit dem Vorschlag, daß er verzichten würde, wenn ich bereit wäre, mit Erich allein zu gehen. Ich war nicht unglücklich über diesen Entschluß. Toni hätte sich vielleicht bei diesem Wettlauf mit dem drohenden Wetterumschwung schwer getan. Vielleicht wären wir die langsamste Seilschaft gewesen und hätten nach dem ersten Tag schon aus der Wand zurück müssen.

Toni schrieb später in seinem Buch »Dunkle Wand am Matterhorn«: »Da ist sie auch schon wieder, diese innere Stimme, die ich vor jedem Abenteuer höre. Ungeachtet aller äußeren Umstände: Bleib da, Toni, bleib da...« Wie befremdend mutet gegen diese offenen, redlichen und verantwortungsbewußten Worte ein Bericht in der Schweizer Allgemeinen Volkszeitung vom 10. Februar an: »Ende letzter Woche belagerten drei Seilschaften die Wand. Eiger-Nordwand-Winterspezialist Toni Hiebeler, der ursprünglich Mitglied der Seilschaft Schlömmer–Krempke war, kam verärgert nach Zermatt zurück und erklärte, er nehme an keinem Wettrennen in den Bergen teil. Das Wettrennen fand aber niemals statt. Die Wahrheit ist vielmehr die: Sowohl von Allmen wie Etter, aber auch der senkrechte Schlömmer verstanden sich nur schlecht mit dem charakterlich schwerverständlichen Toni Hiebeler. Hiebeler zog die richtige Konsequenz, er verzichtete.« – Was versteht wohl so ein Zeitungsschreiber vom Gewissenskampf, den ein Bergsteiger vor einer solchen Fahrt in seinem Inneren auskämpft; von der Verantwortung, die jeder ernstzunehmende Extrembergsteiger bis in die letzte Konsequenz mit sich trägt, die sein ganzes Handeln bestimmt?

Ich bin nun mit Erich allein. Wir sind eine österreichische Zweierseilschaft. Um 2 Uhr ist in der kleinen Hütte Tagwache. Noch unausgeschlafen schälen wir uns aus den Schlafsäcken. Unsere Stunde ist gekommen, das Abenteuer kann beginnen. Während das Summen der Benzinkocher mit der Nachtmusik aus dem Transistor eine trostlose Dissonanz ergibt, ziehen wir uns

Matterhorn-Nordwand, erste Winterbegehung. »Mensch, Leo, du wirst eine schöne Stromrechnung kriegen...«

Mombil Sar:
Trägerstreik beim Anmarsch

mit großer Sorgfalt an, zwischendurch packen wir unsere Rucksäcke. Die drei Deutschen sind harte Burschen. Sie werfen in der Hütte am eisigen Boden Geldstücke auf und losen auf diese Weise, wer von ihnen als Seilerster geht und wer den größten Rucksack durch die Wand schleppen wird – vom Einstieg bis zum Gipfel. Das Los entscheidet für Werner Bittner. Er wird die ganze Wand als Seilerster führen. Peter Siegert, der kleinste von den Dreien, muß den größten Rucksack schultern. Kismet!

Wir ziehen uns an wie Polarforscher. Zuerst 1 Paar Perlonsocken, dann Frotteesocken, darüber 2 Paar dicke Wollstutzen. Die Lowa-Winterschuhe, Marke »Eiger-Spezial«, haben sich schon ein Jahr zuvor in der winterlichen Eigerwand bewährt. Der Innenschuh ist aus Filz und herausnehmbar, dann die Kniehosen und Perlongamaschen. Unter der Lodenberghose als exquisite Beinkleidung 3 Paar lange Unterhosen. Schließlich 3 dicke Wollhemden, 2 dicke Pullover, alles nach dem sogenannten Schichtensystem angezogen, und einen atmungsfähigen Anorak darüber. Auf dem Kopf eine dicke Sturmhaube und den Steinschlaghelm mit der Stirnlampe. An den Händen trage ich 1 Paar dünne Seidenhandschuhe, darüber gewalkte Wollhandschuhe und doppelt starke Perlonüberhandschuhe. Die Kletterausrüstung umfaßt: ein 9-Millimeter-Seil von 100 Meter Länge, 4 Reepschnüre, 25 sortierte Haken für Fels und Eis, 10 Bohrhaken mit Bohrer für Biwak und eventuellen schwierigen Rückzug, 2 Eisbeile, 1 Eishammer, 1 Felshammer, 2 Eisdolche, 2 Paar Steigeisen, Reservebatterien für die Stirnlampen und ein kleines Transistorradio, 2 Daunenwesten, 1 Daunenfußsack, 2 Perlonbiwaksäcke, 4 Paar Reserve-Wollhandschuhe, 1 Benzinkocher mit Kochgeschirr, 1 Liter Benzin für vier bis fünf Tage und 4 Pakete Sturmstreichhölzer. An Verpflegung haben wir eingepackt: 8 Dosen Sanddornsaft, Ovomaltine, Traubenzucker, 1 Dose gekörnte Brühe, Schokolade, 2 Pakete Zwieback, 1 Tube Marmelade und getrocknetes Obst. Außerdem kommen Verbandsmaterial und Injektionen, 2 Fotoapparate, 2 Schwarzweiß- und 5 Farbfilme dazu.

Nach unserem nächtlichen Frühstück – Sanddorn, Tee, Käse, Brot und Wurst – seilen wir uns noch in der Hütte an, schnallen die Steigeisen an die Füße und machen uns marschbereit. Vor der Hütte heult ein grimmiger Sturm. Um 3.30 Uhr knarrt die alte Holztür der Hörnlihütte, und wir treten hinaus in die Nacht. Der Schnee knirscht unter unseren Steigeisen. Über uns kleinen Menschen wölbt sich der Sternenhimmel. Der große Schatten unmittelbar vor uns ist die Nordwand. Wir sind entschlossen, diese Wand erstmals im Winter zu bezwingen und sind bereit, dafür alles einzusetzen. Noch ahnen wir nicht, daß es eine der härtesten Winterbergfahrten in der Geschichte des Alpinismus werden wird. Noch weiß Hilti nicht, daß er sich die Finger erfrieren wird, noch ahnt Werner Bittner nicht, daß er später alle zehn Zehen verlieren wird, noch weiß Rainer Kauschke nicht, daß ihm drei Zehen amputiert werden müssen. Es ist gut, daß man dies nicht weiß, gäbe es sonst überhaupt noch Abenteuer auf dieser Welt?

Mombil Sar:
Zehenmassage auf über 6000 Meter

Noch ist es Nacht, als wir den Bergschrund überschreiten. Zuerst die beiden Schweizer; die drei Deutschen wollen ihnen auf dem Fuß folgen, doch da Erich und ich als Zweierseilschaft schneller sind, steigen wir an Bittner, Kauschke und Siegert vorbei. So bildet sich dann die bleibende Reihenfolge. Voran die beiden Schweizer, dann wir Österreicher und zuletzt die Deutschen. Im spärlichen Licht unserer Stirnlampen geht es den steilen Eishang hinauf, hinein in die Nacht, in den großen Schatten der Riesenwand. Wir sprechen nur das Notwendigste, kurze Seilkommandos und ein paar Orientierungshinweise. Der Schnee ist noch gut. Höher oben aber, gegen die Felsen hin, geht der gutgriffige Firn in blankes Eis über, auf dem angewehter Pulverschnee liegt. Allmählich verblassen die Sterne, es dämmert. Die Kälte wird fast unerträglich. In einer lang ansteigenden Rechtsquerung erreichen wir die markante Verschneidung, die den mittleren Teil der Nordwand durchzieht. Beim Klettern spürt man die Kälte nicht so arg, sobald man aber eine Weile ruhig steht und den Seilgefährten nachsichert, meint man, in einer Tiefkühltruhe zu sein. 60 Grad schätze ich das Gefälle dieses Wandteiles. Einige Male versuche ich vergeblich, Eisschrauben in das Eis zu drehen. Es will mir einfach nicht gelingen. Das Eis ist infolge der enormen Kälte hart und spröd. Nach einigen Schraubdrehungen brechen die Eisschollen einzeln aus der Wand. Die Sicherung wird daher immer problematischer, je höher wir kommen. Meter um Meter hofft man, auf einen guten Standplatz zu gelangen; hat man sich dem vermeintlich guten Standplatz genähert, verliert er sich in der Plattenflucht. Ja, jedes Ding hat eben zwei Seiten, hier eine obere und eine untere, und die obere ist zumeist abwärts geschichtet und eisüberzogen. So werden unsere Standplatzhoffnungen immer wieder enttäuscht, bis wir sie ganz aufgeben.

Die wenigen Felshaken, die ich eintreiben kann, läßt Erich für die nachfolgenden Deutschen stecken. Peter Siegert schlägt sie dann wieder heraus. Wieviel diese Haken aber wirklich wert sind, prüfen wir lieber nicht. Gegen Mittag befinden wir uns in der Großen Verschneidung. »Mensch, Leo, du wirst eine schöne Stromrechnung kriegen«, witzelt Erich und macht mich aufmerksam, daß meine Stirnlampe noch immer brennt. Von hier oben haben wir einen schönen Tiefblick zu den Schihängen um den Schwarzsee. Dort unten tummeln sich die Schihäschen in der Sonne, während wir uns im kalten Schlagschatten dieser Riesenwand emporkämpfen. Zwei Welten so nahe beisammen: In der einen herrscht sorglose Freude, beschwingtes Gleiten durch herrlichen Pulverschnee, in der anderen, in unserer Welt, gibt es nur Müdigkeit, Entbehrung, Kälte und Gefahr. Dennoch wollen wir unsere Welt nicht vertauschen gegen die andere.

Es geht schon gegen den Abend zu. Der Schatten des Matterhorns schiebt sich langsam hinaus ins Zermattertal. Bei Einbrechen der Dunkelheit kämpfe ich mich, ohne Stufen zu schlagen, einen steilen Eisschlauch hinauf. Bei einer leicht geneigten Felsplatte mache ich Stand. Hier, auf zirka 3950 Meter,

Matterhorn-Nordwand, erste Winterbegehung: Querung zum Schrägcouloir

im oberen Drittel der Großen Verschneidung, werden wir unser erstes Biwak beziehen. 70 Meter über uns nisten sich die beiden Schweizer ein, eine Seillänge unter uns die Deutschen. Die haben es besonders schlecht erwischt und müssen diese Nacht stehend verbringen. Sie haben kaum Platz, ihren Benzinkocher in Betrieb zu nehmen, so schmal ist die Felsleiste, auf der sie nebeneinander an der steilen Wand lehnen. Ein Felshaken und ein für alle Fälle geschlagener Bohrhaken sichern uns während der langen Nacht, in der wir keinen Schlaf finden können. Die Kälte quält uns zu sehr.

Am Morgen des 4. Februar stehen wir vor der fatalen Gewißheit, daß sich das Wetter verschlechtert hat. Nur ganz wenig ist heute vom blauen Himmel zu sehen, wild streichen Schneeschauer um die Grate. Der Sturm pfaucht uns ins Gesicht. Von neuem beginnt nun der Kampf gegen Kälte, gegen vereisten und verschneiten Fels und in zunehmendem Maße auch gegen den Sturm. Die Wettermeldung, die wir über einen französischen Sender vernehmen, ist beunruhigend. Wir geben diese Radiodurchsage an die deutschen Kameraden weiter, die uns auch heute wieder folgen. Flugzeuge fliegen an diesem Vormittag nahe an uns heran und halten Ausschau nach den »7 Einsamen« in der Matterhornwand. Vom Ausgang der Großen Verschneidung nehmen die beiden Schweizer einen etwas anderen Weg als wir. Wir klettern mehr links in der Gipfelwand empor, schwenken dann nach rechts unter den Gipfel herein und erreichen diesen im geraden Aufstieg, so wie Erich die Wand vom Sommer her in Erinnerung hatte. Hilti und Paul schlagen die Richtung zum Zmuttgrat ein, um im rechten Wandteil zum Gipfel vorzudringen. Haben sie vielleicht einen günstigeren Weg gewählt? Wir verlieren sie im Laufe des Tages aus den Augen. In einem vereisten Quergang finde ich einen alten Haken. Welch ein Zufall in diesem abschüssigen Irrgarten. Wie die Ziegel eines Hausdaches sind hier die Felsen geschichtet. Mit meinen Steigeisen löse ich einen Stein, der kerzengerade auf Erich zufliegt. Gerade kann ich noch schreien: »Aufpassen!« Im nächsten Augenblick schlägt er in Erichs Helm ein Loch. Der Kopf aber war widerstandsfähiger als der Helm. Erich beißt die Zähne zusammen. Gott sei Dank! – keine schlimme Verletzung. Die Deutschen sind uns hier dicht auf den Fersen. »Mensch, diese Scheiß-Kälte«, höre ich Bittner und Kauschke immer wieder in ihrem sächsischen Dialekt schimpfen. Obwohl diese Sachsen noch keine kombinierte Wand geklettert sind, machen sie ihre Sache ausgezeichnet.

Noch wissen wir alle nicht, welche alpine Großleistung Siegert und Kauschke einen Winter später vollbringen werden. Zusammen mit ihrem Kameraden Gert Uhnert werden sie im Jänner in 17tägiger Kletterei die Nordwand der Großen Zinne in den Dolomiten bezwingen. Erstmals in der absoluten Falllinie. Eine Hakentour vom Einstieg bis zum Gipfel. Durch ein Versorgungsseil mit der Bodentruppe in Verbindung; anders wäre ein so zeit- und kraftraubender Durchstieg nicht zu schaffen. Presse und Fernsehen werden über

diese hervorragende alpinistische Leistung der drei Sachsen in großer Aufmachung berichten. Vom grünen Tisch aus wird allerdings gegen diese Leistung viel polemisiert werden. Das wäre kein Bergsteigen mehr, sondern nur Hakenschlagen. Die Sachsen hätten ihre Story teuer an Illustrierte verkauft usw.
Das mit dem Hakenschlagen mag schon stimmen, und die Sachsen wissen genauso wie jeder andere ernstzunehmende Bergsteiger, daß dies nicht das Ideal des Kletterns ist, aber die körperlichen Strapazen, der monotone Kampf, die Entbehrung und letzten Endes doch auch immer wieder großes, klettertechnisches Geschick, die gerade Linie zum Gipfel zu finden, ist das alles nichts? Außerdem kostet ein solches Unternehmen Geld, viel Geld sogar. Und Bergsteiger sind zumeist nicht mit materiellen Gütern gesegnet. Das ist auch nie ihr Streben. Sie sparen sich die Kosten für die Ausrüstung oft vom Mund ab, und die Expeditionskasse wird mühsam zusammengebettelt. Warum sollte eine wohlhabende Zeitung nicht mithelfen dürfen und dafür über das Unternehmen berichten können? Warum soll der Klettersport sich verstecken? Wenn es für das Publikum auch »sensationell« ist, für uns Bergsteiger ist es eine reine Freude, ein Glück und eine Leidenschaft. Eine Leidenschaft freilich, die Entbehrungen und Mühsal bringt.
Der Höhenmesser zeigt 4300 Meter. Wir sind noch 200 Meter unter dem heißersehnten Ziel, dem stolzesten Gipfel der Schweizer Alpen. Die Temperatur sinkt auf minus 30 Grad ab. Heftiger Schneesturm kommt auf. Jetzt erkennen wir den totalen Wetterumsturz. Daß es keinen Rückzug mehr gibt, ist uns allen klar. Da die drei Deutschen bei Erich und mir keinen Platz mehr vorfinden, richten sie sich ein Stückchen über uns auf einem Absatz zum Biwak ein. Die zweite Nacht bricht herein. Unser Benzinkocher will nicht mehr funktionieren. Er scheint eingefroren zu sein. Schweren Herzens werfen wir ihn mitsamt dem Kochgeschirr in die Tiefe. Das Zeug ist für uns wertlos geworden, es wäre nur unnötiger Ballast. Um uns die Hände etwas zu wärmen, verbrennen wir das restliche Benzin. Der Sturm schleudert die Stichflamme auf meinen Biwaksack. Beinahe wäre das Perlon in Flammen aufgegangen. Mit den Felshaken kratzen wir Sanddornsaft aus den Dosen und knabbern etwas Zwieback dazu. Heute gibt es nur noch kalte Küche. Die ganze Nacht wütet der Schneesturm. Wir müssen uns an den eingeschlagenen Haken festhalten, um nicht aus der Wand gezerrt zu werden. Der Biwaksack flattert und macht Lärm wie ein Maschinengewehrfeuer. Unser kleines Transistorradio bringt die hübschesten Schlager und die scheußlichsten Wetterberichte. In den Spätnachrichten meldet der Schweizer Sender, daß Hilti von Allmen und Paul Etter heute den Gipfel erreichen konnten. Wo sie sich derzeit befinden, sei ungewiß. Wahrscheinlich auf dem Abstieg zur Solvayhütte. Wir seien verschollen, wird gemeldet. Es sei das Ärgste zu befürchten. Später einmal erzählte mir meine Großmutter, daß sie eine solche Meldung auch im Österreichischen Rundfunk hören konnte. Sie

habe daraufhin die ganze Nacht für mich gebetet. Die liebe Großmutter, die Zeit ihres Lebens immer so großes Verständnis für meine Bergsteigerei hatte!

In dieser Nacht drohen unseren Gliedmaßen Erfrierungen. Wir dürfen also nicht einschlafen. Stundenlang zählen wir immer wieder von 1 bis 100 und drücken mit jeder Zahl die Zehen durch, links–rechts, links–rechts, bis zum Morgen. Immer wieder beginnen wir von vorne. Vielleicht hat uns diese Zählgymnastik die Füße gerettet.

Montag, 5. Februar. Es stürmt und schneit. Wir sind 200 Meter unter dem Gipfel des Horns. Der Weg zurück ins Leben geht vorläufig noch ein Stück weiter ins Verderben. Kaum 20 Meter können wir in dieser weißen Hölle sehen. Aber, Gott sei Dank, ist das Gelände nicht mehr so schwierig. Wir vereinbaren, uns zu einer Fünferseilschaft zusammenzuschließen. Je näher wir dem Grat, dem Gipfel kommen, desto weniger können wir uns in diesem Orkan verständigen. Wir schauen wüst aus. Die Augen mit Eis verkittet, an Mund und Nase hängen zentimeterlange Eiszapfen. Schwarze Flecken im Gesicht, Zeichen von Erfrierungen, sind uns eine ernste Warnung, so schnell wie möglich aus dieser Hölle zu entrinnen.

Gegen Mittag erreichen wir den Gipfel. Am Bauch kriechend überqueren wir den Grat. Nichts ist zu sehen. An ein Fotografieren ist nicht zu denken. Vom Gipfelkreuz stehen halbmeterlange Eiskaskaden gegen Süden, wie Wegweiser nach dem sonnigen Italien. Wir müssen rasch hinunter auf die Solvayhütte, wenn wir überleben wollen. Dieser Abstieg ist ein Abenteuer für sich. Alles verschneit und verwächtet. Immer wieder müssen wir abseilen. Die Schneebrettgefahr ist groß. Bis zu 2 Meter ist hier der Preßschnee angeweht. Bei Einbruch der Dunkelheit erreichen wir die Unterstandshütte. Total erschöpft torkeln wir durch die zerbrochene Hüttentür ins Innere. Der Unterstand ist zur Hälfte mit Schnee angeweht. Glückliches Wiedersehen mit den Schweizern! Paul Etter reicht uns heißen Tee, Hilti zeigt mir seine Hände. Sämtliche Finger sind dunkelblau angeschwollen, Erfrierungen 3. Grades, wir sind erschüttert! Dann erzählen uns die beiden Schweizer von ihrem Erlebnis in der Wand. Um 15.30 Uhr erreichten sie den italienischen Gipfel, von dem sie sich unverzüglich zum verschneiten Hörnligrat wandten, um sich in Richtung Solvayhütte durchzukämpfen. Es gelang ihnen aber am gleichen Tag nicht mehr, die Unterstandshütte zu erreichen. Sie mußten 80 Meter über der schützenden Unterkunft biwakieren.

Inzwischen hat auch Werner Bittner seine Schuhe ausgezogen. Seine Zehen sind feuerrot aufgedunsen und total verschwollen. Jetzt beginnen auch wir anderen mit gemischten Gefühlen, nach unseren Zehen zu sehen. Ich merke nichts, was auf Erfrierungen hindeuten könnte. Mit einer inneren Unruhe streife ich die Socken vom Fuß. Gott sei Dank, meine Zehen sind nur etwas rot, aber nicht erfroren. Auch Erich geht es gut. Werner Bittner verliert später alle, Rainer Kauschke drei Zehen.

Am Morgen des 6. Februar können wir nicht aus der Hütte hinaus. Ein verheerender Schneesturm macht das Atmen unmöglich. An Abstieg ist überhaupt nicht zu denken. Trotzdem bereiten wir alles für den Aufbruch vor. Über die erfrorenen Hände von Hilti binden wir Daunenhandschuhe. Der Vormittag vergeht. Wir haben nur noch wenig Proviant. Doch die größten Sorgen machen uns die Erfrierungen der Kameraden. Sie müssen so schnell wie möglich in ärztliche Behandlung. Gegen Mittag hat es den Anschein, als würde sich der Sturm etwas legen. Wir brechen auf. Gleich unter der Hütte errichten wir eine Abseilstelle. Erich und ich führen die Kameraden. Hilti kann seine Hände kaum gebrauchen. Wir helfen, wo wir können. Den Schluß unserer Gruppe machen die drei Deutschen. Wir wühlen im Neuschnee, seilen uns über Wandstufen, klettern, suchen den Weg abwärts, stundenlang. Wir können nicht immer dem Hörnligratweg folgen, der hier zumeist in der Ostflanke verläuft, dort wäre es viel zu lawinengefährlich. Unsere Spur führt direkt über den Grat. Es geht schon gegen den Abend zu, als wir von unten Rufe hören. Wir mobilisieren unsere letzten Kräfte. Einige hundert Meter über der Hörnlihütte treffen wir auf die Freunde, die uns entgegengeeilt sind: Kaspar von Allmen, der Bergsteiger und Hotelier von der Wengern-Alpe unter der Kleinen Scheidegg, und die beiden Schweizer Bergführer René Arnold und Martin Epp. Wir sind müde und ausgebrannt, aber noch nicht am Ende. Schon gar nicht jetzt, da wir wissen, daß wir endgültig in Sicherheit sind. Mit müden, aber glücklichen Augen blicken wir zurück auf die düstere Silhouette des Matterhorns, dann stolpern wir in die Hörnlihütte. Ein riesiger Kuchen steht für uns auf dem Tisch. Die drei Schweizer Kameraden bemühen sich um uns wie gute Eltern um ihre Kinder. Vor vier Tagen sind wir hier losgezogen, hinein in eine kalte, eisige und gefährliche Welt. Jetzt hat sich der Kreis wieder geschlossen. Die erste Winterdurchsteigung der gefürchteten Matterhorn-Nordwand ist geglückt. Bei schwierigsten Wand- und Wetterverhältnissen. Der Preis, den meine Kameraden bezahlen mußten, war allerdings zu hoch. Sie trugen erhebliche gesundheitliche Schäden davon.

Wir packten unsere Habseligkeiten, die wir vor Tagen hier zurückgelassen hatten und machten uns auf den Weg ins Tal. Es war schon dunkel, aber wir mußten den Abstieg noch schaffen, um die notwendige ärztliche Hilfe für die Kameraden zu erhalten. Als wir bei der Station Schwarzsee eintrafen, war es schon Mitternacht. Die Seilbahn legte jedoch für uns eine Sonderfahrt ein. In kürzester Zeit waren wir in Zermatt. Hier war alles auf den Beinen und bereitete uns noch zu so später Stunde einen stürmischen Empfang. Zeitungsreporter, Rundfunk- und Fernsehkommentatoren drängten sich um uns. Vor der Seilbahn-Talstation warteten acht Pferdeschlitten. Der Kurdirektor von Zermatt gab lauthals Anweisungen. Für Zermatt war diese Besteigung gewiß eine willkommene Fremdenverkehrswerbung. Im Hotel Christiania konnten wir mit unseren angefrorenen Fingern kaum das silberne

Eßbesteck halten, aber wir wußten uns zu helfen. Sogar einen Musiker hatte man engagiert. Auch Harry Valerien, der bekannte deutsche Fernsehkommentator, war hier. Die ganze Hautevolee saß am Tisch. Seltsamerweise kam niemand auf den Gedanken, daß wir müde sein könnten, und wir vergaßen es in diesem Trubel auch beinahe. Dazu mußten wir sehr auf unsere Ausrüstungsgegenstände aufpassen. Souvenirjäger umlauerten uns. Erst in den frühen Morgenstunden konnten wir uns in ein richtiges Bett fallen lassen. Aber wir fanden keinen Schlaf. Hellwach lagen wir da und träumten mit offenen Augen von unserem großen Abenteuer.
Ein halbes Jahr später war ich wieder in Zermatt. Ich folgte einer Einladung, am traditionellen Bergführerfest teilzunehmen. Die Kameraden von der winterlichen Matterhorn-Nordwand waren vollzählig erschienen. Es gab ein herzliches Wiedersehen. Wie Gott in Frankreich kam ich mir als Gratisgast im ersten Hotel von Zermatt vor. Bisher war ich an diesem vornehmen Haus nur vorbeigegangen, und jetzt saß ich als gefeierter Gast an den prunkvoll gedeckten Tischen. Nobel geht die Welt zugrunde! Hilti von Allmen war auch unter uns. Er hatte seine schweren Verletzungen schon einigermaßen wieder überwunden. Dem Bergsteigen hatte er nicht abgeschworen. Wenige Jahre später verunglückte er tödlich. Nicht in einer schweren Wand, auf vereisten Platten oder im grimmigen Wettersturz, nein, ein harmlos aussehendes Schneebrett wurde sein Verhängnis und sein Schicksal. Leb wohl, Hilti! Du warst einer der Besten.

GRANDES JORASSES: WALKER PFEILER

Nachdem ich die Eiger-Nordwand durchstiegen hatte und die Matterhorn-Nordwand im Winter bezwingen konnte, kreisten meine Gedanken um den Walkerpfeiler. Die dritte der drei größten Nordwände der Alpen lockte. Von der Couverclehütte hat man einen herrlichen Blick auf das über 4000 Meter hohe, mächtige Massiv der Grandes Jorasses. Die einzelnen Erhebungen: Joung (3996 Meter), Margherita (4066 Meter), Michel Croz (4110 Meter), Whymper (4196 Meter) und als höchste Erhebung der Jorasses-Mauer die Pointe Walker (4207 Meter) treffen sich auf einem mehr als einen Kilometer langen Gipfelgrat. Über diesem schnörkeln sich phantastische Wächtengebilde, als wären dem prachtvollen Berg weiße Kronen aufgesetzt. Die Nordwand der Grandes Jorasses türmt sich aus dem wild zerklüfteten Leschaux-Gletscher auf. Der Bergschrund liegt in etwa 3000 Meter Höhe. Die Route zur Pointe Walker, der berühmte Walkerpfeiler, überwindet 1200 Höhenmeter. Erstmals stiegen 1935 die beiden Deutschen Peters und Meier durch die Jorasses-Wand über den sogenannten Mittelpfeiler auf die Pointe Michel Croz. Viele berühmte Bergsteiger wie zum Beispiel der Franzose Armand Charlet bewarben sich um diese Erstbesteigung. Die beiden Deut-

Matterhorn-Nordwand, erste Winterbegehung: »Über die erfrorenen Hände von Hilti banden wir Daunenhandschuhe«

schen waren die Glücklicheren. Damit aber war der Pfeiler zum höchsten Gipfel der Jorasses, zur Pointe Walker, noch nicht bezwungen. Jahrelang bestürmten die besten Bergsteiger der späten dreißiger Jahre, allen voran die Einheimischen Pierre Allain, Eduardo Frendo und Jean Leininger, diese Wand. 1938 endlich, im selben Jahr, in dem die Eiger-Nordwand ihre Erstbesteigung hinnehmen mußte, glückte der große Wurf.

In aller Stille zogen die drei Italiener Cassin, Esposito und Tizzoni zum Einstieg dieser mächtigen Wand. Alle drei waren bis zu diesem Zeitpunkt in den Westalpen noch unbekannt. Sie hatten ihre großen bergsteigerischen Erfolge in den Dolomiten aufzuweisen gehabt. Besonders Ricardo Cassin aus Lecco am Comosee zählte zur absoluten Spitzenklasse. Vielleicht hatten sie sogar noch nie in ihrem Leben Steigeisen an den Füßen gehabt. Angeblich sollen sie, als sie bei der Requinhütte vorbeikamen, den Hüttenwirt gefragt haben, wo die Nordwand der Grandes Jorasses sei. Dieser hielt die drei Italiener für Spaßvögel, zeigte ihnen aber mit einer saloppen Geste den Weg dorthin. Die drei Italiener stiegen am 4. August 1938 zeitlich morgens in die Wand ein und erreichten den Gipfel am 6. August. Ob sie geahnt haben, welches Kleinod sie mit dieser Route dem Alpinismus geschenkt hatten? Cassin hatte ein Gespür für große, ideale Führen. Die klassische Route durch die Westliche-Zinne-Nordwand oder die Piz-Badile-Nordostwand können für viele große, neue Kletterrouten genannt werden.

Der Walkerpfeiler ist die technisch schwierigste der drei großen Nordwände der Alpen und gewiß auch die interessanteste und eindrucksvollste. »Es ist der einzige wirkliche Himmelspfeiler unter allen Klettereien in den Alpen. Es ist ein schwerer Weg für die Besten, aber es ist ein Weg ohne Heimtücke. Seine Begehung ist die wahre Krone des Alpinismus.« So schrieb Maix über den Walkerpfeiler. Es ist wirklich ein Weg ohne Heimtücke. Und darin unterscheidet sich der Walkerpfeiler von der Eiger-Nordwand oder von der Matterhorn-Nordwand. Und dennoch wurde Jörg Lehne, einer der erfolgreichsten deutschen Bergsteiger, am Walkerpfeiler vom Steinschlag tödlich getroffen.

Genaugenommen müßte man bei der Besteigung der Jorasses einen Reisepaß mit sich führen. Man klettert von Frankreich nach Italien. Zur Zeit, als die »Dinamitardi« in Südtirol am Werke waren und sich dem Irrglauben hingaben, das Völkerunrecht zwischen Brenner und Salurner Klause mit Sprengstoff aus der Welt schaffen zu können, hätte ich beinahe Schwierigkeiten mit den italienischen Grenzbeamten bekommen. Nur mit Mühe konnte ich mich vom italienischen Ort Entrèves wieder nach Chamonix durchschlagen, weil ich mich mit einer Gratisunterkunft im Gefängnis der Carabinieri nicht anfreunden wollte.

Mit Erich Krempke und Horst Schindlbacher saß ich am Gipfelgrat der Dent d'Hérens, glücklich über die gelungene Durchsteigung ihrer Nordwand. Wir waren dem großartigen Weg Willo Welzenbachs aus dem Jahre

1925 gefolgt. Als wir uns beim Abstieg über den Grat zu einem Biwak entschließen mußten, schmiedeten wir im Lichte der untergehenden Sonne neue Pläne. Erich sagte in seinem Wiener Dialekt: »Schaut's genau, wo d'Sunn verschwind't, ist der Mont Blanc.« Horst ergänzte: »Und der wuchtige dunkle Berg rechts vom Mont Blanc, das ist die Grandes Jorasses.« Und weil ich schließlich auch was sagen wollte, fügte ich hinzu: »Und rechts, dieser steile Abfall, das ist der Walkerpfeiler.« Mehr brauchte es nicht. Wir verstanden uns. Daß natürlich die halbe Nacht über den Walkerpfeiler geplaudert wurde, versteht sich.
Beim Abstieg von der Dent d'Hérens nach Zermatt holte ich mir eine dumme Sehnenscheidenentzündung am rechten Knie. In den darauffolgenden Tagen war ich Stammgast in der Ordination des Dr. Julen in Zermatt. So nebenbei verschrieb er mir 14 Tage Ruhe. Was das für mich bedeutete, kann man sich denken. Aber nicht nur der Dr. Julen hatte sich offensichtlich gegen mich verschworen, auch das Wetter schien mich zu verhöhnen. Strahlend blauer Himmel, Tag für Tag. Mein Knie aber war bandagiert und schmerzte gewaltig. Horst wurde langsam sauer. Ich versuchte, ihn zu trösten, indem ich erklärte, daß ich mich schon auf dem Wege der Besserung befände und in kürzester Zeit wieder einsatzbereit wäre.
Auf jeden Fall stiegen wir zur Leschauxhütte auf. »Wenn diese Leschauxhütte eine Hütte ist, dann ist auch der Esel ein Pferd«, dachte ich bei mir. Denn dieser von einer Lawine zerstörte Bau machte in der Tat mehr den Eindruck einer Wildfütterung. Ein paar Bretter und nur ein kleiner abgeschlossener Raum, das war alles. Wir machten es uns trotzdem gemütlich. Während wir unser Marschgepäck für den nächsten Tag richteten, entdeckten wir am Gletscher zwei Männer im Aufstieg. »Die haben bestimmt das gleiche vor wie wir«, meinte Horst. Nach wenigen Minuten stand der erste von beiden vor uns. »Mensch, Lois!« Ich konnte es fast nicht glauben. Lois Strickler, mit dem ich vor elf Monaten die Eiger-Nordwand durchstiegen hatte, stand vor mir, welch ein Zufall! Hier im hintersten Winkel des Mont-Blanc-Massivs trafen wir uns mit derselben Absicht. Lois war in Begleitung von Freddy Hächler. Die beiden wollten ebenfalls den Walkerpfeiler machen. »Zwei Seilschaften in dieser Wand, das ist eine prächtige Sache!« Vorsichtshalber schauten wir am Gletscher nach, ob nicht noch andere Anwärter für eine Walkerpfeiler-Besteigung näherkamen. Man braucht zwar keine Platzkarten für diese Route, aber wir wären zufrieden, wenn nicht allzu viele Gäste in unserer kleinen Unterstandshütte Quartier suchen wollten. Die Abendsonne sah gerade noch hinter den Nadeln von Chamonix hervor. Im Gegenlicht entdeckten wir sechs kleine Pünktchen auf dem weiten Gletscher. Es war keine optische Täuschung. Die Pünktchen wurden immer größer.
Genau 24 Stunden später richteten wir uns in einer Höhe von 3900 Meter zum Biwak ein. Wir standen unmittelbar vor einem Wettersturz, waren aber trotzdem bester Laune. Einmal mußte es ja schlecht werden. Das war zwar

kein Trost, aber doch eine Erklärung. Die beiden Schweizer Freunde waren schon beim Kochen. Sie hatten unter uns einen recht passablen Biwakplatz gefunden. Wir beide hatten es etwas schlechter getroffen. Mein Knie schmerzte vom anstrengenden Aufstieg. Die Belastung war doch sehr groß. Wenn der gute Dr. Julen gewußt hätte, wo ich mich jetzt befand. »Für die nächsten Tage keinen anstrengenden Spaziergang«, hatte er mir aus verantwortungsvollem ärztlichem Gewissen geraten. Heute war alles so schnell gegangen, daß ich erst jetzt Zeit fand, das bisher Geschehene zu rekonstruieren: Mit Stirnlampen hatten wir den Weg durch den wildzerklüfteten Gletscher gesucht, beim ersten Grau des Tages unsere schweren Säcke geschultert, und hinein ging's ins Abenteuer. Auf den ersten 300 Metern kletterten wir viel gemeinsam. Vor uns Lois und Freddy, hinter uns Karl Schönthaler mit seinem Tiroler Kameraden, dahinter noch sechs Franzosen. Als die ersten Sonnenstrahlen über den Hirondelles-Grat lugten, befanden wir uns schon in der ersten, äußerst schwierigen Seillänge, im sogenannten Rébuffat-Riß. Das Gestein ist hier ähnlich wie in der Capucin-Ostwand oder am großen Pfeiler der Dru: herrlicher, fester, gelber Granit. Überraschenderweise kehrten die uns folgenden Seilschaften plötzlich um. Den Grund dafür haben wir nie erfahren, aber ich nehme an, daß sie sich nicht in der richtigen Verfassung befanden, denn schon im unteren Teil der Wand konnten sie mit uns nicht Schritt halten.

Jetzt waren wir allein. Je höher wir kamen, umso mehr schmerzte mein Knie. Der Quergang über die vereisten Bänder bereitete uns keine Probleme. Lois und Freddy vor uns gingen ohne Steigeisen. Ich wählte eine eigene Traversierung, etwas tiefer. Vor uns ragte die berühmte 75-Meter-Verschneidung fast lotrecht in den Himmel. Drei Seillängen, überwiegend freie Kletterei, waren hier zu überwinden. Dann kam die berühmte Abseilstelle. An einem alten fixierten Seil mußte man sich hier ungefähr 12 Meter zu einem Hakenstand abseilen. Von diesem ging es über eine Platte nach rechts zu einem Standplatz. Kurz vor diesem mußten wir noch einen schwachen Überhang überwinden. Endlich konnten wir eine kurze Rast einlegen. Von diesem Standplatz aus konnten wir in das Eiscouloir hineinschauen, das den Pfeiler, auf dem wir uns befanden, begrenzte. Unten am Leschaux-Gletscher sahen wir die drei Seilschaften talauswärts ziehen. Von unserem Standplatz weg ging es über schwarze Platten immer im Schwierigkeitsgrad V und VI dem Gipfel entgegen. Diese Kletterei hatte uns so sehr in ihren Bann gezogen, daß wir den hereingebrochenen Wettersturz erst bemerkten, als es schon stockdunkel war.

Früher als beabsichtigt rüsteten wir zum Biwak. So leidlich konnten wir sogar schlafen. Schon am frühesten Morgen setzten wir unseren Aufstieg fort. Das Wetter war nicht besser geworden. Auf unserem Biwaksack hatte sich eine Neuschneeschichte angesammelt. Es war grimmig kalt. Ob wir es bis Mittag schaffen konnten, auf den Gipfel zu kommen und noch am glei-

Grandes Jorasses, Walkerpfeiler: »Die Nordwand der Grandes Jorasses türmt sich aus dem wild zerklüfteten Leschaux-Gletscher auf«

chen Tag zur Jorasseshütte abzusteigen? Nach einem improvisierten Frühstück brachen wir zur letzten Etappe auf. Während mir Horst die Schlosserei in die Hand drückte, stemmte sich Lois schon, gewissermaßen als Frühsport, in einem schrägen Riß hoch. Ich dachte mir, daß Lois der erste Schweizer Alpinist sein würde, der alle drei großen Nordwände der Alpen durchstiegen hat.

Vor einem Jahr hatte ich ihn auf der Kleinen Scheidegg kennengelernt. Tags darauf waren wir durch die Eiger-Nordwand gestiegen. So großartig wie damals, als er ohne die verlorenen Steigeisen sich durch die Spinne kämpfte, ging er auch hier am Walkerpfeiler.

Mit meinen leichten Grivel-Steigeisen stieg ich in das sogenannte »Schneedreieck«. Unter der berüchtigten und gefährlichen roten Kaminrinne schlossen wir vier uns zusammen. Diese Rinne hängt leicht über. Sie war etwas vereist und mit Pulverschnee bedeckt. Auf einer Länge von 80 Metern verwendeten wir zwei oder drei Haken.

Unerwartet besserte sich das Wetter. Der Schneefall hatte aufgehört. Auf dem anschließenden Couloir und in der folgenden Eisrinne fanden wir riesige Stufen in das blanke Eis gehauen. Es sah aus, als ob hier eine Herde Elefanten hinaufspaziert wäre. Unsere Vorgänger, vermutlich Italiener, hatten Schwerarbeit geleistet. Die Stufen waren so groß, daß zwei Mann nebeneinander auf ihnen stehen konnten. Wir konnten daher auf unsere Steigeisen verzichten. Die Führe leitet bald nach rechts hinaus. Man umgeht eine überhängende Zone und kommt erst ober dieser wieder auf die Pfeilerkante zurück. Nur noch 150 Meter trennten uns vom Gipfelgrat. Vorerst aber galt es noch, einige heikle Stellen zu überwinden. Die Schweizer Freunde hatten mittlerweile den Gipfel erreicht. Die Ausstiegsseillänge legt sich etwas zurück. Ich versuchte, möglichst rasch auf den Grat hinauszukommen, mußte aber feststellen, daß hier in 4200 Meter Höhe der Kreislauf doch schon einer sehr hohen Belastung ausgesetzt ist. Das Herz begann wild zu schlagen. Ich ließ Horst nachkommen, und gemeinsam stiegen wir sodann zum Gipfel auf. Glücklich reichten wir uns die Hände. Es war 14 Uhr.

Im Zeitraum eines Jahres war es mir gelungen, die drei großen Westalpen-Nordwände zu durchsteigen. Jede für sich war ein großes Erlebnis. Jede hatte einen anderen Charakter, und jede hielt mit ihrem Bezwinger eine eigene Zwiesprache. In der Weltabgeschiedenheit des Gipfels, auf dem ich hier stand, versuchte ich diese Zwiesprachen noch einmal zu erleben.

Im Gedanken stand ich wieder vor der Eiger-Nordwand. Freund Lois, der mir jetzt gegenübersaß, war damals mein Partner gewesen. Beide waren wir bestens vorbereitet für diese schwere Fahrt, gut ausgerüstet und konditionsstark gewesen, deshalb war uns der Eiger auch gut gesinnt. Er hatte uns zwar seine Tücken gezeigt, uns seine Steinsalven hören und den Eishauch des Wettersturzes spüren lassen, aber wir hatten die Herausforderungen angenommen und uns wie Männer benommen, die dem Eiger willkommen sind.

Mit seinen schärfsten Waffen, mit grimmiger Kälte, mit Eis und Sturm, hatte uns das Matterhorn die winterliche Durchsteigung seiner Nordwand schwergemacht. Aber wir waren auch für diesen Kampf gerüstet gewesen, und so konnte es ein Sieg der guten, der besten Bergkameradschaft werden. Was der Berg damals von meinen Kameraden forderte, verlangte er nicht von mir. Ich denke mit Freude und Dankbarkeit an diesen vielleicht härtesten und schwierigsten Gipfelsieg in den Westalpen.
Und jetzt saß ich in froher Runde auf dem Gipfel der Grandes Jorasses. Ein unbeschreibliches Glücksgefühl überfiel mich. Meine Freunde mußten bemerkt haben, daß mich meine Gedanken von hier weggetragen hatten in eine andere Welt der Erinnerungen, aus der ich soeben wieder zurückkehrte. Wir erhoben uns und stiegen völlig entspannt über die Südseite ab, in Richtung Jorasseshütte. Nach wenigen Stunden erreichten wir sie. Am nächsten Tag stiegen wir weiter ab. Bald erreichten wir den lieblichen Ort Entrèves auf der italienischen Seite des Mont-Blanc-Massivs, von wo uns die Seilbahn in wenigen Minuten wieder hinauf zur Turinerhütte brachte.

Momhil Sar – Neuland im Karakorum

Meine erste Expedition führte mich 1964 zu den Eisriesen Asiens in bergsteigerisches Neuland, zu einem Berg, auf dem noch kein Mensch gestanden war, im Norden Pakistans, an der Grenze Kaschmir–China! Heute, nach vielen Jahren, kann ich noch immer sagen, daß diese Fahrt in das zauberhafte und weltverlorene Kaschmir zu meinen schönsten Erlebnissen zählt. Wir waren eine kleine Gruppe von fünf begeisterten Bergsteigern. Hans Schell leitete und organisierte die Expedition; Dipl.-Ing. Rudolf Pischinger, Rolf Widerhofer, Horst Schindlbacher und ich waren die übrigen Teilnehmer. Meine Kameraden kamen aus Graz. Mit Horst Schindlbacher hatte ich in den letzten Jahren vieles in den Bergen erlebt: Walkerpfeiler, Dent d'Hérens-Nordwand, Dru-Westwand, Brenva-Flanke am Mont Blanc, Punta-Civetta-Nordwestwand in den Dolomiten.

Keiner von uns Expeditionsteilnehmern ahnte, wie lange und wie mühsam wir um diesen »Siebentausender« ringen sollten. Der unbekannte Eisriese Momhil Sar sollte uns die Zähne zeigen. Schuld daran trug sicher das verheerende Wetter, welches damals in der Vormonsunzeit im Karakorum herrschte. Wir waren, so glaube ich, die einzige Expedition, die einen Gipfel erreichen konnte. Hansi Schell, heute Chef einer großen Eisenfirma in Graz, beschaffte Geld und Material. Wir halfen tatkräftig mit. Von Professor G. O. Dyhrenfurth war uns der Momhil Sar angepriesen und schmackhaft gemacht worden. Kartenmaterial über Land und Gebirgszüge mußte mühsam zusammengetragen werden. Über ein Jahr zogen sich die Vorbereitungen hin. Ich will mich an die Aufzeichnungen meines Tagebuches halten, die vielleicht etwas knapp sind und die Zeichen des unmittelbaren Erlebnisses tragen. Sei's darum.

Abschied von daheim: Genua. Hafen, Menschen, Schiffe, Fahrt durch das blaue Mittelmeer. Suezkanal, Port Aden. Hier verloren wir unseren »Goggy« (Rolf) vorübergehend. Anstatt pünktlich auf unserer »Asia« zu sein, trieb er sich in den Slums und im Polizeigefängnis herum. – Ruhiger Indischer Ozean, springende Delphine, bange Erwartung. Mitte April legten wir bei feuchtheißem Wetter in Karatschi, der Hafenstadt Pakistans, an. In dieser Stadt leben etwa zwei Millionen Menschen. Unsere Botschaft hatte wertvolle Vorarbeit geleistet. Mit Hilfe von Schmiergeldern gelang es uns, das gesamte Expeditionsgepäck in weniger als fünf Stunden aus dem Zoll zu kriegen. Schon in zwei Tagen sollte es nach Norden gehen, nachdem wir alle Formalitäten beim Außenministerium und beim Verteidigungsministerium er-

Momhil Sar
Aufstieg zu Lager II.

ledigt hätten. Rudi, Rolf und unser pakistanischer Begleitoffizier, Leutnant Rafik, fuhren mit unserem Puch-Haflinger; Horst, ich und das Expeditionsgepäck ratterten drei Tage lang mit dem Peshawer-Expreß nach Rawalpindi. Endlos, trocken und sehr heiß ist dieses Land. Nur selten Oasen, Wasserbüffelherden, trostlose Hütten aus Lehm. In Rawalpindi schrieben wir Berge von Grußkarten. Horst und ich wollten die Expeditionskasse nicht vorzeitig belasten, daher holten wir mit einem Büffelgespann unser ganzes Gepäck vom Bahnhof ab. Große Schwierigkeiten gab es, als wir mit dieser Kutsche plötzlich in einem turbulenten Bazar aufkreuzten. Von einer aufgebrachten Menschenmenge wurden wir festgehalten. Erst als wir durch Gestikulieren glaubhaft machen konnten, daß wir nicht die Absicht hätten, ein Geschäft zu eröffnen, gab man uns den Weiterweg frei. Ich litt an starkem Durchfall, auch meine Freunde suchten immer häufiger die umliegenden Büsche im Garten unseres Gastgebers auf. Erst später in Gilgit sollten wir uns wieder erholen. Dorthin brachte uns bei herrlichem Flugwetter eine fast schrottreife DC 3.

Tief unter uns lagen die dunkelbraunen Felder und Hügel Nordpakistans. Neugierige Unruhe herrschte in der kleinen Maschine. Die ersten Achttausender waren zu sehen, zur Rechten der berühmte Nanga Parbat. Schneefahnen wehten von seinem Gipfelgrat. Die Täler rundherum waren mit Wolken gefüllt. Gilgit ist eine Oase inmitten des kargen Hochlandes. Hier erfuhren wir, daß die Jeepstraße nach dem 2500 Meter hoch gelegenen Nagar durch Schnee- und Erdrutsche verlegt sei. Erst nach zwei Tagen konnte es weitergehen. Vier Jeeps wurden beladen, und dann wirbelte der Staub. Noch konnte man von Straße reden. Horst und ich saßen auf dem letzten Jeep. Ab und zu mußten wir halten, um Kühlwasser nachzufüllen. Die Frauen, die auf den Feldern arbeiteten, hielten Tücher vor das Gesicht, sobald unsere Kolonne heranstaubte.

Was von Nomal bis Chalt, unserem ersten Tagesziel, folgte, läßt sich kaum beschreiben. Wir waren, glaube ich, die erste Expedition, die diesen Weg mit Jeeps befuhr. Er ist nichts anderes als ein uralter, ausgebauter Karawanen- und Maultierpfad hinüber nach dem angrenzenden China, die sogenannte »Seidenstraße«, auf der schon Marco Polo dahingezogen war. Auf Schritt und Tritt begegneten wir auch groß gewachsenen, blonden und blauäugigen Menschen, späten Nachfahren Alexanders des Großen, der aus Griechenland auszog, die Welt zu erobern. Diese »wildeste Jeepstraße der Welt« befuhren wir mit gemischten Gefühlen. Der Pfad war in die lockeren Konglomerathänge hineingemeißelt. Die steilen Kurven konnten oft nicht auf Anhieb bewältigt werden; aber die Fahrer sind kühne, unerschrockene Burschen. In Chalt übernachteten wir.

Zeitlich am nächsten Morgen mußten wir aufbrechen. Das Tal wurde nun allmählich breiter, und über eine wild schaukelnde 50 Meter lange Hängebrücke gelangten wir nach Nagar, wo man uns einen stürmischen Empfang

Leo Schlömmer auf dem Gipfel des Mombil Sar (7342 Meter)

bereitete. Die Ortsmusik war angetreten, und der Mir von Nagar begrüßte uns. Ein Festessen mit Hammelbraten und Reis wurde aufgetischt. Hansi legte seinen Kletterrucksack, in dem er die Expeditionskasse verwahrte, auch bei diesem üppigen Festmahl nicht ab. Das sah zwar recht komisch aus, war aber eine kluge Maßnahme. Zwei stolze »Siebentausender« grüßten hellleuchtend zu uns herab.

Am *6. Mai* waren wir startbereit. Die Lasten wurden gewogen und der Reihe nach verteilt. Jeder Träger übernahm zirka 22 Kilo Gepäck. Mit 75 Trägern kamen wir aus. Erst nach vielen Stunden setzte sich der Haufen in Bewegung. Es war sehr schwül. Über primitive Brücken und Klettersteige marschierte unser Troß dem unbekannten Abenteuer entgegen. Alte grauhaarige Männer waren unter den Kulis, aber sie trugen genauso wie die jungen. In braune Lumpen gehüllt, an den Füßen nur Wildlederfetzen mit Riemen zusammengeschnürt, stiegen sie wie Gemsen. Nach dem ersten Anmarschtag diente die Jägerunterkunft Garesha als Lagerplatz. Alle Kulis legten ihre Last feinsäuberlich bei uns ab, denn wir mußten streng darauf achten, daß nichts gestohlen wurde. Jede Last wurde numeriert. Von einem renommierten steirischen Sporthaus hatten wir Startnummern, wie sie auch bei Schirennen verwendet werden, erhalten. Jeder Kuli trug eine solche auf der Brust. Sie war identisch mit der Nummer seines Gepäckstückes. Abends erhielten die Träger Zigaretten. Es war ein heiterer Anblick, sie in einer langen Reihe aufgestellt zu sehen, in ihre Fetzen gehüllt, um mit hingehaltener Startnummer die Zigaretten zu empfangen. Ihre Namen konnten wir uns nicht merken, aber die Startnummern prägten wir uns ein. Dann saßen sie um ihre Lagerfeuer und buken auf heißen Steinen ihre Tschabatti: Brotfladen, die aus Mehl und Wasser bereitet werden.

Am zweiten Anmarschtag wurden die Schneebrillen ausgegeben. Als wir aufbrachen, hüllte sich gerade der 7790 Meter hohe Rakaposhi in Wolken. Wir gelangten an diesem Tag bis an den Trivor-Gletscher. In 3400 Meter Höhe brannten abends wieder die Lagerfeuer, auf denen die Vorräte an Tschabatti für die nächsten Tage hergestellt wurden. Am dritten Anmarschtag zogen wir bei fast unerträglicher Hitze über Gletscher und Moränen. Mit Mohamed Ali, einem sehr guten Träger, der schon an mehreren Expeditionen teilgenommen hatte, bildete ich die Spitze der Kolonne. Unsere Aufgabe war es, den besten Pfad ausfindig zu machen. Meine Kameraden machten den Schluß, um eine Kontrolle des Gepäcks zu haben. Allmählich tauchten im Talhintergrund gewaltige Bergflanken auf, sie gehören dem Garesha Peak II und III, 6100 bzw. 6630 Meter hoch. Auf einem Gletschertisch rollten wir am Abend unsere Schlafsäcke aus. Über uns der sternenübersäte Himmel des Karakorum. Es war kalt. Da wir keine Zelte für die Träger hatten – sie sind in keiner Bestimmung vorgesehen –, wollten die Burschen streiken. Hansi versprach Plastikplanen und zehn Rupien mehr am Tag. Zwangsläufig mußten wir also unseren Kollektivvertrag abändern und er-

Mombil Sar: 7342 Meter

weitern. Leutnant Rafik verhandelte mit den Trägern. Er bewährte sich zum erstenmal als Begleitoffizier. Der Trägerobmann versprach endlich, nach langem Hin und Her, daß am nächsten Tag um 7 Uhr alles für den Weitermarsch bereit sein würde.

Am vierten Anmarschtag kamen wir in das Reich des ewigen Schnees. Trotzdem gingen die meisten Kulis barfuß, unvorstellbar für uns Mitteleuropäer. Unsere Kolonne, die schwerfällig über den Gletscher zog, erinnerte mich an den Kriegszug Hannibals über die Alpen. Allerdings fehlten uns die Elefanten, und vor allem wollten wir nicht die Römer, sondern den Momhil Sar bezwingen. Bald nach Mittag kam die Kolonne zum Stehen. Ich ging mit zwei Trägern am Seil an der Spitze. Man mußte schon eine gute Spürnase haben, um den Gletscherspalten auszuweichen. Für die Träger, die nicht am Seil gingen, mußte zugleich ein sicherer Weg gefunden werden. Plötzlich rutschte Ali in eine Gletscherspalte. Er war mit einer schweren Alu-Kiste beladen. Zwar konnte ich ihn mit dem Seil halten und wieder herausziehen, aber ein anderer Träger ging sorglos weiter und verschwand lautlos in einer tiefen Spalte. Alles vollzog sich innerhalb kürzester Zeit. Sofort ließ ich ein Seil mit einer Schlinge in die Tiefe. Der abgestürzte Träger war gottlob unverletzt. Zu unserem nicht geringen Erstaunen band er zuerst seine Last an das Seil, erst dann dachte er an sich. Vor Kälte schlotternd stand er vor uns, ein erbarmungswürdiger Anblick; dennoch mußten wir lachen. Die Träger aber waren nun nicht mehr bereit, auch nur einen Meter weiter zu gehen. Sie hatten schreckliche Angst. Angst vor dem Berg, Angst vor Allah, ihrem Gott. Hans und Horst zahlten mitten im Eis bei aufkommendem Schneetreiben die Träger aus. Einer nach dem anderen verschwand talauswärts, nur zehn Getreue blieben bei uns.

In den nächsten drei Tagen schleppten wir mit dieser Rumpfmannschaft unser Gepäck, zirka 1,5 Tonnen, durch Eisbrüche zum vorgesehenen Basislager. Ein äußerst mühsamer Pendelverkehr begann, doch kamen wir durch die harte Trägerarbeit gut in Form. Das Basislager war 4700 Meter hoch. Das ist fast die Höhe des Mont Blanc. Es ist einer der schönsten Plätze im Karakorum, am Trivor-Gletscher, gegenüber dem wild aussehenden Garesha Peak II. Am *12. Mai* hatten wir alle Lasten im Basislager. Wir waren glücklich, endlich auf uns selbst gestellt zu sein. Zwar hatten wir uns vorerst entschlossen, bis zum ersten Hochlager zwei Träger zu verwenden. Wie sich jedoch bald herausstellte, waren die beiden nichts wert! Wir mußten sie wieder entlassen.

15. Mai: Herrliches Wetter, als wir morgens aus unseren Zelten blickten. Über die Wand des Garesha Peak ging eine gewaltige Staubschneelawine nieder. Rudi, Horst und Hans brachen um 8 Uhr auf, um mit kleinen Lasten einen Durchstieg durch den ersten Gletscherbruch zu versuchen. Dieser Gletscherbruch war vom Basislager zirka 5 Kilometer entfernt. Er lag in einer Höhe zwischen 5400 und 5600 Meter. Ich brach mit Rolf und den zwei

Momhil Sar:
Staublawine über dem Basislager

Hochträgern mit Verpflegung und Ausrüstung für die Hochlager etwas später auf. Nach einer Stunde hatten wir einen richtigen Wettersturz. Es schneite und stürmte. Solche Wetterstürze sollten wir in den nächsten Wochen noch zur Genüge kennenlernen. Sie stellten den Erfolg unseres Unternehmens immer wieder in Frage. Ich machte mit den zwei Trägerlasten ein Depot am Gletscherrand. Die beiden Träger und Rolf gingen zurück ins Basislager. Ich wartete hier drei Stunden auf die drei übrigen Kameraden. Jede halbe Stunde hatten wir Funkverkehr vereinbart, doch die Funkgeräte versagten. Endlich sah ich drei aus dem Nebel auftauchen. Schnell kamen sie näher. Wir konnten hier auf diesem Gletscher unsere Kurzschier verwenden und waren bald im Lager I.

Dort gab es ausgezeichnetes Essen: Kalten Kaffee, Gemüsesuppe, Fleischlaibchen mit Mischgemüse, als Nachtisch Marillenkompott und Ottakringer Dosenbier. Horst meldete sich freiwillig zum Geschirrwaschen. Rustan Ali wollte sich bei Hans einen schmerzenden Zahn ziehen lassen; der getraute sich jedoch nicht recht über diese Operation, weil vom Zahn fast nichts mehr da war. Nebenbei: Hans ist nicht Zahnarzt vom Beruf, sondern Juniorchef einer Grazer Eisenfirma, aber das wußte Rustan Gott sei Dank nicht. Ausgezeichnet funktionierte unser Radio, sehr gut konnten wir von Radio Pakistan die Nachrichten und Zeitansagen hören. Um 20.15 Uhr bekamen wir zum erstenmal eine Wettervorhersage: »For the Austrian expedition to Momhil Sar.« Bis zum 15. Juli konnten wir diesen Spezialwetterbericht dreimal täglich hören.

16. Mai: Mit Horst und Rudi brach ich um 6 Uhr auf, um endlich den Durchstieg durch den ersten Gletscherbruch zu finden. Horst war nicht gut beisammen, er kehrte um. Ich blieb mit Rudi allein. Vorsichtig überquerten wir Spalten, umgingen Eistürme, kämpften uns Meter für Meter vorwärts. Die Sonne brannte durch den leichten Nebel. Um 13 Uhr, nach mühsamer Schneewaterei, erreichte ich mit Rudi zum erstenmal Hochlager I, 5600 Meter hoch! Beim Abstieg markierte ich mit Papierfähnchen unseren Pfad durch dieses wilde Gletscherlabyrinth. Auf halbem Weg trafen wir Rolf und Hans beim Aufstieg.

17. Mai: Schon um 3 Uhr früh machten wir diesmal Tagwache. Es hatte zirka 20 Grad unter Null. Als wir auf der Moräne waren, überraschte uns wolkenloser Himmel. Zum erstenmal sehen wir unseren Momhil Sar: Er ist ein faszinierender Berg. Zu seiner Rechten baut sich der gewaltige Trivor Peak auf. Er wurde 1960 erstmals von englischen Bergsteigern bezwungen. Hier auf der Moräne heulte der Sturm. Ich schnallte die Schier ab und zog den linken Schuh aus, um meine gefühllosen Zehen zu massieren. Da ich sie nicht mehr warm bekommen konnte, fuhr ich schnell ab ins Basislager. Es war ein Fehler von mir gewesen, am Morgen mit den leichten Anmarschschuhen weggegangen zu sein, ich hatte die Kälte unterschätzt. Am Nachmittag kam endlich wieder unser Begleitoffizier aus dem Tal zurück. Er hatte seine Höhenkrankheit überstanden. Mit ihm kamen auch der Hochträger und »Pfeifendeckel« unseres Offiziers, Safar Ali und der Postläufer.

18. Mai: Die beiden Hochträger wurden entlassen. Sie mußten ihre Ausrüstung wieder abgeben und wurden ausbezahlt. Der Postläufer übernahm Briefe für die Heimat. Ein herrlicher Tag, zugleich ein Ruhetag für uns.

19. Mai: 3 Uhr Tagwache. Am Abend zuvor hörten wir unseren Wetterbericht: Trockenes Wetter und verhältnismäßig warm! Wieder zogen wir mit Lasten über den mehrere Kilometer weiten Gletscher dahin. Hans ging diesmal mit dem Hochträger ohne Schier. Schon um 13 Uhr waren wir wieder »zu Hause«. Das Schifahren machte uns Spaß. Am späten Nachmittag schneite es. Am Abend prophezeite Radio Pakistan: »Snowfall for the next day.« Richtig, das Wetter war schlecht, also wieder ein Ruhetag. Bei jedem Zelt sah man am Morgen die Köpfe herausschauen und gleich wieder verschwinden. Unser Basislager bestand aus sechs Zelten: einem großen Messezelt, in dem auch Hans schlief, einem Zelt für unseren Begleitoffizier, einem für den Hochträger. Dann war noch eines für Rudi und Rolf, eines für Horst und mich und ein Verpflegszelt.

21. Mai: Das Wetter war ganz schlecht. In der Nacht war fast ein halber Meter Schnee gefallen. Auch tagsüber schneite es. Wir schliefen, aßen und spielten Karten.

22. Mai: In der Nacht wiederum Schneefall, auch am Morgen noch kein gutes Wetter, obwohl hie und da die Sonne durch die Wolken lächelte. Es war sehr kalt, auf jeden Fall wieder nichts mit Hochlager I. Zu Mittag kochte Safar Ali pakistanischen Reis mit »österreichischem« Schweinshaschee. Wir blödelten und diskutierten im großen Zelt.

23. Mai: Wieder Schlechtwetter; es schneite. Beschäftigung: Ausschaufeln des Basislagers.

24. Mai: Aufbruch bei vorerst gutem Wetter zu Hochlager I. Das Spuren im Neuschnee war mühsam. Unsere Papierfähnchen, mit denen wir den Weg markiert hatten, waren nicht mehr zu sehen. Ich dürfte an den Ruhetagen zu viel und unrichtig gegessen haben, fühlte mich daher nicht wohl. Mit einem Schlag brach auch wieder Schlechtwetter ein. Wir zogen die Anorakkapuzen fest und errichteten mit den Lasten ein Depot. Damit wir alles wieder finden könnten, markierten wir es mit einem langen Schistock und fuhren zurück ins Basislager.

25. Mai: Herrliches, kaltes Wetter, zirka 25 Grad minus. Wir schleppten zu Hochlager I.

26. Mai: Alles wieder zu Hochlager I. Auch unser Träger Safar Ali ging mit. 1959 war er schon bei der italienischen Kanjut-Sar-Expedition gewesen, und 1960 hatte er die österreichische Distaghil-Sar-Expedition begleitet. Horst und ich schliefen heute zum erstenmal im Hochlager I. Das Lager bestand aus drei Zelten. Hier hatte man einen herrlichen Rundblick. Über uns leuchteten die Bergflanken des Momhil Sar und des Trivor Peak. Nach dieser ersten Hochlagernacht wollten Horst und ich versuchen, einen Durchstieg durch den zweiten Gletscherbruch, der sich unmittelbar über unseren kleinen Zelten aufbaute, zu finden.

27. Mai: Um 6 Uhr früh starteten Horst und ich. Wir kamen verhältnismäßig rasch durch den zweiten Gletscherbruch. Nur eine Steilstufe hatten wir noch zu bewältigen, dann mußten wir im oberen Gletscherboden sein. Das Wetter war mittelmäßig, manchmal leichter Sonnenschein, dann wieder Nebeltreiben. Horst sicherte mich, während ich die Steilstufe anging. Eben versuchte ich zu erklären, daß hier größte Schneebrettgefahr bestand, als ich schon Hals über Kopf etwa 10 Meter hinabsauste. Horst hielt mich am Seil, ich war völlig außer Atem. Dann querten wir die Stufe nach links, und nach anstrengender Spurarbeit im tiefen Schnee erreichten wir das obere Ende des Gletscherbruches. Es wurde mühsam. Auf unsere Schistöcke gestützt, stapften wir, oft bis zu den Oberschenkeln im Bruchharsch, einer Schneemulde zu, in der wir das Hochlager II auf zirka 6100 Meter errichten wollten. Alle zehn Minuten wechselten wir uns im Spuren ab. Nach viereinhalb Stunden erreichten wir einen ebenen Platz. Er schien lawinensicher zu sein. Hier sollte Lager II aufgestellt werden. Da wir noch nicht völlig akklimatisiert waren, strengte uns jede Bewegung an. Nach einer Stunde brachen wir zum Rückmarsch auf, und noch am selben Abend erreichten wir mit den Kurzschiern das Basislager.

28. Mai: An diesem Tag übernachteten Rudi, Hans und Rolf im Lager I. Sie wollten dann weiter zum Lager II. Safar Ali, Horst und ich trugen Lasten zum Lager I; ab Mittag setzte wieder Schneefall ein, jeden Tag zur selben Stunde. Safar Ali hatte für ein paar Minuten vergessen, seine Schneebrille aufzusetzen und wurde schneeblind.

29. Mai: Ein prachtvoller Tag, aber wir waren vom Lastenschleppen der letzten Tage müde und blieben im Basislager. Am nächsten Tag wollten wir mit dem restlichen Zeug, vor allem mit unserer Gipfelausrüstung, zum Lager I aufsteigen, um endgültig in den Hochlagern zu bleiben.

30. Mai: Wieder im Lager I auf 5600 Meter. Horst und ich gingen mit Safar Ali durch den Gletscherbruch am Seil zurück. Von dort stieg Ali allein die sichere Schispur ins Basislager ab.

31. Mai: Zu dritt im Lager I wie in einer Sardinenbüchse. Kopf–Fuß, Kopf–Fuß, so ist der Raum im kleinen Zelt am besten ausgenützt. »Was wäre, wenn wir über einer großen, vom Schnee überdeckten Gletscherspalte liegen würden?« Irgend jemand stellte diese naive Frage. Ein gequältes Lachen folgte. Später schnauften wir wieder wie kleine Lokomotiven den nun schon vertrauten Weg über den Gletscherbruch aufwärts. Es war bitter kalt. Das merkte ich an meinen gefühllosen Zehen; sonst war ich jedoch in guter körperlicher Verfassung. Nur zwei Stunden brauchte ich für die Strecke zum Lager II, meine Kameraden folgten in Abständen. Durch herrlichen Pulverschnee ging es dann abwärts. Schifahrerfreuden im Himalaya, trotz der beachtlichen Höhe. Auf unserer Abfahrt überwanden wir einen Höhenunterschied von 1400 Meter.

1. Juni: Ich hatte Zahnweh, Gott sei Dank verging es bald wieder. Ob aus Angst vor dem Zahnarzt, der eigentlich Eisenwarengroßhändler ist?... Es war stürmisch, aber sonnig. Zu dritt, schwer bepackt wie Maultiere, brachen wir wieder zum Lager II auf. Am Nachmittag trafen Rolf und Horst mit dem Verpflegsnachschub ein.

2. Juni: Die Sonne weichte den Schnee auf. An den Schiern klebten lästige Schneestollen. Wir waren zu spät aufgebrochen. Erste Nacht auf 6100 Meter.

3. Juni: Während der ganzen Nacht Schneesturm, auch am Morgen tobte der Orkan. Wir waren enttäuscht. All die harten Kilometer hier herauf würden neu zu spuren sein. Wir blieben in den Daunensäcken. Wieder ein unfreiwilliger Rasttag. Hans hatte heute den 26. Geburtstag.

4. Juni: Das Wetter blieb schlecht. Wir wollten hinunter, konnten aber nicht. Sichtweite: 10 Meter. Um 10 Uhr vormittags riß es endlich etwas auf. Jetzt hieß es schnell handeln. Tatsächlich kamen wir zum Lager I durch. Dort wollten wir besseres Wetter abwarten.

5. Juni: Es blieb stürmisch. Vorsichtig stiegen wir über den ersten Gletscherbruch ab. Wir hatten große Schwierigkeiten, den richtigen Weg im Neuschnee zu finden. Es war nicht ungefährlich, denn die Spalten waren vom Winde zugeweht. Wir fuhren angeseilt. Im Basislager empfing uns unser pakistanischer »Captain«, wie wir ihn nannten. Der Postläufer hatte frische Eier und ein Huhn gebracht. Safar Ali ging ans Werk: Paprikahuhn und pakistanischen Reis.

8. Juni: Aufstieg zum Lager I. Die Absicht, gleich weiter zum Lager II aufzusteigen, scheiterte. Wir mußten den nächsten Tag abwarten.

9. Juni: Gleich nachdem wir Lager II erreicht hatten, stiegen wir weiter in Richtung Sattel zwischen dem Momhil Sar und dem Trivor Peak. Er liegt zirka 6700 Meter hoch. Dort wollten wir unser Hochlager III errichten. Abwechselnd wühlten wir den 500 Meter hohen Lawinenhang hinauf. Er ist von einer riesigen Querspalte durchzogen, an deren rechter Begrenzung eine Brücke einen Übergang auf den oberen Teil des Hanges ermöglichte. Wir errichteten ein Depot, und dann ging es zurück zum Lager II.

10. Juni: Zeitlich am Morgen Aufstieg in Richtung Lager III. Ich hatte Kopfschmerzen. Beim Höhersteigen merkte ich, daß ich krank war. Die Querspalte gab uns einiges aufzulösen. Wir konnten den vorgesehenen Platz für das Hochlager III nicht erreichen. Wieder im Lager II, stellte ich 38,5 Temperatur fest. »Sollte es nicht besser werden, müßte ich ins Basislager absteigen.«

11. Juni: Das Fieber war auf 37,5 zurückgegangen. Meine Kameraden gingen wieder zum Lager III. Gegen Mittag fiel Nebel ein, und alle vier kehrten wieder zurück. Aus ihren Gesichtern konnte man die Strapazen ablesen. Trotz aller Bemühungen konnten sie den Sattel nicht erreichen.

12. Juni: Ich fühlte mich noch etwas schwach und fiebrig. Das Wetter zwang uns zu einem vorübergehenden Rückzug ins Lager I.
13. Juni: Spät erst, um 8 Uhr, brachen wir vom Lager I auf. Der Schnee war faul. Schon ein Monat lang versuchten wir vergeblich, voranzukommen. Täglich Neuschnee, immer wieder neu spuren!
14. Juni: Wir verbrachten eine schlechte Nacht auf 6100 Meter. Der Schneesturm zwang uns zu einer neuerlichen Pause. Trotzdem richteten wir alles her für den Aufbruch nach oben.
15. Juni: Wir waren eingeschneit. Fast stündlich rauschten in der Umgebung unseres Zeltes Neuschneelawinen herab. Langsam gewöhnten wir uns daran. Die ganze Nacht hindurch tobte der Schneesturm.
16. Juni: Es hatte am Morgen 20 Grad minus, wir freuten uns aber über den herrlichen blauen Himmel. Ein Aufstieg zum Lager III kam dennoch nicht in Frage. Die Lawinengefahr war wegen des Neuschnees zu groß.
17. Juni: Das Wetter schien sich zu bessern. Das Thermometer sank auf 25 Grad minus. Die Kurzschier angeschnallt, versuchten wir ein Stück zum Lager III aufzusteigen. Nach sechsstündiger Schwerarbeit erreichten wir den vorgesehenen Platz für Lager III, zirka 50 Meter unter dem großen Sattel, in einer Höhe von 6700 Meter. Rasch bauten wir das Lager auf. Horst und ich stiegen die letzten Meter auf den Sattel hinauf. Der Ausblick von hier war überwältigend. Im Süden der Schicksalsberg der Deutschen, der Nanga Parbat, dann der Malubiting, der Rakaposhi, der Diran oder Minapin Peak; unmittelbar über uns der Momhil Sar. Ein steiler, von Wächten gekrönter Grat zieht 700 Meter über unsere Köpfe hinauf zum Gipfel. Wird es die mögliche Route sein? Wir wollten es versuchen. Ich war sehr skeptisch!
18. Juni: Der große Tag schien gekommen zu sein. Es war sehr kalt, aber wolkenlos. Im Schein einer Stirnlampe zogen wir uns an. Mit Horst bildete ich eine Zweierseilschaft. Hans, Rudi und Rolf würden etwas später folgen. Auf hartem Firn kamen wir verhältnismäßig rasch voran. Am ersten Grataufschwung verwendeten wir Eisschrauben zur Sicherung, denn die Felsabsätze waren von Eis und Schnee überzogen. Knapp an der 7000-Meter-Grenze schlugen wir uns mit Eis und brüchigem Gestein herum. Ein höllischer Sturm heulte hier heroben. Der Gipfel des Momhil Sar hüllte sich langsam in Wolken. Eine Zeitlang versuchten wir noch, den Aufstieg fortzusetzen, mußten aber bald einsehen, daß alle weiteren Bemühungen vergeblich sein würden. Wir kehrten um. In kürzester Zeit waren wir vom Nebel eingehüllt. Keine 10 Meter weit konnten wir sehen. Deprimiert stiegen wir ab.
19. Juni: Es schneite wieder. Rudi, Hans und Rolf stiegen ins Basislager ab. Horst und ich wollten hier heroben auf besseres Wetter warten.
20. Juni: Schneefall und Sturm. Wir waren eingeschneit.
21. Juni: Wir hatten eine schlechte Nacht. Das Wetter hatte sich auch nicht gebessert. Sichtweite 10 Meter. Wir einigten uns, sobald der Nebel auf-

reißen sollte, abzusteigen. Gegen 10 Uhr war es soweit. Bei größter Lawinengefahr stiegen wir den Steilhang ab. Am fixierten Seil konnten wir die große Querspalte überwinden.
22. Juni: Aufstieg zu den oberen Lagern.
24. und 25. Juni: Trostloses Wetter, wir warteten in den Hochlagern.
26. Juni: Wir besprachen einen neuen Angriffsplan. Nicht mehr der tiefverschneite Felsgrat, den wir schon im unteren Teil versucht hatten, sollte unseren Aufstieg ermöglichen, sondern die Südostflanke wollten wir queren und direkt zum Gipfel aufsteigen. Trotz dieses neuen Schlachtplanes waren wir ziemlich mutlos. Lager III war völlig eingeschneit. Bei beiden Zelten waren die Firststangen vom schweren Schnee abgedrückt. Zwei Stunden brauchten wir zum Ausschaufeln des Lagers.
27. Juni: Wir starteten zum zweiten Gipfelangriff. Um Mitternacht machten wir uns fertig. Eine klare Nacht gab uns Mut. Wieder begann ich mit Horst den Aufstieg. Die anderen drei würden in 15 Minuten folgen. Wir querten eine Lawinenbahn. Eispickel und Eisbeil traten in Aktion. Vorsichtig schlichen wir uns an riesigen Eistürmen vorbei. Nicht auszudenken, wäre ein solcher geborsten und auf uns gestürzt. Bald ging die Sonne auf. In der Ferne konnten wir den Nanga Parbat ausmachen. Vielleicht würde an diesem Tag das Wetter halten. Nach einer Stunde machten wir Rast. Unsere Begleiter schlossen auf. Nun begann sich das Spiel vom 18. Juni zu wiederholen. Der Gipfel bewölkte sich, bald darauf begann es zu schneien. Nebel fiel ein. Ich überzeugte meine Kameraden, daß ein Weitergehen zu gefährlich wäre. Wir kehrten um. Die Enttäuschung war groß. Die ganze Nacht über schneite es wieder. Am nächsten Tag änderte der Wind seine Richtung. Das schien uns ein gutes Vorzeichen für das Wetter zu sein. Mit dem Nordwind kommt hier auch das Schönwetter.
Wir bereiteten uns abermals für den Gipfelsturm vor. Bereits um 17 Uhr krochen wir in unsere Daunensäcke. Für die nächtliche Mahlzeit hatten wir heißes Wasser in den Thermosflaschen vorbereitet. Um 21 Uhr hielten wir schon Tagwache, drei Stunden vor Mitternacht also. Wegen meiner leicht angefrorenen Füße – eine Erinnerung an meine Matterhorn-Nordwand-Winterdurchsteigung – nahm ich einige Rhonicol-Tabletten. Nach wenigen Minuten wurde mir am ganzen Körper schrecklich heiß. Ich glaubte zu kochen. Als wir eine halbe Stunde nach Mitternacht Lager III verließen, war ich wieder fit. Diesmal bildeten Rudi, Hans und Rolf die Spitze. Undeutliche Spuren vom ersten Versuch waren noch erhalten. Der Vollmond begleitete unseren Aufstieg. Bald lösten Horst und ich unsere Kameraden bei der Spurarbeit ab. Bis zu den Hüften steckten wir manchmal im Schnee. Es war bitter kalt. Unter einem Gletscherabbruch hielten wir. Langsam kam die Sonne herauf. Trotz der Rhonicol-Tabletten waren meine Füße eiskalt. Ich mußte die Fünf-Schichten-Schuhe ausziehen und meine Zehen massieren. Nachdem wir uns über eine Eisstufe emporgekämpft hatten, standen wir auf

einem weiten Schneehang, der einen unschwierigen Aufstieg zum Gipfel versprach. Aber die Perspektive trog, wir mußten versuchen, auf den Gipfelgrat hinauszukommen. Zu diesem Zwecke durchstiegen wir eine sehr steile Schneerinne. Wir wechselten nun in der Führung ab. Die Sonne strahlte schon sehr stark. Sehr steil waren die letzten 50 Meter auf den Gipfelgrat hinaus, doch der Schnee war gut. Dann war der Blick gegen Westen frei. Die herrlichen Berge des Batura-Gebietes lagen vor uns. Für den Aufstieg über den Gipfelgrat entledigten wir uns des schweren Gepäcks.

Nachdem wir uns etwas gestärkt hatten, nahmen wir die letzten 200 Meter in Angriff. Horst und ich gingen am Seil. Unsere Kameraden folgten unangeseilt. Die Sturmhaube gab nur Nase und Augen frei. Monoton heulte der Wind aus Südwesten. Man mußte sich mit den Schistöcken stützen, um nicht aus dem Gleichgewicht gerissen zu werden. Zuerst ging es über einen schwarzen Felsgrat, dann an einer riesigen Wächte entlang. Wir wanderten zwischen Himmel und Erde. Das Glücksgefühl war unbeschreiblich, als wir knapp unter dem Gipfel zusammenwarteten, um gemeinsam um 16.30 Uhr des *29. Juni 1964* als erste Menschen diesen Gipfel (7342 Meter) zu ersteigen. Nur mit Mühe konnten wir unsere Erregung unterdrücken. Wir umarmten uns. Nach langen trostlosen Wochen des Wartens, der Mühsal und der Plage, waren wir nun reichlich belohnt. An unseren Eispickeln hißten wir den pakistanischen, den österreichischen und unseren steirischen Wimpel. Der Himmel war wolkenlos. Im Umkreis von 200 bis 300 Kilometer sahen wir nur Berge! Wir grüßten hinüber zum Nanga Parbat, der sich im Süden stolz über seine Nachbarn erhebt.

Eine Weile standen wir noch in Gedanken verloren auf dem Gipfel, dann brachen wir auf. Noch in der Nacht mußten wir nämlich zum Lager III gelangen. Man konnte sich bei diesem Wind fast nicht verständigen, aber er brachte keine Wolken, er blies nur Schneefahnen über den großen Wächtengrat. Meine Kameraden hatten den Abstieg schon angetreten. Als sie meinen Blicken entschwunden waren, erhob auch ich mich ganz langsam, schaute nochmals genießerisch in die weite Runde, griff auf die Nasenspitze, ob sie noch nicht gefroren wäre, dann folgte ich den Gefährten.

Mombil Sar, Gipfelgrat: »Wir wanderten zwischen Himmel und Erde. Das Glücksgefühl war unbeschreiblich«

Nevado Jirishhanca Grande, das »Matterhorn« von Südamerika

Als ich 1964 von meiner ersten Expedition in den Karakorum wieder in die Heimat zurückkehrte, da wußte ich, daß ich dem großen Abenteuer in den Weltbergen vollends verfallen war. Fremdes Land, fremde Völker, ihre Bräuche und ihr faszinierend einfaches, natürliches Leben, schließlich die eigenen Entbehrungen und Mühen um des hohen Zieles willen, das alles bedeutete mir die Erfüllung meiner innersten, tiefsten Sehnsucht. Erst eine große Expedition vermag den Bergsteiger vollends herauszufordern. Dazu ist der Bergsteiger im höchsten Maße bereit, das beglückt ihn und macht ihn froh.

Wohl trug ich im Karakorum nur Mitverantwortung, aber mit Respekt verfolgte ich die Vorbereitungen und die Organisation unseres Unternehmens, die in den bewährten Händen eines Freundes lagen. Es muß besonders reizvoll sein, dachte ich, einmal selbst eine Expedition auf die Beine zu bringen, selbst zu planen, vorzubereiten und Kameraden für ein solches Abenteuer zu gewinnen, die mit mir durch dick und dünn zu gehen freudig bereit wären. Nicht erst zu warten, bis man von einem Expeditionsleiter eingeladen würde, sondern aus eigenem Antrieb und aus eigenem Entschluß zu handeln. Wie viele neue Erkenntnisse würden mir solche organisatorische Vorbereitungen bringen, welche neuen Lebensbereiche erschließen? Bevor ich mich aber mit dieser Aufgabe vertraut machen und den Gedanken, den Traum, zur Wirklichkeit werden lassen konnte, waren die grundsätzlichen Fragen zu klären: Wohin und mit wem? Bald fand ich die Antwort, das große Ziel und die Freunde.

Nevado Jirishhanca Grande nennen die Hochlandindios von Peru den 6126 Meter hohen Berg, der über ihren braunen Almen in den tiefblauen Andenhimmel ragt; die wörtliche Übersetzung des indianischen Namens Jirishhanca würde bedeuten: Kolibrischnabel aus Schnee und Eis. Dieser Berg, der von den Europäern den ehrenvollen Beinamen »Matterhorn von Südamerika« erhielt, steht im Ruf, einer der schönsten, aber auch einer der schwierigsten Berge der Welt zu sein. Dem europäischen Matterhorn ähnlich in Aufbau und Gestalt, aber doch um vieles höher, steiler und schwieriger zu ersteigen. Es gibt auf der Erde nur eine Handvoll so eigenwillig geformter Berge wie diesen, dessen Gipfel aus dem am stärksten vergletscherten, tropischen Gebirgsmassiv der Erde, der Cordillera Huayhuash, aufragt. All das wußte ich schon, als der Funke der Begeisterung für diesen Berg in meinem Inneren zu glühen begann. Vor einigen Jahren hatte ich erstmals etwas über diesen

Berg gehört. Während eines Schilehrerkurses in St. Christoph am Arlberg im Jahre 1958 hielt Herbert Raditschnig, der wie ich Kursteilnehmer war, an einem Abend einen Lichtbildervortrag über die Westalpen und über die Jirishhanca-Expedition des Österreichischen Alpenvereines 1957 unter der Leitung von Dr. Heinrich Klier aus Innsbruck. Beinahe wäre diese Expedition gescheitert, schon wollte man aufgeben und die Heimreise antreten, da rafften sich Toni Egger und Sigi Jungmair noch einmal auf, setzten alles auf eine Karte und bezwangen in einem Sturmlauf diese Bastion aus Fels und Eis. Dies erforderte das Äußerste an Kraft und Mut von dem hervorragenden Alpinisten Toni Egger. Der Lienzer Bergführer war ein Virtuose im Fels, aber auch im Eis zählte er zu den größten Bergsteigern seiner Zeit. Einige Jahre nach diesem denkwürdigen Gipfelsieg schleuderte ihn eine Eislawine vom Cerro Torre in den Tod: beim Abstieg vom Gipfel, nach seiner zweiten großen Besteigung in Südamerika. Sein Begleiter Cesare Maestri konnte sich nach übermenschlichen Strapazen allein retten.
Seit der ersten Besteigung im Jahre 1957 war die Jirishhanca nicht wieder bezwungen worden, man hatte es auch nicht versucht. Mein Traum, die zweite Besteigung und vielleicht sogar eine Überschreitung zum Nordgipfel (6015 Meter) zu versuchen, war zur fixen Idee geworden. Ich verschaffte mir eilends einschlägige Literatur und Bildmaterial. Je mehr ich über die Jirishhanca erfuhr, desto brennender wurde mein Wunsch, so bald wie möglich aufzubrechen. Ich kam mir vor wie ein Besessener. Es galt, Gefährten zu finden, Kameraden, die bereit wären, das große Abenteuer mit mir zu wagen. Ich fand sie im Kreise meiner Heeresbergführerkollegen. Wir kannten uns von unzähligen Alpinkursen. Zwei von ihnen waren einmal meine Schüler gewesen: Werner Haim und Adi Sager. Ich war entschlossen, nur eine kleine Gruppe zu bilden, am Berg keine Hochträger zu verwenden und um jeden Preis zu versuchen, die ganze Mannschaft auf den Gipfel zu bringen.
Mein erster Weg führte mich zu Felix Kuen nach Solbad Hall, mit dem ich das Vorhaben in groben Zügen erörtern und den ich als ersten dafür gewinnen wollte. Felix war gleich Feuer und Flamme. Seine Augen leuchteten, als ich ihm ein Bild der Jirishhanca unter die Nase hielt. Er hatte schon eine Reihe schwierigster Alpenwände hinter sich und galt als hervorragender Fels- und Eisgeher. Was ich bei ihm aber besonders schätzte, war seine Ruhe, seine Verläßlichkeit und seine Gründlichkeit. Der dritte Mann war bald gefunden. Der ständige, in vielen harten Fahrten bewährte Seilgefährte von Felix, Werner Haim, sollte es sein. Werner ist engerer Landsmann von mir, sein Elternhaus steht in Kainisch bei Bad Aussee. In der Clique der Heeresbergführer ist sein Humor hoch geschätzt, aber noch mehr sein bergsteigerisches Können. Schließlich schlug ich als vierten Mann Adi Sager vor. Der kraftvolle, blonde, blauäugige Bergführer aus Hinterstoder in Oberösterreich brachte ebenfalls alles mit, was für ein solches Vorhaben erforderlich ist: die menschliche Reife und Ausgeglichenheit, bedingungslose Treue und

Kameradschaft, Ausdauer und Härte. Adi war der einzige unter uns vieren, der noch keine große bergsteigerische Vergangenheit hatte, doch war mir sein solides Können als Heeresbergführer bekannt.

Wir konnten mit den Vorbereitungen beginnen. Mein grenzenloser Optimismus wäre gewiß etwas gedämpft worden, hätte ich geahnt, was mir bevorstand, welcher Canossagang jetzt auf mich wartete. Wir durften nicht hoffen, von irgendeinem alpinen Verein finanziert zu werden, also mußten wir »mit dem Hut in der Hand...«. Bei Vereinen, Behörden, bei Ministerien und Landesregierungen, bei Lebensmittel- und Ausrüstungsfirmen wurde ich vorstellig und hatte unerwarteten Erfolg. Daß ich meine Expeditionskameraden deswegen aus drei verschiedenen Bundesländern geholt hätte, um bei drei Landesregierungen »schnorren« zu können, war eine boshafte Unterstellung.

Über ein Jahr zogen sich die Vorbereitungen hin. Erkundigungen über den Berg und die Anmarschwege, die Eigenheiten der Hochlandbewohner, der Indios; über den Preis, der für die Tragtiere und die Treiber zu zahlen wäre; wo wir in Lima mit unserem 1500 Kilo schweren Expeditionsgepäck unterkommen würden und vielerlei mehr. Keiner von uns vieren sprach Spanisch. Auf der Überfahrt wollten wir uns noch schnell aus einem Miniatursprachbuch das Notwendigste erarbeiten.

Von Anden-Kennern, die schon in Peru gewesen waren, erhielt ich wichtige Adressen und alle möglichen wertvollen Hinweise: von Hias Rebitsch, Doktor Heinrich Klier, Herbert Raditschnig, Ulla Staudacher u. a. Ernst Schmidt, der Schweizer Everest-Besteiger, sandte mir sogar ein Buch über die Anden. Dr. Klier warnte: »Die Jirishhanca ist ein sehr schwerer Berg, Toni und Sigi kamen nur deshalb mit zwei Biwaks durch, weil der ganze Berg ja von unserem ersten Versuch her total aufgeschlüsselt war.« Univ.-Prof. Dr. Kinzl aus Innsbruck, ein Experte ersten Ranges, riet mir: »Ich würde die Besteigung der Jirishhanca nicht allzu sehr herausstellen, denn dieser Berg ist derart schwierig, daß Sie den Gipfel nur bei Zusammentreffen ganz besonders günstiger Umstände werden erreichen können.«

Und Herbert Raditschnig, Mitglied der Jirishhanca-Expedition 1957 des Österreichischen Alpenvereins, gab gute Ratschläge, indem er mir mitteilte: »Prüft die Lastwagenfahrer, ob sie nicht betrunken sind... Im Gebirge kann man manchmal Milch, Käse und Schafe kriegen, aber durchschnittlich sind die Leute zu arm, um etwas zu geben. Tragtiere (Esel, zirka 50 kg, Muli 70–80 kg Tragleistung): am besten in halben Lasten rechts und links aufschnallen, reine Hochlasten sind nicht beliebt, da der Bauchgurt rutscht... Laßt euch ärztlich gut beraten, besonders wegen der Gefahr einer Lungenentzündung, und laßt ein Pferd im Basislager für dringende Fälle... Seht euch viel vom Land an.« Dann mußte ich lachen, als Herbert endete: »Als ich 1957 das erste Mal auf Expedition fuhr, hat mir ein Kollege geschrieben, daß ich nun in den Bergen der Welt sei, und er annehme, ich würde nach der Rückkehr wohl nicht mehr derselbe gute Kamerad sein, und ob ich mit

Nevado Jirishhanca Grande: das »Matterhorn« von Südamerika

seinesgleichen überhaupt noch sprechen würde? Ich habe ihm daraufhin ein Fieberthermometer und eine Watschen angeboten. Ich nehme an, ihr würdet ebenso handeln... Ihr seid eine Gruppe, von der ich stolz erzählen werde.«

Die Tirolerin Ulla Staudacher, die einige Jahre zuvor mit einer deutschen Expedition in Peru gewesen war, fertigte mir sogar eine grobe Gedächtnisskizze über den Anmarschweg zum Berg an und vermerkte darauf, daß es in dem letzten Indiodorf Pocpa, auf einer Höhe von 3800 Meter, noch Bier gäbe... »Im übrigen bestechen Sie jeden Beamten, von dem Sie etwas wollen, schamlos und soviel Sie sich leisten können, denn nur so erreichen Sie in absehbarer Zeit etwas, sonst werden Sie einfach aufs Eis gelegt... Es kommt öfter vor, daß Briefe verlorengehen, da müssen Sie sich nur peruanisch in Geduld fassen und nach einiger Zeit den Brief neu schreiben... Die indianischen Brotfladen, die man im Hochland zu kaufen bekommt, kann ich Ihnen sehr empfehlen. Sie schmecken auch dann noch gut, wenn sie schon hart sind... In Chiquián werden Sie die Mulis besorgen, und das kann unter Umständen einige Tage dauern, bis die Esel und Mulis nämlich von den einzelnen Haziendas herbeigeholt werden können. Handeln Sie ruhig die Preise herunter, aber nicht zu viel, die Leute sind nämlich wirklich sehr arm. Im Hochland sind die Indios übrigens anders, man muß nicht dauernd damit rechnen, daß man betrogen wird. Im Gegenteil, die meisten sind sogar sehr anständig.« Manchmal kam mir vor, das Land und die Menschen dort so gut zu kennen, als ob ich selbst schon drüben gewesen wäre.

Adi hatte ich inzwischen die Aufgabe eines Expeditionskoches übertragen, Werner wurde auf »Hippokrates« vereidigt, er sollte in einem dreiwöchigen Kurs zum Expeditionsarzt ausgebildet werden. Dr. Jenny aus Innsbruck half uns sehr. Er stellte die Expeditionsapotheke zusammen, was ihm gewiß leichter fiel, als dem Werner das Zahnreißen beizubringen. Beim Schlußexamen war ich zugegen. Werner im weißen Kittel, die Spritze in der Hand, fest wie einen Kletterhammer und entschlossen, die Versuchsobjekte damit aufzuspießen. Ergriffen verneigte ich mich vor dem stillen Heldentum seiner Patienten. Nachdem sie sich aber allesamt nach der Behandlung wieder freundschaftlich verabschiedeten, war mir gewiß geworden, daß unser Werner kein Schlächter, sondern ein mitfühlender Vertreter dieses Sozialberufes geworden war. Unser »Medico« wuchs auch immer besser in seine hohe Verantwortung hinein. Wochen später genoß er bei den Hochlandindios als Medizinmann einen so ausgezeichneten Ruf, daß er beinahe entschlossen war, ein privates Anden-Sanatorium zu eröffnen. Zum Glück war das Heimweh größer als sein missionarischer Drang. Jedenfalls kam er mit uns wieder in die alte Heimat zurück. Einige Wochen vor der Abreise trafen wir uns in Aigen zur Generalprobe. 1000 Kilo Ausrüstung hatte ich im »Magazin«. Was noch fehlte, sollte rasch besorgt werden, was zuviel wäre, würden wir unter die Armen verteilen. Auf diesen karitativen Einfall wollte Werner

Nevado Jirishhanca Grande: »Indiokinder kamen zu unseren Zelten...«

anstoßen; sprach's und brach eine Kiste köstlichen Dosenbiers auf. Prost Kameraden, auf unsere große Fahrt!

Genua ist ein Tor zur großen, weiten Welt. Der Hafen ist vollgestopft mit Schiffen aus aller Herren Ländern. Wir waren einige Tage vor dem Abfahrtstermin eingetroffen, um beim Abfertigen unseres Expeditionsgepäcks nach dem Rechten zu sehen. Am Vorabend meines Abschiedes von zu Hause war ich noch bis spät in die Nacht mit meinen Freunden und Gönnern beisammen gesessen: beim Kasperer am Bergrettungsball. Es ging lustig zu in der gemütlichen Ecke des großen Saales, abseits von der Tanzfläche. Der Herr Hofrat Fürböck, väterlicher Freund und Förderer meiner Bergsteigerei, erkundigte sich über alles, was wir in Peru vorhätten. Wenn wir noch irgend etwas brauchen sollten, er wäre wie immer für uns da. In unserer Runde saß auch der »Zehner-Peter«, ein Bauer aus Krungl bei Mitterndorf. Er hatte die Weltmeere als Matrose auf einem Unterseeboot während des Krieges kennengelernt. Er kannte die amerikanischen Häfen genauso wie jene Südostasiens, und er war auch schon vor Hawai gelegen. Bis in den frühen Morgen erzählte er. Ja, der Peter hatte schon viel erlebt. Wie gebannt starrten wir alle auf seinen Mund, aus dem es immer dicker kam. Als er schließlich noch erzählte, wie er mit dem U-Boot unter der Insel Hawai durchgetaucht sei, da wußten wir, daß der Peter ein Glaserl zuviel getrunken hatte und wir selber auch schon ganz »seekrank« waren.

Die Schiffskräne im Hafen von Genua hatten Hochbetrieb. Hunderte Schiffe, große und kleine, warteten auf ihre Lasten. Wir sollten mit dem 13.500-BRT-Dampfer »Donizetti« 24 Tage lang unterwegs sein bis hinüber nach Peru.

Am 14. April 1966 lief unsere »Donizetti« von Genua aus. Neben uns an der Reling drängten sich die Weltenbummler und winkten den Hinterbliebenen zu: Auswanderer, Missionare, Künstler usw., und eben Abenteurer wie wir. So standen wir nebeneinander, mit leuchtenden Augen; einige vielleicht mit einem schweren Herzen, aber das konnte man nicht sehen, das trugen sie ja unter der Jacke. Unsere »Donizetti« gab laute, schrille Töne von sich, als wollte sie sagen: »Liebe Lotsen, jetzt brauche ich euch nimmer, jetzt stehe ich auf meinen eigenen Beinen!« Wir feierten gleich einmal meinen 30. Geburtstag. Werner hatte auch einen Grund zur Freude: Kurz vor seiner Abreise war er in den Hafen der Ehe eingelaufen. Die Hochzeitsreise unternahm er allerdings ohne seine Jungvermählte. Bergsteiger sind eben sonderbare Gesellen. Das Mittelmeer war unruhig und stürmisch. »Wenn das so weitergeht bis Lima«, dachte ich mir, »dann habe ich reichlich Gelegenheit, meine Sünden abzubüßen.« Mit fahlem Gesicht und einem elenden Magen lehnte ich an der Reling und hatte meine Umwelt vergessen. Ich war seekrank. Daß sich später sogar unser Steward übergeben mußte, der doch das Meer gewohnt war, richtete mich wieder etwas auf.

Am 20. April landeten wir im Hafen von Teneriffa auf den Kanarischen Inseln. Bald ging es wieder hinaus auf die hohe See, auf den Atlantischen

Ozean, auf dem wir acht volle Tage nur Wasser, nur die Weite des Weltmeeres und darüber den strahlend blauen Himmel sehen sollten. Tag und Nacht hämmerten die Dieselmotoren ihr monotones, dumpfes Lied. Auf hoher See begegneten wir der »Verdi«, dem Schwesterschiff unserer »Donizetti«. Sie kam von Chile und befand sich auf der Heimfahrt. Am achten Tag unserer Atlantik-Überquerung nisteten sich die ersten Möven an den hohen Gestängen unseres Schiffes ein: untrügliches Zeichen, daß das Festland nun nicht mehr ferne sein konnte. Im Hafen La Guaira legten wir an. Wir schrieben den 28. April. Während der langwierigen Ladetätigkeiten hatten wir einen ganzen Tag Zeit, uns ein wenig Venezuela und dessen Einwohner anzusehen. Wir fuhren die kurvenreiche, breite Asphaltstraße in die Hauptstadt Caracas hinauf. Die große Armut, die wir hier sahen, erschütterte uns. Es gibt hier so gut wie keinen Mittelstand: nur ganz Reiche und ganz Arme, wobei die Armen wohl weit in der Überzahl sind. Dabei ist Venezuela eines der reichsten Länder Lateinamerikas mit großen Erdölvorkommen am Maracaibo-See.

Am Abend verließen wir den Hafen La Guaira, und am Morgen schob sich unsere »Donizetti« in den Hafen von Willemstad, der Hauptstadt der holländischen Insel Curacao in der Karibischen See. Die Stadt erinnert in ihrer Bauweise an eine Kleinstadt in Holland, alles ist auffallend sauber, ein gewaltiger Unterschied zu den anderen Städten und Häfen Mittelamerikas.

Ganz anders wieder Cartagena, die kolumbianische Hafenstadt: Schmutz, Gestank und Hitze. Händler kamen auf Einbäumen mit ihren Waren zum Schiff. Ein Gemisch von Hautfarben: Neger, Mulatten, Chinesen, Weiße. Kleine Negerjungen hantelten sich an den Haltetauen unseres Schiffes empor. Warf man eine Münze in das ölige, übelriechende Hafenwasser, sprangen sie kopfüber aus 10 Meter Höhe den im Wasser verschwindenden Geldstücken nach, bis hinunter auf den Meeresgrund.

Am 1. Mai warteten wir in Christóbal auf die Durchfahrt durch den Panama-Kanal. Die Stadt und die Kanalzone sind amerikanisches Hoheitsgebiet. In abenteuerlichen Kneipen wird auch um die Mittagszeit nach wilden Rhythmen getanzt und geflirtet. Die Hitze in den stinkenden Gassen war noch größer als in den Rumbuden. Ständig heulten die Sirenen der Polizei durch die Gassen. Im sogenannten »gesicherten Marsch«, einer hinter dem anderen, jeder beobachtete dabei jeden, streiften wir durch die finstersten Gassen. Negermädchen und deren Mütter machten uns Angebote: pro Kopf ein Dollar.

Die Durchfahrt durch den Panama-Kanal war für uns ein großes Erlebnis. Für mich war es der zweite große künstliche Seeweg, den ich kennenlernte. Zwei Jahre zuvor auf der Fahrt zum Karakorum war es der Suez-Kanal gewesen, der mitten durch die Wüste führt. Hier liegt zu beiden Seiten der Urwald, die »grüne Hölle«. Von Deck aus konnten wir das Geschrei der Affen und das Gekrächze der Papageien hören. Die Hitze war mörderisch.

Schiffe aus Norwegen, aus Deutschland und amerikanische Kriegsschiffe waren unterwegs. Am Ende des Kanals, dort, wo schon die Gewässer des Pazifiks hereinreichen, überspannt eine riesige Brücke diesen künstlichen Wasserweg, der Nord- und Südamerika voneinander trennt. Über sie führt die berühmte Panamericana, die von Alaska bis hinunter zur äußersten Spitze Südamerikas reicht. Diese Straße durchquert Wüsten und Urwälder, führt durch Großstädte und hinauf in die Schneeregion der südamerikanischen Kordilleren, ein Wunderwerk der Technik. Sie ist wirklich eine »Traumstraße der Welt«.

Wir befanden uns nun auf der Westseite des Kontinents mit Kurs nach Süden. Stundenlang verfolgten wir das ausgelassene Spiel der Delphine. Ganze Schwärme fliegender Fische erhoben sich aus den Wellen. Die dunkelfarbigen Eingeborenen auf ihren wackeligen Einbäumen konnten unserem Schiff nicht mehr folgen und blieben als kleine schwarze Punkte zurück.

3. Mai: Wir landeten in Buenaventura, der Hafenstadt an der kolumbianischen Pazifikküste. Das gewohnte Bild: Armut, Armut, Armut. Das Leben an Bord wurde schon etwas eintönig. Wir sehnten den Tag herbei, an dem wir in Peru anlegen würden. An diesem Abend lehnten wir an der Reling am Hinterdeck des Schiffes bis spät in die Nacht. Der Nordstern war schon ziemlich tief am Horizont hinabgesunken. Bald würden wir ihn nicht mehr sehen können. Am dunklen klaren Himmel konnten wir das »Kreuz des Südens«, das große Himmelszeichen der südlichen Hemisphäre, erkennen.

Am *4. Mai* passierten wir den Äquator. Bei der Äquatortaufe schlossen wir mit vielen Mitreisenden Freundschaft. Ein Major der spanischen Luftwaffe wollte uns schnell noch Spanisch lehren, ein Chilene mit Gipsbein, ein begeisterter Schifahrer, war davon überzeugt, die Seeluft würde die Kallusbildung seines gebrochenen »Haxens« beschleunigen. Wir genossen einen guten Ruf an Bord, weil wir verhältnismäßig wenig bei Tanz und Wein in der Schiffsbar anzutreffen waren, sondern auch in den Wochen der Überfahrt auf unsere Kondition achteten. Wir spielten Tischtennis und schwammen viel. Adi bekam von den Mitreisenden wegen seiner guten Figur den schmeichelhaften Beinamen »Tarzan aus Österreich«.

Am *7. Mai* um 7 Uhr früh endlich lief unsere brave »Donizetti« im Hafen Callao-Lima ein. Große Spannung! »Wer wird uns zu so früher Morgenstunde am Hafen erwarten?« »Wie werden die Leute aussehen?« Wir kannten sie ja alle nur aus Briefen. Etwas schüchtern betraten wir peruanischen Boden. Frau Vizekonsul Buchner war hier, auch Herr Dr. Hittmair, der Leiter der österreichischen Handelsdelegation, und ein gewisser Fred Allert, der sich sofort erbötig machte, als Landeskundiger mit uns ins Basislager zu ziehen. Er lebte, wie er uns sagte, schon lange Zeit in Lima. Wovon er aber eigentlich lebte, erfuhren wir nie. Im Humboldthaus, einem Institut für Wissenschaftler, die ins Hochland oder in den Urwald gehen, fanden wir Unterkunft. Es liegt im modernen Stadtteil von Lima, in Mira Flores. Als

Hausverwalter lernten wir die deutsche Familie Dr. Köpcke kennen. Frau und Herr Dr. Köpcke sind Ornithologen und leben schon lange Zeit in Peru. Ihr kleines, liebes Töchterchen, vielleicht zehn Jahre alt, ließ wenige Jahre später die Welt aufhorchen, als die Meldung ihrer wunderbaren Rettung aus dem Urwald durch alle Zeitungen und Nachrichten ging. Als einzige von vielen Passagieren hatte sie einen Flugzeugabsturz im Amazonas-Gebiet überlebt. Sie hatte sich, total erschöpft, mit schweren Verletzungen zu einer einsamen Eingeborenenbehausung durchgekämpft, wo sie von Indios gefunden und gerettet wurde. Einige Tage blieben wir als Gäste im Humboldthaus. Unerwarteten Besuch gab es an einem Abend: Günter Sams und Gattin, Landsleute aus dem Salzkammergut, kamen aus Trujillo in Nordperu. Stundenlang mußte ich ihnen von der Heimat erzählen, von Mitterndorf, von der Familie und den vielen Freunden des Auswanderers, der seine Sehnsucht und sein Heimweh nicht ganz verbergen konnte.
Lima ist eine moderne, im spanischen Stil erbaute Stadt. Die Slums an der Peripherie der Stadt erinnern jedoch daran, daß man sich in Südamerika befindet. Zählt man den Hafen Callao hinzu, so leben in Lima ca. drei Millionen Menschen. Einige hunderttausend Arme, meist Indios, die vom Hochland heruntergezogen sind, um hier ein besseres Leben zu beginnen, bewohnen die braunen Hügel rund um die Stadt. Dort herrscht ein Elend, wie man es sich kaum vorstellen kann. Da und dort ragen aus den Steinlöchern, die mit Wellblech bedeckt sind, Fernsehantennen heraus. Auf den Straßen, die eigentlich keine Straßen sind, laufen Schweine und anderes Vieh herum. Die peruanische Regierung bemühte sich bislang vergeblich, diesem Chaos Herr zu werden. Lima ist die Hauptstadt eines großen Landes mit einer stolzen Vergangenheit. Denken wir nur an das Reich der Inkas, deren Hauptstadt Machupicchu war, oder an das große Jesuitendrama.
Peru ist ungefähr 18mal größer als Österreich, hat aber nicht viel mehr Einwohner als unser Land. Es gliedert sich in drei große geographische Abschnitte, die untereinander völlig verschieden sind. Der schmale, wüstenartige Küstenstreifen zieht sich über Tausende Kilometer hin, von Norden, von der Grenze Ekuadors, bis hinunter an die Grenze Chiles. Durch den kalten Humboldtstrom, der keinen Regen zuläßt, entstand die ausgedehnte Küstenwüste. Nur dort, wo ein Fluß aus dem Gebirge, den Anden, sich einen Weg hinunter zum Pazifik bahnt, gibt es eine üppige Vegetation und riesige Zuckerrohrplantagen. Vor der peruanischen Küste liegt eines der fischreichsten Gewässer der Welt. Fährt man die berühmte Panamericana von Lima nach Norden, etwa nach Chimbote, so riecht es schon kilometerweit nach Fischmehl. Ganze Fischerflotillen liegen draußen vor der Küste und holen tonnenweise die seltensten und köstlichsten Früchte des Meeres. An diesen Küstenstreifen grenzt im Osten die Sierra, über der sich stolz der gewaltige Gebirgszug der Anden oder Kordilleren mit Gipfeln über 6000 Meter Höhe erhebt.

Jenseits der Anden breitet sich das Amazonastiefland mit riesigen Urwäldern und Dschungeln aus. Am Oberlauf des Amazonas, des wasserreichsten Flusses der Erde, liegt die Stadt Iquitos. Hier ist der Strom schon mehrere hundert Meter breit und schiffbar, auch für Hochseeschiffe. Die Tiergärten der ganzen Welt werden von Iquitos aus mit exotischen Tieren beliefert. Von der Hauptstadt Lima führt keine Straße über die Anden nach Iquitos. Das einzige Verkehrsmittel ist das Flugzeug. Wertvolles Holz zum Beispiel oder auch andere wichtige Güter, die das Land an der Westküste benötigt, müssen per Schiff die weite Reise den ganzen Amazonas hinab, dann weiter über den Atlantik, durch den Panama-Kanal an die Westküste des Kontinents und wieder bis hinunter nach Lima machen. Mehrmals am Tage prasseln tropische Hitzegewitter über diesem Landstrich nieder.
Volle zehn Tage hielten wir uns in Lima auf. Die Zollformalitäten nahmen einige Zeit in Anspruch, außerdem mußten wir Verschiedenes einkaufen. In den großen Supermärkten von Mira Flores versorgten wir uns mit dem notwendigen Proviant. Fred Allert machte uns darauf aufmerksam, daß das Wetter in den Anden schlecht ist, solange es hier in Lima schön sei. Daher hatten wir es vorerst nicht eilig. Der berüchtigte feuchte Nebel über der Hauptstadt ließ uns dann doch zum Aufbruch drängen und von den vielen neuen Freunden und Bekannten Abschied nehmen. Adios, Amigos!
In stockdunkler Nacht bestiegen wir am 18. Mai einen alten Autobus und verließen die Stadt in Richtung Norden. Zwei Monate später wollten wir wieder hier eintreffen: mit einem schönen Bergerlebnis im Herzen. Als wir die Küste bei Pasamayo erreichten, die sich steil und ausgesetzt über die Brandung des Pazifik erhebt, mußte ich an Herbert Raditschnig denken: »Achtet darauf, daß der Fahrer nicht betrunken ist.« Im Dämmerlicht des Morgens sahen wir unzählige Kreuze und Gedenksteine am Straßenrand, stumme, ernste Mahner. Einmal stockte mir der Atem, als unser Chauffeur mit wilden Gesten, wobei er das Lenkrad ausließ, auf ein solches Gedenkkreuz am linken Straßenrand hinwies und uns in Gefahr brachte, den damaligen Absturz zu wiederholen. Im letzten Augenblick besann er sich und schwenkte reifenquietschend in die nächste Spitzkehre ein. Von diesem Augenblick an zeigten wir uns dem Chauffeur gegenüber völlig desinteressiert, um ihn nur ja nicht zu irgendwelchen Erklärungen oder Erzählungen herauszufordern.
Stellenweise verlief die Straße, wie mit einem Lineal gezogen, schnurgerade durch die Wüste. Oft zählten wir 30 Kilometer auf einer Geraden. Nach 130 Kilometer Fahrt durch die Wüste passierten wir die Ortschaft Huaura. Bei Barranca zweigten wir nach Osten ab. Kehre um Kehre quälte sich unser Fahrzeug den steilen Hang hinauf. Es ging durch das obere Santa-Tal am Gonockocha (See) vorbei, auf eine Höhe von 4000 Meter hinauf, dann bogen wir gegen Südosten in Richtung Chiquián, den geplanten Endpunkt unserer Autobusfahrt. Hier gedeihen noch Feldfrüchte, aber das Hauptgewicht der

nicht sehr einträglichen Landwirtschaft wird von den Indios dennoch auf die Viehzucht gelegt.
Stolz erheben sich im Norden die Berge der Cordillera Blanca, der Weißen Kordillere, mit dem höchsten Berg Perus, dem 6768 Meter hohen Huascarán.
Als wir immer weiter hinunter gegen Chiquián kurvten, starrten wir plötzlich wie verzaubert auf eine Flucht strahlend weißer markanter Gipfel: Die Cordillera Huayhuash lag vor uns, als hätte sie eben erst ein Künstler in den tiefblauen Himmel gemalt. Bisher hatte ich nur in Büchern davon gelesen, mir nur nach Erzählungen ein Bild zu machen versucht. Die Wirklichkeit übertraf meine kühnsten Vorstellungen. Der Gebirgszug hat nur eine Ausdehnung von 30 Kilometer. Aus ihm ragen aber sechs Gipfel mit mehr als 6000 Meter Höhe empor, unter ihnen der zweithöchste Gipfel Perus, der 6634 Meter hohe Nevado Yerupayá. Zum erstenmal konnten wir jetzt auch »unsere« Jirishhanca sehen. Ihre bizarre Gestalt ist uns von zahlreichen Fotos bekannt. Sie ist der eindrucksvollste Gipfel im Rund, schlank und wuchtig zugleich; strahlend weiß der Gipfelkamm, schwarz und drohend der Felsunterbau: die monumentale Form eines Kolibrischnabels. Chiquián, ein verträumtes Indiodorf, zirka 3300 Meter hoch am Rande der Zivilisation, liegt am Ende der kleinen Straße. Von hier gibt es kein anderes Verkehrsmittel, um weiter ins Landinnere gelangen zu können, als Reitpferd, Muli, Esel oder die eigenen Beine. Wir entschlossen uns für das letztere. Professor Kinzl schrieb in seinem Werk über die Anden: »Hier hört nun vieles auf, was man im täglichen Leben gewohnt ist: ein gedeckter Tisch, ein weiches Bett, fließendes, warmes Wasser, die Verbindung mit der Welt durch Post und Fernsprecher, die Hilfe eines Arztes. Man braucht also eine wohlüberlegte Ausrüstung, wenn man jene Entbehrungen vermeiden will, die nur den Armen, den Kranken oder Dummen treffen.«
Beim katholischen Pfarrer des Dorfes fanden wir eine Herberge. Indios bestaunten uns, als kämen wir aus einer anderen Welt. Wir aßen in der Kneipe »El Amazonas«. Unter dem Tisch auf dem festgestampften Erdboden hausten Hunde und Hühner. Ernesto Diaz, der Wirt, war bald unser »Amigo«. Wir überreichten ihm ein kleines Geschenk, das uns Ulla Staudacher für ihn mitgegeben hatte. Ernesto schlug die Hände über seinem Kopf zusammen: »Ah, Señorita Ullita«, und führte einen Freudentanz auf. »Richten Sie ihm schöne Grüße von mir und dem Doktor der deutschen Expedition aus, und Ernesto wird Sie wie seinen Augapfel behandeln!« – Fräulein Staudacher kannte ihren Pappenheimer. Unsere Expedition war die Sensation im Dorfe. Alle Leute wußten hier, daß wir zur Jirishhanca wollten. Die Indios warnten uns mitleidig mit Gesten, die unser nahes Ende demonstrieren sollten, vor diesem Abenteuer. Unser Berg ist bei den Einheimischen deshalb so berüchtigt, weil er zwar schön, aber grimmig und feindselig ist. Unser Gepäck lag zerstreut im Garten des Pfarrhauses, wo es vor Dieben sicher war, denn kein Mensch würde in böser Absicht dieses Heiligtum betreten.

Von Chiquián galt es nun, in einem dreitägigen Marsch die Ostseite des Gebirgsstockes zu erreichen und am Fuße der Jirishhanca das Basislager zu errichten. Am 21. Mai brachen wir auf. 17 Burros (Esel), 6 Mulis, 4 Arrieros (Eseltreiber) und der Treiberboß Bedon aus dem Dorfe Pocpa standen bereit. Bedon junior, der Chef, hoch zu Roß, sein alter Vater hingegen, nur ein gewöhnlicher Arriero, mußte die Esel und Mulis zu Fuß begleiten und die Tiere antreiben. Unser Gepäck, immerhin 1100 Kilo, wurde aufgeteilt. Einige der Tiere versuchten, die ungewohnte Last von 80 Kilo wieder abzuwerfen. Ein kleiner Esel trat in den Streik, fand aber offensichtlich keine Solidarität bei seinen Artgenossen. Im Alleingang schaffte er es aber auch nicht, weil sich die Fußtritte der Arrieros auf ihn allein konzentrieren konnten. So entschloß er sich, doch die Arbeit anzutreten. Scharen von Neugierigen umgaben uns. Das ganze Dorf schien auf den Beinen zu sein. Die Kinder hatten sogar schulfrei bekommen. In meinem Rucksack befand sich die Expeditionskasse, daher behielt ich ihn ständig auf dem Rücken. Fred Allert, unser Begleiter, unterstützte mich beim Aushandeln der Löhne für Tiere und Arrieros. Wir machten einen regelrechten Vertrag, der auch für den Rückmarsch in zwei Monaten gelten sollte, denn dann würde uns Fred als Dolmetscher nicht mehr zur Seite stehen können.

In einem neunstündigen Gewaltmarsch gelangten wir an diesem Tag bis ins Indiodorf Pocpa, das bereits etwa 3800 Meter hoch liegt. Die ungewohnte Höhe nahm uns ziemlich her. Die Sonne stand die längste Zeit senkrecht über uns, nirgends gab es Schatten, die Kehlen waren ausgetrocknet. Als wir bei Einbruch der Dunkelheit das Dorf erreicht hatten, brannten in den Hütten schon die Feuer. Riesige Sombreros auf den Häuptern und in dicke braune Ponchos gehüllt, drängten sich die neugierigen Indios um uns und boten uns Schnaps und Koka-Blätter an. Wir lehnten freundlich ab, denn diese Blätter enthalten Kokain. Wir schliefen im alten Gästehaus unseres Treiberchefs Bedon: in Bettgestellen, auf dem Boden und vor der Hütte. An den Wänden des nur von kümmerlichem Kerzenlicht erhellten Raumes klebten Fotos von Hollywood-Stars und Anerkennungsschreiben von ehemaligen Expeditionen, die im Hause Bedon zu Gast und wohl behütet gewesen waren. Bevor sich Werner, unser Expeditionsarzt, zur Ruhe begeben konnte, hatte er noch alle Hände voll zu tun. Es schien, als würde es hier im Dorfe nur Kranke geben. Nach einigen Stunden aber wurde es Werner zuviel. Schnell kurierte er die letzten Patienten mit einer Menge von Lutschtabletten, und »pumperlgsund« traten sie den Heimweg an. Nach dieser wundersamen Heilung gönnte man unserem Medico den wohlverdienten Schlaf.

Die wilden Rufe der Arrieros weckten uns am frühen Morgen aus den Träumen. Sie waren schon dabei, die Tiere zu beladen. Vater Bedon lallte durch den Hof. Er war stockbesoffen. Zum Glück war ihm kein PS-starkes Vehikel anvertraut, sondern eben nur ein Esel, und der pflegt sich ohnehin nach dem

Vordermann zu orientieren. Das Wetter war noch immer strahlend schön. Durch ein Hochtal ging es aufwärts. Zu beiden Seiten des schmalen Pfades türmten sich hohe, helle Kalkwände. Stachelige Opuntien säumten den Weg. Als wir aus dem schmalen Tal hinaustraten, stand die Ninashanca, 5637 Meter hoch, vor uns. Wächtengebilde und Riffeleisflanken leuchteten hell und glänzend in der Sonne. Während wir in diesen Anblick versunken waren, galoppierte eine Schar von Reitern, darunter auch Frauen, die unter ihren bunten Umhängen kleine Kinder am Rücken hatten, um die Wegbiegung auf uns zu, hielt an, grüßte heftig gestikulierend und verschwand wie die Wilde Jagd hinter dem nächsten Fels.
Die Hochlandbewohner leben hier in rundförmigen Steinhütten, die mit Punagras bedeckt sind und nur ein Loch als Eingang haben. Im einzigen Raum der Hütte spielt sich das ganze Leben ab. Durch ein kleines Loch in der Decke zieht der Rauch der Feuerstelle ins Freie. Bis in eine Höhe von 4000 Meter werden hier noch Kartoffeln und Getreide angebaut. Unter einem Sattel in einer Höhe von 4600 Meter, von wo aus wir im letzten Sonnenlicht eine herrliche Fernsicht genießen konnten, bezogen wir ein Lager. Die Arrieros bauten sich aus den Lasten ein offenes Viereck, spannten eine rote Zeltplane darüber und schützten sich so vor der Kälte der Nacht. Am nächsten Morgen weckte uns ein mörderisches Geschrei. Irgendein Tragtier hatte sich während der Nacht aus dem Staub gemacht und dürfte in seinen Heimatstall zurückgelaufen sein. Bedon, der Treiberchef, fluchte nicht schlecht und bezichtigte seine Leute der Unfähigkeit. Jetzt mußte er auf Schusters Rappen weiterziehen und seinem Pferd die Last des geflohenen Esels aufbinden. Wir drängten zum Aufbruch, unsere Treiber kannten aber keine Eile. So erfolgte der Abmarsch leider erst am späten Vormittag. Zuerst ging es über steile, felsdurchsetzte Hänge und an kleinen Schneefeldern vorbei hinauf auf die Casha Punta in fast 5000 Meter Höhe. Dieser Kamm ist die Wasserscheide zwischen dem Stillen und dem Atlantischen Ozean. Wegen der Höhe keuchten wir außerordentlich, und die Kräfte ließen in der immer noch herrschenden Hitze rasch nach. Die Tiere balancierten mit ihren Lasten über steilen Abgründen. Wehe, wenn ein Bauchgurt gerissen wäre, unsere wertvolle Ausrüstung wäre in der Tiefe verschwunden und zerschellt.
Dann hatten wir den Scheitel der Cordillera Huayhuash erreicht, zum Greifen nahe lag unser Ziel vor uns. Ich erkannte die Ninashanca, den Nevado Rondoy und vor allem die an Kühnheit alles übertreffende Jirishhanca. Unheimlich ausgesetzt und steil schlängelte sich der Weg jenseits des Sattels über wildes Felsgelände wieder abwärts. Die Pferde und Mulis rutschten nervös auf den abschüssigen Felsplatten hin und her. Die kleinen Esel dagegen stiegen mit sicherem Tritt, ohne ein einziges Mal auszurutschen, abwärts. Jenseits der Hazienda Canca ging es wieder ein schier endloses Hochtal empor. Immer wieder mußten wir anhalten, denn die dünne Luft machte uns sehr zu schaffen. Gerade noch konnten wir den Carhuakocha

erreichen, dann senkte sich die Nacht herab. Dieser traumhafte, kristallklare See am Fuße des Yerupayá liegt in einer Höhe von zirka 4150 Meter. Hier wollten wir das Basislager errichten. Von hier aus würden wir versuchen, die Jirishhanca über ihre Ostseite zu bezwingen, wie Toni Egger und seine Kameraden erstmals vor neun Jahren.

Die Sonne hatte uns aufgeweckt. Wir glaubten in einem Märchenland zu sein. Zu unseren Füßen schimmerte der dunkelgrüne Carhuakocha. In seinem klaren Wasser spiegelten sich die umliegenden Sechstausender: der Nevado Siulá, der Nevado Yerupayá Grande, Yerupayá Chico und im Nordwesten »unsere« Jirishhanca; ihr vorgelagert die 5467 Meter hohe Jirishhanca Chico, die »kleine« Jirishhanca. Die Sonne stand schon hoch am Himmel, als wir an die Arbeit gingen, das Basislager zu installieren. Unsere braven Arrieros wurden ausbezahlt und verabschiedet. Nur der Indio Armando blieb als Lagerwächter zurück. 40 Meter über dem spiegelnden Wasser des Sees entstand unsere kleine Zeltstadt. Ein munteres Bächlein plätscherte an den Zelten vorüber, die wie bunte Bausteine auf der grünen Almmatte aufgebaut waren. Die Kartons, die wir in der Heimat so sorgfältig verschlossen hatten, wurden nun aufgebrochen, und das ganze Zeug wurde in Reih und Glied aufgebaut: Bergausrüstung, Hochlagerzelte, Schlafsäcke, Seile, Karabiner, Fels- und Eishaken, Eispickel und Eisbeile sowie die wertvolle Hochgebirgsbekleidung auf der einen, die Verpflegung vor Adi, unserem Chefkoch, auf der anderen Seite. Werner bewohnte ein großes Zelt allein. Es war als Ordination eingerichtet. Die einzelnen Zelte verbanden wir mit dünnen Perlonschnüren, auf denen bald die Wimpel von Österreich, Peru, der Steiermark, Tirol und Oberösterreich lustig im Winde flatterten. Als symbolisches Zeichen betrachteten wir es, daß die Flagge unserer Heimat und die unseres Gastlandes Peru die Farben Rot-Weiß-Rot tragen, wenn auch nicht in derselben Anordnung. Am späten Nachmittag unternahmen wir einen Streifzug um den See, um unsere neue Umgebung, in der wir nun mehrere Wochen zubringen sollten, kennenzulernen.

Hier gibt es noch Wildpferde, Wildgänse, Schafherden und vereinzelte, bewohnte Indiohütten aus Stein und Punagras. Indiokinder kamen zu unseren Zelten und beobachteten uns argwöhnisch. Vor unserer Abreise hatte ich mit meinen Freunden erörtert, ob es angebracht wäre, eine Schußwaffe mitzunehmen, denn man könnte ja auch von räuberischen Indios überfallen werden. Einer japanischen Expedition, die im selben Jahr zum Nevado Sarapo unterwegs war, wurde das Basislager ausgeräumt. Die Bedauernswerten mußten unverrichteter Dinge wieder die Cordillera Huayhuash verlassen. Sie hatten, wie sie uns erzählten, ihre gesamten privaten Ersparnisse für diese Expedition geopfert. Wir hatten uns entschlossen, keine Waffe mitzunehmen, in der Überzeugung, daß man gegen eine Übermacht mit einer Waffe ohnehin nichts ausrichten könnte, wenn die Räuber auch bewaffnet wären. Wohl aber hatten wir einen Karton Kanonenschläger, die wir zu Hause als Feuerwerkskörper oder für Heeresmanöver verwendeten, eingepackt. Diese Kanonenschläger bewährten sich auch, wenn wir herumlungernde, halbwilde Köter vertreiben mußten. Räuber verschonten uns. Unser Indio Armando bewohnte ein eigenes Zelt. Er war stolz, als wir ihn mit alten Kleidungsstücken ausrüsteten und ihm sogar unser wertvolles Fernglas überließen. Mit diesem konnte er lange Zeit unseren Aufstieg beobachten, und außerdem bedeutete es für ihn seinen Landsleuten gegenüber einen gewaltigen Prestigezuwachs. Mit dem Waschen nahm es Armando nicht so genau. Seine Hände waren nur an den Fingerspitzen sauber, eben dort, wo er beim Geschirrspülen mit dem Wasser in Berührung kam. Seinen Schlafsack durfte er zuletzt auch behalten, denn keine Reinigungsanstalt der Welt hätte es zustande gebracht, die aromatische Hinterlassenschaft seines vorübergehenden Benützers zu tilgen.

Die Rucksäcke mit den Zelten, Kochern und Schaumstoffmatratzen lagen schon für den ersten Aufstieg bereit. Auf einer Kiste breitete ich die Alpenvereinskarte der Cordillera Huayhuash aus und legte darüber die von Herbert Raditschnig 1957 angefertigte Skizze des Weges zum Jirishhanca-Pfeiler. Wir versuchten, uns die Aufstiegsroute einzuprägen.

Am Abend des 26. Mai lag ich schon früh in meinem kleinen Zelt. Im Scheine meiner Gaslampe schrieb ich in mein Tagebuch: »*26. Mai,* Beginn des eigentlichen Bergsteigens!« Früh am nächsten Morgen bereitete uns Armando heißen Tee, dann schulterten wir die schweren Lasten und stiegen über taufrisches Punagras die steilen Hänge in Richtung des geplanten Hochlagers I am Fuße der Jirishhanca Chico empor. Wir hatten das Gefühl, wie daheim über schöne Almen zu gehen. Streunende Hunde hatten unseren Aufstieg entdeckt und heulten wie Hyänen von den gegenüberliegenden Berghängen. Es waren die Hunde der Schafhirten. Wir stiegen immer höher, und mit uns die Sonne. Der Carhuakocha leuchtete dunkelgrün zu uns herauf, An einem kleinen See, den wir von unten nicht hatten sehen können, machten wir Rast, wuschen uns den Schweiß aus dem Gesicht und erfrischten uns mit dem köstlichen kühlen Wasser. See-Enten schossen wie kleine Raketen aus ihren Brutstätten im See hoch. Auf einem kleinen Sattel fanden wir zurückgelassene Ausrüstungsstücke der österreichischen Expedition 1957. Hier mußte Dr. Klier das Lager I errichtet haben. Wir wußten, daß damals diese Zelte geplündert worden waren, denn die Indios konnten mühelos über die steilen Grashänge bis hierher gelangen. Wir beschlossen daher, unser Lager höher oben gegen den Nordgrat der Kleinen Jirishhanca zu errichten. Am schwächsten Punkt dieses Grates hofften wir auch einen Übergang zum nördlichen Jirishhanca-Gletscher zu finden. Auf einer kleinen sandigen Plattform hielten wir. Dieser Platz war von unten nicht einzusehen. Wir ließen Adi und Werner mit dem Auftrag zurück, die beiden Zelte aufzubauen, also das Hochlager I im Rohbau zu errichten. Wir befanden uns auf einer Höhe von etwa 4800 Meter.

Felix und ich kletterten inzwischen höher hinauf gegen den Nordgrat, um noch an diesem Tag einen günstigen Übergang zu erkunden. Nur mit einem Hemd bekleidet, den großen Sombrero am Kopf, kletterten wir mit leichtem Gepäck höher gegen die abweisende Felsmauer. Fester Fels, Platten und Kamine weckten unsere Kletterfreude, nur der Atem ging schwer. »Schwierigkeitsgrad IV und eine Höhe von fast 5000 Meter«, stellten wir fest. Wir gingen unangeseilt, immer nach dem leichtesten und sichersten Weg Ausschau haltend. Hier würden wir dann ohne Hilfe von Hochträgern unser Gipfelgepäck zum nördlichen Jirishhanca-Gletscher schleppen, an den Fuß des Jirishhanca-Ostpfeilers. Ein angenehmer kühler Nordostwind empfing uns auf der Gratschneide. Der Höhenmesser zeigte 5000 Meter. Nach dem Kartenstudium vermeinten wir hier auf gleicher Höhe über den Gletscher weitergehen zu können, doch wir hatten uns getäuscht. Jenseits der grauen Felsmauer hieß es abseilen und sehr steil abklettern, um 150 Meter tiefer den Aufstieg wieder fortsetzen zu können. Aus nächster Nähe konnten wir jetzt den Ostpfeiler unserer Jirishhanca betrachten: den ersten Pfeiler, dann die Eisdächer darüber, den zweiten Pfeiler und schließlich den Gipfelgrat bis zur höchsten Spitze auf 6126 Meter, ein geschnörkeltes Wächtengebilde. Wie ein dunkelgrünes Riesenauge glotzte der Ninakocha zu uns herauf. In diesem kleinen Bergsee spiegelten sich die blau-weißen Berge, und ihre auslaufenden Gletscherzungen hingen tonnenschwer in sein klares Wasser. Von weit unten leuchteten die beiden gelben Zelte des Lagers I herauf.
Wieder im Basislager angekommen, erholten wir uns vom schweren Tagewerk und besprachen, wie wir den Aufstieg über die Felsbarriere mit fixen Seilen sichern und erleichtern könnten. Dann zauberte uns Armando gebratene Forellen auf den Tisch. Richtige Gebirgsforellen. Das Abendessen mundete köstlich. Noch schnell einige Tagebuchnotizen und dann gleich zur Ruhe. Als ich das Tagebuch und den Stift zur Seite legen wollte, machte ich unwillkürlich einen Blick auf die Zeltinnenwand: O Schreck! Eine riesige kohlschwarze Spinne hing über mir. Schlangen und Spinnen waren seit eh und je ein Alptraum für mich. Offensichtlich wurde das Biest vom Licht und der Wärme der Gaslampe herangelockt. Leise und behutsam griff ich nach einigen Blättern Toilettepapier. Als gelte es, einen Drachen zu erlegen, warf ich mich auf das Ungetüm. Zum Glück bekam ich es zu fassen. Hätte die Spinne Reißaus genommen und sich irgendwo im Zelt verkrochen, ich glaube nicht, daß ich jemals wieder in diese Behausung zurückgekehrt wäre. Ich träumte von Spinnen und Skorpionen.
In den nächsten Tagen wurde der schwierige Übergang vom Lager I über den 5000 Meter hoch gelegenen Felskamm mit fixen Seilen versehen. Über eine improvisierte Seilschwebeanlage gelangten wir vom Sattel hinunter auf den wildzerklüfteten nördlichen Jirishhanca-Gletscher. Gar nicht leicht war es, den Weg durch das Labyrinth von Gletscherspalten an den Fuß des Jirishhanca-Ostpfeilers zu finden, über den wir später zum Gipfel aufsteigen

wollten. Immer wieder mußten wir unseren Pfad durch den rasch fließenden Gletscher neu anlegen. Denn wo heute noch unsere Spur führte, überraschte uns morgen schon eine unbegehbare Spalte. Das Lager II befand sich auf zirka 5100 Meter. Das »Sprungbrett« für unseren Gipfelsturm bestand aus zwei Schlafzelten für uns vier Bergsteiger und einem für Ausrüstung und Proviant. Die Hitze in diesem Gletscherkessel, der gegen den Wind völlig abgeschirmt war, wurde tagsüber nahezu unerträglich. Ohne unsere in Chiquián gekauften breiten Sombreros wären wir wahrscheinlich an Hitzschlag verendet. Außerdem half uns, daß wir durch die harte Trägerarbeit bei guter Kondition und recht gut an die Höhe gewöhnt waren. Wir gingen meistens in einem Zuge vom Carhuakocha durch bis zum Lager II. Leider machte sich in diesen Tagen mein altes Leiden im rechten Knie, eine Art Sehnenscheidenentzündung, unangenehm bemerkbar.

In der Nacht vom 1. auf den 2. Juni schneite es bis weit unter den Carhuakocha hinunter. Dicke Wolkenbänke lagen über den Bergen, und immer neue Schneeschauer führte der Wind aus Nordosten heran. Aber wir waren nicht verdrossen, sondern schöpften bald wieder neue Hoffnung, da angeblich der »Südwinter«, die Trockenzeit, keine längere Schlechtwetterperiode kennen soll. Am 4. Juni erfüllte sich die Hoffnung auch schon. Ein prachtvoller Morgen zog herauf, und alle vier stiegen wir zeitig, bepackt mit schweren Rucksäcken, zum Lager II auf. Dort machten wir eine traurige Entdeckung. Infolge der großen Strahlungshitze – an diesem Nachmittag dürfte es bis zu 40 oder 50 Grad gehabt haben – hatten sich alle Zeltheringe im pappigen Schnee gelockert. Die Zelte lagen durchnäßt am Boden. Aufs neue mußten wir nun das Lager einrichten. Wir benützten als Befestigung unsere langen Schistöcke. Tags darauf erkundeten Felix und ich den Zustieg zum Pfeiler über eine steile Eisflanke. Adi und Werner stiegen inzwischen zum Lager I ab, um noch Ausrüstung heraufzuholen. Wir kletterten mit Steigeisen, Eisbeil und Steinschlaghelm über eine 60 Grad geneigte Flanke aus faulem Schnee und porösem Riffeleis zu einem stark verwächteten Grat empor. Stundenlang kämpften wir uns bei größter Hitze höher. Oben angekommen, mußten wir feststellen, daß wir auf dem falschen Weg waren, also ging es wieder zurück zum Lager II. Am nächsten Tag wiesen wir Adi und Werner auf die richtige Route. Die beiden erreichten auch den Beginn des ersten Pfeilers und konnten sogar einige rostige Haken aus dem Jahre 1957 entdecken.

Als wir am nächsten Tag ins Basislager abstiegen, um uns etwas zu erholen und nach dem Rechten zu sehen, kam gerade die uns schon bekannte deutsche Andenexpedition unter Manfred Sturm an. Die Freunde brachten uns Post aus der Heimat mit. 500 Meter von unserem Lager entfernt bauten die Deutschen ihre Zelte auf. Sie hatten ein anderes Ziel als wir. Ihren Mangel an Kochbenzin und ihren Überschuß an Dosenbier konnten wir in kürzester Zeit ausgleichen, und allen war gedient. Meine Sehnenscheidenentzündung

zwang mich zu einer Ruhepause von zwei Tagen, während der ich meinen Freunden den Auftrag gab, den Jirishhanca-Pfeiler wenn möglich bis unter den ersten Eiszapfenvorhang zu erkunden und mit fixen Seilen zu versehen. Mit Genugtuung vermeldeten sie am 11. Juni: »Alles okay. – Jetzt brauchen wir nur länger anhaltendes Schönwetter, dann kann der Sturm auf die Jirishhanca beginnen. Wir waren beim sogenannten Egger-Biwak, aber dort geht's erst richtig los!«
Werner, unser Medizinmann, hatte Arbeit bekommen. Zwei von den Deutschen waren höhenkrank, und die Frau des Expeditionsleiters lag mit Fieber im Schlafsack. Zum Glück heilen die meisten Krankheiten von selber. In diesem Vertrauen absolvierte Werner jedenfalls seine Visiten. Zur Bewahrung seines Rufes und Ansehens schickte er von Zeit zu Zeit ein Stoßgebet zum Himmel, das einerseits zwar seinen Patienten galt, andererseits aber dem Wetter, denn der Gipfelsieg galt ihm doch entschieden mehr als das Wohlbefinden seiner Schützlinge von nebenan. Dem Adi hatte es unser viermal geselchter Bauernspeck, eine Spende des Fleischhauermeisters aus meiner Heimat, angetan. Ich aber wollte diesen lukullischen Schatz als etwas Besonderes bis zuletzt behüten. Als wir eines Abends von einem Besuch bei den Deutschen wieder zu unseren Zelten zurückkamen, blieb uns fast das Herz stehen. Zwei Köter stürzten aus unserem Küchenzelt und verschwanden in der Nacht. Voll Bitterkeit stellten wir bald fest, daß unser wohlbehüteter, guter Bauernspeck ein Opfer des hündischen Raubes geworden war. Adi schien mich mit seinem Blick zu durchbohren. Ich teilte seinen Kummer.
Der *12. Juni* war Ruhetag und einer »Bootsfahrt« mit der Luftmatratze über den eiskalten See vorbehalten. Gegen Abend beobachteten wir indianische Hirten beim Forellenfischen. Zwei von ihnen warteten am Ufer des Flusses mit Fangnetzen, und 50 Meter oberhalb schaufelten die beiden anderen aus Leibeskräften Erde in den Bach. Aus dem getrübten Wasser konnten sie dann mit Leichtigkeit die Forellen aus dem See holen. Am nächsten Tag strichen wieder Schlechtwetterwolken um unseren Berg, daher warteten wir noch zu, obwohl unsere Gipfelausrüstung schon im Lager II bereit lag. Wir rechneten uns aus, daß wir mindestens vier Tage am Berg sein würden, zwischen 5100 und 6126 Meter Höhe. Wir bekamen auch Besuch von Indiofrauen, die von Queropalca heraufgeritten waren. Auf dem Rücken, in bunte Ponchos gehüllt, trugen sie ihre kleinen Kinder. Allmählich wurde uns klar, daß dieser Besuch unserem Medizinmann galt, der eine Hufschlagverletzung behandeln sollte. Wie Werner es in der Lehre bei Dr. Jenny in Innsbruck geübt hatte, rammte er dem Verletzten eine Tetanusspritze in den Po, daß dieser annehmen mußte, das Pferd hätte ihm als Draufgabe noch einen Tritt verpaßt. Die Indios brachten uns für diese »Wohltat« Lebensmittel, Fleisch, Eier und Käse, was wir als eine willkommene Abwechslung empfanden, denn seit Wochen lebten wir nur von Konserven.

Weil sich wieder schönes Wetter ankündigte, bezogen wir für alle Fälle unser Lager II. Lange schauten wir schweigend zum Gipfel unseres Berges empor. Mehr als 1000 Meter Höhenunterschied trennten uns vom großen Ziel. Immer wieder versuchten wir uns vorzustellen, wo und wie der beste Weg zu finden wäre. Besonders das riesige »Z« aus blankem Eis zwischen den senkrechten Felsen oberhalb der Eisdächer machte uns Sorgen.
Der Wind hatte nun den Gipfel über uns von den restlichen Wolken freigefegt. Das war für uns das Zeichen für den Aufbruch. Adi bereitete noch ein kräftiges Abendessen, dann krochen wir in unsere Säcke. Mit Felix, der neben mir schlief, würde ich eine Seilschaft bilden. Bevor ich einschlief, überdachte ich noch einmal in allen Einzelheiten unseren Aufstieg, und ob wir wohl alles Notwendige in den Rucksäcken hätten. Nicht auszudenken, wenn uns in der Gipfelwand irgend etwas abgehen sollte.
18. Juni: Um 5 Uhr früh erwachte ich. Ein Blick aus der Zeltöffnung sagte mir, daß wir prachtvolles Wetter haben. Die Zeltinnenwände waren von dickem Reif überzogen. Felix kroch als erster aus seinem Schlafsack, um in der eisigen Kälte vor dem Zelt das Frühstück zu bereiten. Um 6 Uhr brachen wir in zwei Seilschaften auf. Der Weg war mir von unseren Erkundigungen her noch geläufig. Zuerst der Gletscher, die Einstiegsflanke zum Grat, dann der erste Pfeiler. Der Schnee knirschte unter den Füßen, die Steigeisen griffen gut. Als wir vor dem Bergschrund zur Einstiegsflanke querten, streiften uns schon die ersten Sonnenstrahlen. Der Gletscher unter uns verfärbte sich in ein zartes Violett. Die warmen Kleidungsstücke verstauten wir jetzt in die Rucksäcke. Unglaublich schnell wechseln in diesem Tropengebirge die Temperaturen. In kürzester Zeit wird aus einer klirrenden Winternacht ein tropisch heißer Sommertag. Bis zum Grat unter dem ersten Pfeiler gingen Adi und Werner voraus, dann übernahmen Felix und ich die Führung. Über unseren Köpfen erhob sich der erste Pfeiler. Senkrecht wie Dolomitenfels. Nach etwa 150 Meter wird dieser Pfeiler von einem riesigen Kranz aus Eiszapfen abgeschlossen. Durch diesen Eiszapfenvorhang mußten wir hindurch, um das erste Eisdach erreichen zu können. Wir wußten auch, daß die Expedition vor neun Jahren einen regelrechten Eistunnel bohren mußte, um den Aufstieg fortsetzen zu können.
Ober uns am Pfeiler spielte der Wind mit den gebleichten Seilresten der 1957er-Expedition. Wir fanden noch alte Sicherungshaken. Verschneidungen und kleine Absätze erinnerten uns an die heimischen Berge, dann waren wir am Übergang vom Fels ins Eis. Auf die Frontalzacken unserer Steigeisen vertrauend, schlugen wir nur selten Stufen und überwanden so einen Eisschlauch von 60 Grad Neigung. Diese Stelle erinnerte mich an den Eisschlauch in der Eiger-Nordwand. Wie ein gefährliches Fallbeil hing ein etwa 40 Meter langer und 1 Meter dicker Eiszapfen über uns. Würde dieser Zapfen auf uns heruntersausen, könnten wir gewiß »das Lachen nicht verhalten«, dachte ich mit Galgenhumor. Unter dem ersten Eisdach stießen wir

auf das Biwak von Toni Egger. Dieses kaum einen halben Meter breite, schottrige Felsband wird von riesigen, meterlangen Eiszapfen überdacht. Bis hierher hatten wir den Anstieg schon erkundet. Die fixierten Seile sollten uns nach einigen Tagen, wenn wir kraftlos und abgekämpft von oben zurückkommen würden, eine Hilfe beim weiteren Abstieg sein. »All right«, ermunterte mich Felix mit seinem Tiroler Englisch, und dann packte ich die nächste Seillänge an. Sehr ausgesetzt, mit dem Rücken zum Eiszapfenvorhang, überwand ich eine heikle Stelle und schlüpfte durch ein Loch in der Eisdecke, das nur noch etwas ausgepickelt werden mußte. Dann stand ich auf dem ersten Eisdach. Über mir kreiste ein riesiger Kondor. Wie unbeholfen mußten wir diesem König der Lüfte wohl vorkommen, da wir uns wie Würmer hier heraufwälzten, während er ohne einen Flügelschlag am Andenhimmel schwebte, unumschränkter Gebieter über die Schwerkraft. Stundenlang kletterten wir über die Eisdächer, die mir steiler schienen als die der Eiger-Nordwand.

Die Tiefe wuchs unter uns. Das Eis war morsch und unberechenbar. Die gewaltigen Temperaturunterschiede verliehen ihm eine eigenartige Struktur, an die wir uns erst gewöhnen mußten. Stunde um Stunde verrann. Am späten Nachmittag erreichten wir einen völlig senkrechten, von Eisbalkonen und Eiszapfen abgeschlossenen Felsaufbau, der im direkten Aufstieg nicht zu bezwingen war. Das also war das große, etwa 150 Meter hohe »Z«, das uns schon beim Wandstudium Kopfzerbrechen gemacht hatte. Selbst wenn wir mit Hilfe von Haken über den fast fugenlosen Fels direkt höhergekommen wären, wie würde es weitergehen?

Die Kameraden, immer zu Späßen aufgelegt, rieten mir: »Dann müssen wir halt mit Prusik-Schlingen an den Eiszapfen höherturnen.« Diese humoristische Bemerkung zeigte mir die Ausweglosigkeit unserer Lage. In einer halben Stunde würde zudem die Nacht hereinbrechen, denn die Sonne war schon hinter dem Gipfel unseres Berges im Westen verschwunden. Der kalte Schatten legte sich über uns. Rasch wurden einige Haken in den Fels getrieben, eine kleine Nische aus dem Eis gehauen, und unser erstes Biwak am Berg konnte bezogen werden. Wir hatten an diesem Tag die beachtliche Höhe von zirka 5600 Meter erreicht. Da wir den Felsaufbau unter allen Umständen morgen an der rechten, lotrechten Pfeilerseite umgehen mußten, um überhaupt eine Chance auf ein Weiterkommen zu haben, erkundete ich noch am selben Abend, von Felix gesichert, die nächste Seillänge. Adi und Werner bereiteten inzwischen auf dem Gaskocher Tee und Suppe. Um 19 Uhr schossen wir, wie vereinbart, eine grüne Leuchtrakete ab, das Zeichen für Armando im Basislager, daß alles in Ordnung sei. Lange Zeit, bis spät in die Nacht hinein, konnte ich keinen Schlaf finden. Zusammengekauert saß ich da, an den Felsen gelehnt, den Biwaksack noch nicht übergestülpt, und träumte in die bedrückende Einsamkeit, die über unserem Berg und der Welt lag. Ich suchte unter den Milliarden von Sternen das »Kreuz des

Nevado Jirishhanca Grande:
Biwak am Ostpfeiler

Südens«, fand es aber nicht. Aus der Tiefe leuchteten die Hirtenfeuer, die von den Indios als Schutz gegen die Kälte entfacht wurden, zu mir herauf. Gegen Mitternacht erloschen diese kleinen Zeichen des Lebens auf den Hochalmen, die mir so vertraut geworden waren. Dann senkte sich die tiefe schwarze Nacht über das Land.

Nach kurzem Schlaf weckte mich eisige Kälte. Der Feuerball der Sonne stand noch hinter den Wolkenbänken, die das Tiefland des Urwaldes weit im Osten bedeckten. Hier heroben aber war es schon Tag geworden. Minus 20 Grad zeigte unser Thermometer. Die weißen, scharfen Konturen der Kleinen Jirishhanca hoben sich aus der Dunkelheit des Tales. Die Sonne begann zögernd ihren Tageslauf und tauchte uns in immer heller werdendes Violett. Mit den ersten Sonnenstrahlen wollten auch wir höher steigen. Felix neben mir, im hageren Gesicht schwarze Bartstoppeln, sah aus wie ein alter Indianer. Er schaute prüfend auf den 10 Meter ausladenden Eisbalkon, als müßte er sich erst vergewissern, ob er wohl noch immer da sei. Adi hatte wie immer die Kapuze seines roten Anoraks noch übers Gesicht gezogen. Für ihn war die Welt noch in Ordnung. Ob es draußen regnet oder schneit, in seinem Biwaksack ist die rosarote Zuversicht zu Hause. Als er sich endlich herausschälte und uns seine vereisten Bartstoppeln zeigte, machten wir uns fertig. Werner litt die ganze Nacht unter heftigen Zahnschmerzen. Er klagte aber nicht. In Gedanken an den Weiterweg vergaß er endgültig seine Quälgeister. Nach einem heißen Getränk brachen wir auf. Wir waren zuversichtlich und fühlten uns in guter körperlicher Verfassung. Den Felsaufbau umgingen wir rechtzeitig und querten in eine senkrechte, mit Eis und Schnee gefüllte Rinne; durch diese mußten wir hoch. Ich ließ meinen Rucksack zurück und begann mit der äußerst schwierigen Kletterei. Ziemlich gewagt spreizte ich Meter um Meter höher, nur selten konnte ich einen kurzen Cassin-Haken einschlagen. Nach dieser mühsamen Seillänge erreichte ich einen Pfeilerkopf. Immer verständlicher wurde mir nun, warum dieser Berg als einer der schwierigsten der Welt gilt. Mit dem Rucksack hätte ich diese 30 Meter wohl kaum geschafft. Noch bevor ich »nachkommen« rief, wurde mir klar, daß es hier keine Möglichkeit für den Weiterweg gab. Ich war am Ende meiner Weisheit. Eiszapfenvorhänge, bis zu 10 Meter überhängend, versperrten den Aufstieg. Sollte etwa hier unser Jirishhanca-Abenteuer ein Ende finden? Doch dann entdeckten wir etwa 25 Meter unter uns ein schmales Eisdach, das nach links auf den Pfeiler zurückführte. Frei schwebend, ohne die Wand zu berühren, seilten wir uns wie Spinnen am Faden ab. Wir pendelten hin und her, konnten jedoch am Beginn des schmalen Eisbandes Fuß fassen. Es war nun gegen Mittag, und wir befanden uns erst 50 Meter über unserem letzten Biwakplatz. Dieser »Abstecher« hatte uns viel Zeit gekostet.

Aufstieg zum Jirishhancagipfel: »... das Felsband wird von riesigen, meterlangen Eiszapfen überdacht«

Wir stiegen weiter nach links zur Pfeilerkante und über das Zickzackeisfeld, an Eisschrauben gesichert, höher. Mit müden Händen schlugen wir Stufen

in das wohl 60 Grad steile, aber feste Eis. Felix erreichte als erster die Pfeilerkante. Ich machte mir Gedanken, wie es uns hier beim Abstieg wohl ergehen würde: 80 Meter in direkter Luftfahrt über die Eisbalkone, immer in Gefahr, von einem tonnenschweren Eiszapfen erschlagen zu werden! Von Felix weg wühlte ich mich verbissen über verschneite Felsen links der Pfeilerkante Meter um Meter empor und gelangte so erstmals auf die schattige Südseite des Berges. Hier war der Schnee grundlos, ohne die geringste Bindung zum Fels. Die Sonne steht im Norden, anders als bei uns in den Alpen. Dort haben wir die schattigen Nordwände und die sonnigen Südwände. Hier in den Anden ist es genau umgekehrt. Ich räumte Unmengen Schnee vom Fels und buddelte damit Felix ein, der unter mir stand und aussah wie ein ausgewickelter Zuckerhut. Glasklar standen um uns der Nevado Yerupayá und der Nevado Siulá, in weiterer Entfernung der Siulá Chico und der Nevado Sarapo. Langsam ging auch dieser Tag zur Neige. Unsere heutige Tagesleistung war nur gering. Kaum 200 Meter Höhenunterschied hatten wir bewältigen können, trotz allen Bemühens. Das zweite Biwak stand bevor. Die beiden letzten Seillängen vor Einbruch des Abends führten fast immer senkrecht hinauf. Alles mußte mit Steigeisen an den Füßen erklettert werden. Brüchiger Fels und morsches Eis wechselten einander ab.
Eng aneinander geschmiegt saßen wir in dieser kalten Nacht auf einer kleinen Kanzel in 5850 Meter Höhe. Der Fels war so brüchig, daß wir keine Sicherungshaken eintreiben konnten. Über lose Blöcke legten wir das Seil und banden uns daran. »Hoffentlich hat heute keiner von uns einen unruhigen Schlaf!« Wir wußten, daß der nächste Tag die Entscheidung bringen mußte. Der Gipfelgrat, gespickt mit senkrechten Schnee- und Eisaufschwüngen und weit überhängenden Wächten, der weitaus gefährlichste Teil des Aufstieges, lag noch vor uns. Sehnsüchtig erwarteten wir die wärmende Morgensonne, die schon sehr früh über dem Amazonasbecken aufsteigt.
Meine Füße waren noch gefühllos, als Felix zu klettern begann. Werner und Adi konnten sich ein wenig Zeit lassen. Sie waren noch beim »Frühstück«. Felshaken, Daunenfußsäcke und etwas Proviant ließen wir auf diesem Platz zurück. Die Haken würden wir dort oben im grundlosen Schnee wohl nicht mehr gebrauchen können. Nur ganz langsam kamen wir höher, dem Grat entgegen. Das Eis war wie Windbäckerei. Trat man mit den Steigeisen hinein, krachte es auch schon zusammen, und man mußte trachten, nicht ins Bodenlose einzubrechen. Auf der schattigen Südseite wühlten wir uns wie Mehlwürmer durch den Schwimmschnee. Dann pickelten wir zwischendurch wieder eine Stufenleiter in das Blankeis der Nordseite unter weit ausladenden Wächten und kämpften uns mühsam auf die Gratschneide zurück. Beiderseits des Grates stürzten die Wände und Flanken über 1000 Meter in die Tiefe. Hier brauchte jeder bedingungsloses Vertrauen zum Seilgefährten, denn die Sicherung wurde zur Farce. Adi und Werner kletterten immer als selbständige Seilschaft hinter uns. Adi, der noch nie zuvor so schwieriges

Eis bezwungen hatte, wuchs hier über sich hinaus. Toll sahen die beiden aus mit ihren leuchtend roten Anoraks, wie sie auf den schneeweißen Wächtenrändern dahinbalancierten.

Von weit unten lächelte der tiefgrüne Eissee Mitukocha zu uns herauf. Die bunte Zeltstadt unseres Basislagers war kaum mehr auszunehmen. 2000 Meter Höhenunterschied trennten uns von Armando. Hunger verspürten wir in diesen Stunden kaum, obwohl wir schon den dritten Tag nichts Richtiges mehr gegessen hatten. Nur Durst, unendlichen Durst. Als ich über eine messerscharfe Wächte ritt, riefen mir die Kameraden zu, ich sollte umkehren, denn ich würde mich auf einem völlig überhängenden Wächtenteil befinden. Nur noch etwa 5 oder 6 Meter bis zu einem sicheren Stand ließen mich das Risiko eingehen, jederzeit bereit, im Falle eines Wächtenbruches die letzten zwei bis drei Schritte zu springen. Ich erreichte die sichere Einkerbung. Alle vier atmeten wir erleichtert auf. Als ich aber einmal den Pickel aus dem Schnee herauszog, konnte ich durch das entstandene kleine runde Loch hindurch bis an den Wandfuß hinunterschauen. Kalter Schauer lief mir dabei über den Rücken. Die Wächten hingen hier fast alle nach Südwesten. Der Nordostwind hatte wahre Wunderwerke aus Schnee und Eis gebaut. Ich mußte an den Wiener Alpinisten Fritz Kasparek, einen der vier Erstbesteiger der Eiger-Nordwand, denken, der zusammen mit einem Kameraden auf dem Salcantay in Südperu mit einer solchen Wächte in den Tod gestürzt war. Die vorangehende Seilschaft war schon über diese kritische Stelle hinweggekommen, Kasparek und sein Bergkamerad stürzten also als zweite Seilschaft in der Spur der Kameraden, die es vor ihnen schon geschafft hatten. Das wußten auch Adi und Werner, die jetzt besonders aufpassen mußten, falls wir vielleicht die Wächte gelockert haben sollten. Es ging schon gegen Mittag zu, und noch immer war der Gipfel über uns nicht zu sehen. Eines wurde uns allmählich klar: Sollten wir heute den Gipfel nicht erreichen – durch welche Umstände auch immer –, dann würde unsere Lage ernst werden. Die schwierige Kletterei und zwei Biwaknächte auf dieser Höhe, fast ohne Schlaf, hatten deutliche Spuren hinterlassen. Schließlich mußten wir auch an den langen und gefahrvollen Abstieg denken.

Vor uns baute sich eine vollkommen senkrechte Schnee- und Eiskante auf. Darüber konnte vielleicht der Gipfel liegen. Diese Hoffnung gab uns neuen Auftrieb. Es mußte sich um jenen Gipfelaufbau handeln, der vor neun Jahren schon Toni Egger so gewaltig zu schaffen gemacht hatte. Ich las einmal einen Bericht von ihm: »... was zieht uns gar so sehr zu diesem Gipfel, den man nur Meter um Meter unter schwierigsten Bedingungen und Verhältnissen, mit dem letzten Aufgebot an Kraft und Können, erreichen sollte. Das allerletzte Stück forderte noch das Äußerste von uns...« Es mußte also dieses Stück sein, unter dem wir nun kurz rasteten und neue Kräfte sammelten. Trotz allem konnte ich es kaum mehr erwarten, dieses letzte Hindernis zu überwinden. Aber wehe, wenn es nicht das letzte wäre.

Schon hing ich 10 Meter senkrecht über Felix, der sorgenvoll zu mir heraufblickte. Er würde mich am Seil im Falle eines Ausgleitens vielleicht halten können, denn er hatte sich gut in den Schnee eingegraben, aber ein Sturz in eine der Gratflanken mit der Gefahr einer Verletzung – nicht auszudenken.

Ich war wirklich fast am Ende. Ich konnte kaum mehr weiter, alles unter meinen Füßen bröckelte ab. Mit dem Eispickel, den ich waagrecht in beiden Händen hielt, sägte ich mühsam Keile aus der senkrechten Schneekante, mit den Knien schob ich mich dann auf diese aus dem Schnee gesägten Absätze, während sich die Hände schon weiter oben in den grundlosen Schnee vergruben und nach Halt suchten. Mit Haken oder Eispickel war hier nichts zu machen. Dazu jagte mir der kalte Wind, der plötzlich aufkam, Schnee- und Eiskristalle ins Gesicht und hinter die Schneebrillen, so daß mir auch noch die Sicht genommen wurde. Langsam, immer nahe der Sturzgrenze, kam ich dennoch höher. Das »Schwierigste in Schnee und morschem Tropeneis« könnte man ruhig sagen. Und auch die Freunde gaben mir später recht. Diese Seillänge war die heikelste unseres Aufstieges; für mich gewiß das Schwierigste und Gefährlichste, das ich im Eis je erlebte. Und dann, o Freude! Ich konnte es kaum fassen. Nach wenigen Schritten stand ich auf dem höchsten Punkt der weit überhängenden Gipfelwächte. »Gipfel! ... Giiipfel!« schrie ich zu Felix hinunter. Felix band in dieser letzten Seillänge auch Adi und Werner an unser Seil.

Um 15 Uhr standen wir alle gemeinsam auf dem höchsten Punkt der Jirishhanca, genau 6126 Meter über dem Pazifik. Das Gipfelplateau des »Südamerikanischen Matterhorns« war gerade so groß, daß wir vier aufrecht nebeneinander stehen konnten. Ein eiskalter Sturm heulte uns um die Ohren, als wir die Gipfelfotos machten. An unseren Eispickeln wehten für kurze Zeit die Wimpel von Österreich, Peru, Steiermark, Tirol und Oberösterreich. Untrennbar war unser gemeinsamer Weg aus der Heimat bis hierher zu diesem stolzen Gipfel gewesen. Wir sprachen nichts, aber jeder hatte in diesem Augenblick dieselben Gedanken. Dann reichten wir uns dankbar und fest die Hände. Soweit das Auge reichte, wolkenloser Himmel und weiße Berge. Im Norden erhoben sich die Eisberge der Cordillera Blanca, im Süden stand der wuchtige Yerupayá, tief unter uns der Carhuakocha, von wo Armando und die deutschen Kameraden gewiß unseren Gipfelgang mit dem Fernglas verfolgt hatten.

An einen Abstieg an diesem Tage und ein Abseilen war nicht zu denken, denn wo sollten wir das Seil verankern. Wir mußten uns also entschließen, direkt am höchsten Punkt unseres Berges die dritte Freinacht zu verbringen. Wir fanden einen guten und sicheren Biwakplatz und gruben in die Gipfelwächte ein »Fuchsloch«, in dem wir vor dem Wind und der ärgsten Kälte etwas geschützt waren. Trotzdem schätzten wir die Nachttemperatur in unserer Behausung auf etwa 25 Minusgrade. Von unserem Loch aus sahen wir direkt auf den messerscharfen Grat, der stark verwächtet zum Jirishhanca-Nordgipfel hinüberleitete. Längst hatten wir den Plan, die Überschreitung zum Nordgipfel zu wagen, wieder verworfen. Mit der letzten Gaskartusche kochten wir aus den letzten Proviantbeständen Suppe und Tee. Bis in die Nacht hinein klangen unsere Bergsteigerlieder. So verging auch die Zeit schneller, schlafen konnte vor Müdigkeit keiner. Dazu die große Kälte, die uns sehr zu schaffen machte.

Als wir am nächsten Morgen halberfroren und steif in den Gliedern aus dem Biwakloch krochen, war das Wetter wieder prachtvoll. Nach kurzem Warten entschlossen wir uns zum Aufbruch. 20 Grad minus zeigte das Thermometer. Wir banden uns zu einer Viererseilschaft zusammen und waren so auf insgesamt 160 Meter Seil aufgefädelt. Wenn einer kletterte, saßen oder standen drei Mann irgendwo auf Wächtengebilden oder in Einkerbungen im Schnee und sicherten. Obwohl unsere Spuren vom Vortage festgefroren waren, glich unser Abstieg einem Eiertanz. Rascher, als wir anfangs glaubten, erreichten wir den Biwakplatz am zweiten Pfeilerkopf auf zirka 5850 Meter. Von dieser Stelle weg bis hinunter zum Wandfuß mußten wir ununterbrochen abseilen. Es war nicht ungefährlich, als wir jeweils am 80 Meter langen Seil in die Tiefe baumelten. Die Tropensonne dörrte unsere Kehlen aus und zehrte an unseren Kräften.

Am späten Nachmittag entschlossen wir uns zur Abseilfahrt über die großen Eiszapfenvorhänge. Werner ließ sich als erster in den Abgrund. Wir sahen ihm zu und beobachteten die Haken, an denen das Seil hing. Vertrauenerweckend sahen sie nicht gerade aus. Wie eine glitschige Forelle glitt Werner über die nasse Eisbrüstung hinweg, während er mit den nach unten baumelnden Beinen versuchte, die Eiszapfen abzutreten. Das erlösende Kommando: »Nachkommen!« klang wie ein Echo aus dem Kristallpalast. Die Abseilverankerung auf den Eisdächern war eine »kriminelle« Angelegenheit. Gott sei Dank hatten wir genug Eisschrauben, von denen wir vier ins Eis drehten. Zuletzt hatten sich die Eisschrauben aber doch so gelockert, daß wir sie mit der Hand herausziehen konnten. Auf Zug allerdings hielten sie. Als wir über das letzte Eisdach zum sogenannten Egger-Biwak abwärts kletterten, überraschte uns die Dunkelheit.

Auf der kleinen Felsleiste verbrachten wir die vierte Freinacht. Jetzt konnte uns aber nichts mehr aus der Ruhe bringen, denn wir wußten, daß wir am nächsten Tag, wenn alles gut ginge, den Wandfuß, vielleicht sogar das Basislager erreichen würden. Die großen Temperaturunterschiede zwischen der Tageshitze und dem Nachtfrost hatten unseren Organismus doch schon ziemlich hergenommen. Manchmal torkelten wir wie im Delirium dahin, und nur die Freude über unseren Gipfelsieg und die Aussicht, bald wieder auf sicherem Boden zu sein, richtete uns immer wieder auf. Am folgenden Morgen begannen wir etwas früher als sonst mit dem weiteren Abstieg. An den Fixseilen, die teilweise schon von herabstürzenden Eistrümmern beschädigt waren, glitten wir abwärts. Die Seile ließen wir allesamt in der Wand hängen. In den Vormittagsstunden waren wir endlich am Bergschrund angelangt. Müde stolperten wir über den Gletscher abwärts zu den seit Tagen leerstehenden Zelten des Lagers II. Die Sonne brütete über dem Gletscherkessel, als wollte sie uns zu guter Letzt noch fertigmachen. »Burschen, wir haben gewonnen!« – mehr brachte ich nicht hervor. Meine Kehle war ausgetrocknet. Der Abstieg war ein gefährliches Unternehmen, eine alpinistische Großleistung für sich gewesen.

Unsere Blicke wanderten nochmals hinauf zu diesem unwirklich schönen Berg, zum »Kolibri-Eisschnabel«, auf dessen Wänden, Flanken und Wächten wir uns fünf Tage und vier Nächte lang mit den ungewöhnlichsten Schwierigkeiten auseinandergesetzt hatten. Jetzt machten wir uns auf den Weg zum Basislager. Der Gegenanstieg auf den Sattel zwischen Lager II und I zog uns das letzte Mark aus den Knochen, doch dann stürmten wir abwärts, dem blauen Bergsee entgegen, der uns ein Stück Heimat geworden war.

Armando, unser braver Lagerwächter, jubelte uns entgegen und schrie in einem fort »Jirishhanca, Jirishhanca...« Die deutschen Kameraden gratulierten uns stürmisch, dann wollten sie uns mit Bier ersäufen. Frau Christa Sturm hatte uns aus Toilettepapier kunstvoll Triumphkränze angefertigt. Wir mußten lachen. Werner strahlte unter seinem riesigen Sombrero mit sonnenverbranntem Gesicht hervor. Felix hingen die Haare ins Gesicht; er war der erste, bei dem das Bier seine Wirkung tat. Bald hatten wir alle einen »schönen Dampf« und konnten uns kaum mehr vom Boden erheben. Kein Wunder, hatten wir doch die letzten fünf Tage ununterbrochen am Berg gekämpft und kaum geschlafen. Am nächsten Tag stellten wir bei Werner einige Erfrierungen fest. Er hatte sich schon im Sommer des vergangenen Jahres in der Matterhorn-Nordwand die Füße angefroren. Auch unsere Hände waren geschwollen und teilweise offen.

Nach einer kurzen Schlechtwetterperiode kamen bald wieder schöne Tage. Wir mußten die Lager I und II abbauen. Auch die Fixseile aus dem hohen Übergang zum Gletscher wurden abmontiert. Zum Abschied, und weil wir uns gut in Form fühlten, bezwangen wir die Kleine Jirishhanca über den Nordostgrat. Ihr stolzer Gipfel ist 5467 Meter hoch. Von einer Durchsteigung der Yerupayá-Nordostwand nahmen wir aus Zeitmangel Abstand. Diese 2000 Meter hohe Wand, eine durchgehende, eindrucksvolle Eisflanke, wurde einige Jahre später von dem Südtiroler Reinhold Messner und dem Österreicher Peter Habeler durchstiegen. Es war die zweite Begehung, nachdem Amerikaner kurz vorher den Durchstieg eröffnet hatten.

Am 6. Juli zog ich mit Felix durch ein einsames Hochtal nach Süden in die Nähe der Steinhütten des Dorfes Huayhuash, von dem das Gebirge den Namen hat. Diese Gegend wird als das Quellgebiet des Amazonas bezeichnet. Nach einem neunstündigen Gewaltmarsch kehrten wir wieder heim. Werner

*Nevado Jirishhanca Chico:
5467 Meter*

war inzwischen in Queropalca, einem kleinen Indiodorf, weit draußen im Tale gewesen und erzählte uns stolz, daß er vom Bürgermeister des Dorfes zu den Gemeinderäten auf die Ehrentribüne gebeten worden war. Eine Schule wurde gerade eingeweiht und unser »Medico« war Ehrengast bei dieser Feierlichkeit. Er eröffnete anschließend gleich seine Ordination mitten auf dem Dorfplatz, zog Zähne und verabreichte Injektionen. Am 10. Juli trieb der Bürgermeister von Queropalca sogar höchstpersönlich seine Schafherde zu unseren Zelten, schlachtete einen Hammel daraus und selchte nach Indioart das Fleisch in einem riesigen Haufen aus Steinen und frischer Erde. An jener Stelle, an der unsere Zelte standen, errichteten wir einen Steinmann und hinterlegten in einer Blechbüchse eine kleine Erinnerungsurkunde: »Österreichische Anden-Peru-Expedition 1966, Mai-Juni-Juli, Jirishhanca – 6126 m.«

Inzwischen waren unsere Mulis und Esel mit ihrer Begleitmannschaft, den trinkfesten Arrieros, angekommen. Am 11. Juli verließen wir unser Basislager, in dem wir sieben Wochen »zu Hause« waren. Mit Wehmut, aber auch mit freudiger Erwartung auf die bevorstehende Rückkehr nach Lima, blickten wir auf die Ostwände der weißen Traumberge zurück, vor allem auf unsere Jirishhanca. Von Pocpa nach Chiquián ging es zu Pferd und per pedes apostolorum munter querfeldein. Am folgenden Tag sollten wir schon um 7 Uhr morgens mit unserem Lastwagen von Chiquián starten. Wir warteten geduldig auf den Fahrer – bis 13 Uhr mittags. Die Leute hatten es nicht eilig, wie überall in diesem Lande. Als uns der Pfarrer mitteilte, daß unser Fahrer noch schnell vor der Abfahrt heiraten mußte, hatten wir für die Verzögerung Verständnis. Endlich ging es los. Im Auto befanden sich außer uns noch eine Schar Indios, lebende Schweine, Ballen von Schafwolle und Körbe mit Kartoffeln. Mit dem uralten Ford 350, der in übergroßer Aufschrift den stolzen Namen »Santo Domingo« trug, gelangten wir nach Barranca. In einem finsteren Hinterhof, inmitten feindselig dreinschauender Menschen, wurden wir vorerst einfach »abgestellt«. Der Fahrer, dem wir unvorsichtigerweise schon vor Antritt der Reise die Fahrtkosten erstattet hatten, weigerte sich, die 200 Kilometer bis Lima weiterzufahren. Er wollte uns einfach ausladen. Wir müßten uns nach einem anderen Auto und einem anderen Fahrer umsehen. Warum sollte schließlich sein »Amigo« nicht auch ein Geschäft machen.

Wir drohten mit der Polizei und mit dem Pfarrer von Chiquián; das schien doch einen Eindruck auf ihn gemacht zu haben, denn um Mitternacht setzte er die Fahrt fort. Ich saß im Führerhaus neben ihm. Er raste dahin, als wollte er einen neuen Streckenrekord aufstellen. Immer wieder aber nickte unser »Jungvermählter« am Volant ein, und der Wagen rasierte die Sandhaufen am Straßenrand, daß mir angst und bange wurde. Jedesmal, wenn ich ihn anschrie, konzentrierte er sich wieder für kurze Zeit auf die Lenkung, als wenn nichts gewesen wäre. Ich unterhielt mich nun ständig mit ihm, um

ihn wachzuhalten. Mein Repertoire war allerdings bald erschöpft. So schien es mir besser, ihn zum Anhalten zu bringen. Am Straßenrand schliefen wir bis 5 Uhr morgens, was die mitfahrenden Indios gar nicht einsehen wollten. Sie hatten scheinbar vollstes Vertrauen zu ihrem Landsmann am Steuer.
Am Morgen stellten wir zu unserer Überraschung fest, daß wir uns mitten in einer Wüste befanden. Kein Haus, kein Strauch, nichts. Die schnurgerade Panamericana verlor sich am Horizont. Zu allem Überfluß hatte sich unser Vehikel eine besondere Überraschung ausgedacht. Wie ein störrischer Esel stand der Oldtimer da und rührte sich nicht. Stundenlang lag unser Chauffeur unter dem Motor und imitierte einen Mechaniker. Wir Passagiere sandten inzwischen Stoßgebete zum Himmel. Da – plötzlich ein schüchternes Klopfen und Pfauchen, dann, es geschehen noch Wunder, erfing sich der Motor und ratterte seine Touren. Gegen Mittag waren wir in Lima, wo unsere Gastgeber bald von unserer Ankunft erfuhren und sich mit uns herzhaft über das glückliche Wiedersehen freuten.
In Lima herrschte buntes Treiben. Nach den Wochen der weltabgeschiedenen Ruhe und Erhabenheit unserer Andenumwelt empfanden wir die emsige Betriebsamkeit der Stadtperuaner beinahe aufreizend. Wir waren hier ein interessanter Mittelpunkt der abenteueraufgeschlossenen Gesellschaft geworden und mußten uns gefallen lassen, herumgereicht zu werden. Vor allem aber wollten wir den uns noch verbliebenen »Urlaubsrest« nützen und uns hier noch ein wenig umsehen. Mit einem Straßenkreuzer flitzten wir 600 Kilometer weit nach Nordperu über die »Traumstraße der Welt« zwischen Wüste und Meer dahin, einer Einladung meines ehemaligen Schulkameraden Günther Sams Folge leistend. Günther hatte uns mit seiner Gattin in Lima aufgesucht, als wir in Peru angekommen waren, jetzt waren wir den Gegenbesuch schuldig. Über die schnurgerade Riesenautostraße ging es vorbei an Fischerdörfern, an grünen Oasen und an riesigen Zuckerrohrhaziendas, immer in Richtung Norden. Schon in wenigen Stunden gelangten wir an das Ziel unserer Reise. Günther empfing uns mit einer Kanonade von Fragen. Wir mußten viel erzählen und erlebten dabei selbst noch einmal alles bis in die kleinsten Einzelheiten.
Von Lima flogen wir zuletzt noch über die Andenkette nach der Urwaldstadt Iquitos am Oberlauf des Amazonas. Einige Wärmegewitter rüttelten unser kleines Flugzeug bedenklich, ehe wir zur Landung ansetzen konnten. Die Indios hausen hier in Booten am großen Fluß. Tausende exotische Tiere warten »versandbereit« in großen Käfigen auf ihren Transport in die Tiergärten der Welt. Mit einem Motorboot ging es am wasserreichsten Fluß der Erde hinunter bis an die Grenze Brasiliens. Nachts glitten wir lautlos mit dem Eingeborenenboot stromabwärts, die Büchse im Anschlag. Eine Krokodiljagd hat zweifellos auch ihren Reiz. Die Indios sind mit ihren Blasrohrpfeilen treffsicher wie Zirkusartisten. Unsere Versuche mit dem Blasrohr waren hingegen kümmerlich. Rasch vergingen die Tage. Die vielen neuen

Eindrücke ließen die Stunden verfliegen, und bald hieß es endgültig Abschied nehmen. Ein letzter Flug über die Cordillera Huayhuash entlang der weiß leuchtenden Andenkette, ein letzter Blick auf unsere Jirishhanca.
Felix, Adi und Werner quartierten sich auf der »Verdi« zusammen mit den Kameraden der deutschen Andenexpedition ein und traten die schöne, aber weite Seereise in die Heimat an. Ich »ging in die Luft« und erlebte einmal mehr, wie klein die Welt geworden ist. In 10.000 Meter Höhe überflog ich die Straße von Gibraltar. Wenige Stunden vorher erst waren wir in Rio de Janeiro gestartet; bald würde die DC 8 am Ziel sein, am Ziel einer Sehnsucht, die eine andere wieder verdrängt. Das Heimweh hatte mich gepackt, so heftig, wie mich immer wieder das Fernweh hinauslockt in die weite Welt des Abenteuers.

Dachstein-Südwand-Direttissima: Mein Geschenk an die Heimat

Es kam mir nie darauf an, möglichst viele Erstbesteigungen zu machen. Die Wiederholung von großen, klassischen Routen im Fels und Eis der Alpen bedeutete mir viel mehr. Eine Tour, die mich immer wieder begeisterte und beglückte, ist der viel begangene Steinerweg durch die Dachstein-Südwand. Er ist eine Route des Schwierigkeitsgrades IV. Kurt Maix nennt sie in seinem Buche »Im Banne der Dachsteinsüdwand« die Himmelsleiter der Steinerbuben. Wann immer ich über diesen herrlichen Felsweg an eisenfestem, grauem Dachsteinkalk zum schönsten und höchsten Gipfel meiner Heimat turnte, lief vor meinem geistigen Auge seine Ersteigungsgeschichte ab, wurden Gestalten und Begebenheiten lebendig und begleiteten mich die fast 900 luftigen Höhenmeter hinauf bis zu dem Gipfel, von dem aus man die ganze Welt überschauen könnte, wenn sie nicht kugelrund wäre. Früher lernten die Kinder in der Schule, daß der Hohe Dachstein 2996 Meter hoch wäre, heute müssen sie 8 Meter dazugeben. Die Landvermesser wollten es so, und der Fremdenverkehrswirtschaft schadet es auch nicht. Der Hohe Dachstein ist aber auf jeden Fall, so oder so, der höchste Berg der Steiermark, und weil er ein Grenzberg ist, auch der höchste Berg von Oberösterreich. Die steirische Seite ist die steile und felsige, die oberösterreichische die flache und kältere, die vergletscherte.

Mit ihren 900 Metern Höhe ist die Dachstein-Südwand eine der höchsten Felswände der nördlichen Kalkalpen, ja der Ostalpen überhaupt. In geschlossener Formation ist eine ganze Reihe stattlicher Gipfel aneinandergefügt wie ein Riesenwal: im Osten die Scheichenspitze, der Koppenkarstein, der Hunerkogel, das Hohe und Niedere Dirndl, im Westen der Torstein und die Mitterspitze. In der Mitte, alle anderen überragend, der Hohe Dachstein. Die Landesgrenze zwischen der Steiermark und Oberösterreich verläuft entlang dieser Gipfelkette. Wer diese Wände kennt, wird sich nicht wundern, daß besonders die Dachstein-Südwand schon seit jeher im Mittelpunkt des Interesses der Kletterer stand. Im Jahre 1901 wurde die Wand erstmals an ihrer schwächsten Stelle bezwungen. Die Erstbesteiger, E. Pichl, E. Gams und F. Zimmer, stiegen in halber Höhe des Ostgrates zwischen dem Gletscher bei der Dachsteinwarte und dem Hauptgipfel aus der Wand. Der sogenannte Pichlweg war geboren; er ist bis heute ein beliebter Klettersteig des III. Schwierigkeitsgrades geblieben. Noch aber fehlte eine direktere Route zum Gipfel, ein Durchstieg durch den zentralen Teil der großen Wand. Am 22. September 1909 eroberten schließlich die beiden Ramsauer Berg-

D

führer Georg (»Irg«) Steiner und sein Bruder Franz einen neuen Durchstieg. Sie fanden den idealen Weg zum Gipfel. Eine großartige Leistung für die damalige Zeit. Noch heute erfreut sich die Steiner-Route allergrößter Beliebtheit. Damit war jedoch die Erschließungsgeschichte noch nicht abgeschlossen. Im westlichen Wandteil wurde die »Goedel-Steiner-Führe« eröffnet, ein direkter Einstieg zum Steinerweg und ein direkter Gipfelausstieg gefunden, der Steinerweg also begradigt. Alle diese Routen konnten noch durchwegs in freier Kletterei bewältigt werden. Die Himmelsleiter der Steinerbuben aber war und blieb die klassische Südwandführe.

Zwischen Steiner- und Pichl-Route befindet sich ein gewaltiger gelber Wandausbruch. Direkt in der Gipfelfallinie leuchtet das gelbe und rötliche Bruchgestein weithin und gibt der Südwand ihr charakteristisches Aussehen. Oft und oft betrachtete ich diese Wandzone, wenn ich über den Steinerweg aufstieg. Wann und wie war es wohl zu diesem gigantischen Felssturz gekommen?

Im Winter stand ich einmal mit Freunden und Bekannten bei der Dachsteinwarte am Gletscher und erzählte ihnen etwas über die Südwandwege. »Dort geht also die Steiner-Route hoch«, meinte fachkundig einer meiner Begleiter und wies mit dem Schistock mitten in den Wandausbruch hinein. »Nein«, klärte ich ihn auf, »die Steiner-Route geht weiter links hinauf, durch diese verschneiten Kamine dort.« »Und dort, wo die Wand am steilsten ist, Leo, dort, wo es fast keinen Schnee gibt, welche Route führt denn dort zum Gipfel?« »Dort führt überhaupt nichts hinauf, mein Lieber, dort scheint's sehr brüchig zu sein und stark überhängend. Schaut's euch nur die rotgelben Felsen an, das sagt doch alles.« Meine Antwort schien überzeugend gewesen zu sein, denn das Frage-und-Antwort-Spiel hatte ein Ende. Am Abend dann, zu Hause, stellte ich mir selbst noch einmal diese Frage. »Warum geht eigentlich dort durch diese rotgelbe Bruchwand keine Route zum Gipfel?« Als ich nach einer unruhigen Nacht frühmorgens aufwachte, war es, als hätte ich von einem Durchstieg geträumt, aber ich mußte wohl etwas Unrechtes am Abend gegessen haben, sonst wäre ich gewiß nicht auf einen solchen »Traum« gekommen. Da ich mich in dieser Zeit mit einer bevorstehenden Karakorum-Expedition auf einen unerstiegenen Siebentausender beschäftigte, war mir der gelbe Wandausbruch in der Dachstein-Südwand auch nicht mehr länger im Magen liegen geblieben. Bis ich dann einmal mit einem Hubschrauber über den Dachsteingipfel flog, hoch über den Windlegergrat zum Torstein ritt und dann wieder zurück zur Dachsteinsüdwand. Ist der Blick vom Gipfel in die Südwand schon eine aufregende Sache, so kann einem ein Flug mit dem Turbinenstuhl fast das Herz zum Stocken bringen, wenn man so unvermittelt über dem Gipfel heranschaukelt und dann plötzlich den Boden unter den Füßen verliert. Gut 1000 Meter tiefer liegt der Wandfuß, von dem sich kühn die Dachsteinschlucht, der gelbe Ausbruch, aufwirft. »Donnerwetter!« Zu mehr reichte es bei mir vorerst nicht.

Dachstein-Südwand-Direttissima: VI+, A 3 (Schlömmer-Route)
— = Route (sichtbar)
... = Route (nicht sichtbar)
D = 50-Meter-Dach (Schlüsselstelle)

Seit diesem Tage begann ich mich aber intensiv mit dem Riesenüberhang, der den Ausbruch nach oben abschließt, zu beschäftigen, denn bei einem allfälligen Durchsteigungsversuch müßte man, würde man..., nicht auszudenken! Wie weit hängt er wohl über? Hätte man überhaupt eine Chance, mit modernen Hilfsmitteln ein vielleicht 40 oder 50 Meter ausladendes Dach zu übersteigen? Noch kein Bergsteiger hat sich je dort hineingewagt. Brechen nicht beim ersten festen Hingreifen Kubikmeter von Fels und Schotter aus der Wand und reißen alles mit in die Tiefe? Gewiß wurden in weniger hohen Wänden äußerst schwierige Routen eröffnet und mit künstlichen Hilfsmitteln bezwungen, wie zum Beispiel in den Nordwänden der Drei Zinnen, die Dachsteinwand ist jedoch nahezu doppelt so hoch. Hier kann man nicht mit einem Versorgungsseil Lebensmittel, Haken und Ausrüstung nachziehen. Die Wand ist zu hoch, ihre Gliederung zu problematisch. Die Dachkante des Wandausbruches dürfte sich an die 700 Meter über dem Wandfuß befinden, und dort oben würde die letzte Entscheidung fallen. Obwohl die Hauptschwierigkeiten gewiß hakentechnischer Art sein würden, müßte die Route doch mehr oder weniger im klassischen Stil bezwungen werden. Der Nachschub zu den gelben Überhängen und das zwischendurch notwendige Abklettern zum Wandfuß würden eine Bergfahrt für sich sein. Wenn die sommerlichen Gewitter über die Wand hereinbrechen, wenn Stein- und Eisschlag in den Ausstiegskaminen toben, oder wenn nach einem Wettersturz der Fels mit einer Eisglasur überzogen ist, wird es dann überhaupt noch einen Weiterweg geben? Man kann nicht tagelang dort oben ausharren, wenn der Proviant zu Ende gehen sollte oder ein Kamerad verletzt wäre. Eines war mir klar: Dieses Problem konnte man nicht beim ersten und auch nicht beim zweiten Versuch lösen. Solche Fragen und Sorgen gingen mir im Kopf herum. Daß ich die meisten großen Felsfahrten am Dachstein und im Gesäuse schon kannte, mochte zu meinem Entschluß beigetragen haben, einen neuen, großen, abenteuerlichen Weg auf den schönsten und höchsten Gipfel meiner Heimat zu suchen und ihn ihr zum Geschenk zu machen.
An einem Wintertag des Jahres 1965 lernte ich am Tauplitzer Linzerhaus »Steiks« kennen. Steiks war sein Spitzname, und erst viel später, als wir in den Überhängen der Dachstein-Südwand hingen, sagte er mir so nebenbei seinen vollen Namen: Herbert Steinbäcker. Er erzählte mir damals von seinen Klettertouren, von der berüchtigten Schinko-Verschneidung am Torstein, und ich staunte nicht wenig darüber. Auf den ersten Blick hätte ich ihm diese schwierigen Klettereien wohl nicht zugetraut. Seine lustigen Augen glänzten, als er mir zu verstehen gab, daß er auch einmal mit mir eine Tour machen möchte. »Warum nicht?« Für mein neues Vorhaben würde es bei Steiks vielleicht nicht reichen, dachte ich bei mir, denn dafür kam nur ein Mann in Frage, der viel Zeit hatte – wir würden in diesen Überhängen Tage verbringen müssen –, der mit einer Riesenbegeisterung ans Werk ging und vor allem ein ausgezeichneter Kletterer mit kompromißloser Härte

war. Vorsichtig fragte ich ihn: »Hast du auch Zeit für eine längere Tour?« »Soviel ich brauche, ich bin ja freischaffender Hausl am Linzerhaus, und der Franz läßt mich jederzeit weg«, war kurz und bündig seine vielversprechende Antwort. Ein Hausl ist ein Mann, oder besser ein »Mädchen für alles«, dem alles zufällt, was zu tun ist. Er ist Handwerker, Kellner, Träger oder Babysitter, alles in einer Person.

Mit dem extremen Bergsteigen hat Steiks inzwischen längst wieder aufgehört. Sein Humor und sein unerschöpfliches Repertoire an Witzen hat ihn zu einem gefragten »Alleinunterhalter« bei Sommerfesten, in Bierzelten und bei Touristenveranstaltungen werden lassen. In die Berge geht er schon noch, aber auf leichteren, gefahrlosen Wegen. Man sagt, die vielen harten Stunden, die er mit mir in der Dachstein-Südwand verbracht hatte, hätten ihm den Geschmack am extremen Bergsteigen verdorben. Also dieser Steiks hatte Zeit, so viel er brauchte, und einen guten Humor; den müßte er wohl auch haben, wenn er sich zu einer Partnerschaft für die Dachsteinwand entschließen wollte. Ich fragte ihn, ob er Lust hätte. »Mensch, Leo, zwischen Steiner- und Pichlweg – glaubst, ist das möglich? Angschaut hob i mas scho amol; des moch ma, des is a Soch.« Steiks war Feuer und Flamme.

An einem Julitag des Jahres 1965 stiegen wir mit Riesenrucksäcken in die Wand. Noch in der Dunkelheit querten wir von der Dachstein-Südwandhütte über die Schutthalden zum Einstieg. Im Rucksack hatten wir neben der bergsteigerischen Ausrüstung, die ich sorgfältig zusammengestellt hatte, Proviant für drei bis vier Tage und einen alten Benzinkocher. Den unteren, leichteren Teil der Wand, bis zum Ende des sogenannten Salzburger-Bandes, bestiegen wir über den Steinerweg. Seilfrei kletterten wir über die Steiner-Route bis zum Dachl-Giebel. Bis jetzt war ich mit Herbert zufrieden, er war kräftig und kletterte gewandt und sicher. Die Sonne schien schon früh in die Südwand hinein; wolkenloser Himmel, so weit das Auge reichte. Eine Menge Schnee lag damals im Juli noch in der Wand, und mit den ersten wärmenden Sonnenstrahlen begannen die vielen kleinen Schmelzwasserfälle über uns herzufallen. Vom Ende des Salzburger-Bandes führt der Steinerweg nach links, während wir nach rechts um eine stumpfe Ecke mußten. Ich schlug einen Sicherungshaken und kletterte am festen grauen Fels 5 Meter schräg abwärts zu einer nach rechts ansteigenden Leiste, über die ich in eine wasserüberronnene Rinne gelangte. Unsere Route hatte mit dieser Seillänge begonnen. Ich schlug einen nagelneuen Cassin-Haken in das Wasser und in den morschen Fels darunter, und mein Kamerad konnte nachkommen. Über uns ragte rotgelbes Neuland mit riesigen Überhängen in den Himmel.

Wir befanden uns ungefähr in der Fallinie des Dachsteingipfels. Noch 500 Meter unerforschte Wand lagen vor uns. Nachdem ich eine Steilstufe von 10 Meter überklettert hatte, kam ich zu einem markanten Schnee- und Eisfeld, das wir schon von unten gut hatten sehen können. Aus dem wolkenlosen Himmel fielen Wassertropfen. Ein Sonnenregen? Nein! Die Wassertropfen kamen von der Dachkante des gelben Überhanges, über den unser Durchstieg führen sollte. Wir schätzten, daß das Riesendach an seinem Abschluß wohl an die 50 Meter aus der Wand hinausragte. Weiter ging's über das kleine Schnee- und Eisfeld, über dem ich Sicherungshaken in den Fels schlug, um für den Fall eines Rückzuges im Wettersturz rascher und sicherer vorwärts zu kommen. Fünf Seillängen kämpften wir uns empor, wobei wir immer näher an die Überhänge herankamen. Diese Seillängen, die man hier unten in den Wandausbruch hineinklettert, muß man später in den Überhängen in verkehrter Richtung wieder hinausturnen. Herbert hatte während der ganzen Zeit mit großer Gewissenhaftigkeit meine Sicherung übernommen. Ein guter Seilzweiter ist ebenso wichtig wie der Führende, wenn er auch nicht das große Risiko eines möglichen Absturzes zu tragen hat. Durch das Riesendach waren wir gegen Steinschläge geschützt.

Als die Sonne hinter der großen Kante der Südwand verschwand, fanden wir einen guten Biwakplatz. Bevor es ganz dunkel wurde, bezwang ich noch einen überhängenden Wulst mit Hilfe einiger Haken und Holzkeile und fixierte ein Seil, über das ich mich wieder zu Herbert hinunterließ. Dann kochten wir Suppe und Tee und genossen unser Abendbrot. Da wir sehr müde waren, schliefen wir auf unserem harten Lager bald ein.

Am frühen Morgen überwand ich den vorpräparierten Überhang endgültig und stand bald in einem frei zu kletternden Kamin, der sich oben in den Überhängen verlor. Nur drei Haken halfen mir auf diesen schwierigen 30 Metern. Zeitraubend war das Nachziehen des Materials, der schweren Rucksäcke und des 5-Liter-Wasserkanisters. Die Standplätze mußten mit guten Haken gesichert werden. Leichter als erwartet ging es zu einer schon von unten erkennbaren kleinen Höhle hinauf. Wir freuten uns über diesen Biwakplatz, obwohl die Höhle sehr steil und der Fels brüchig war. Nur am äußersten Rande fanden wir für uns zwei einen geeigneten Sitzplatz für die kommende Nacht. Da es zum Schlafen noch etwas zu früh war, verbiß ich mich noch ein paar Stunden lang in die überhängende Fortsetzung unseres Weges. Am Abend seilte ich mich zur Höhle zurück. Auch in dieser zweiten Freinacht konnten wir so leidlich schlafen.

Am nächsten Morgen machte uns der Weiterweg Kopfzerbrechen. Gerade hinauf über den völlig überhängenden rotgelben Bruch? Für Haken, Holzkeile und Bohrhaken gab es dort keine Verwendung, denn was man auch anfaßte, es blieb einem in der Hand. So versuchte ich, nach rechts auszuweichen und eine Seillänge höher wieder nach links unter die Dächer zurückzugelangen. Von Herbert gut gesichert, begann ich, diesen Plan auszuführen. Gleich von den ersten Metern weg mußte ich die Haken mit allen Raffinessen in Löcher und Ritzen schlagen. Der Fels hing ziemlich stark über. Auf dem Schneefeld tief unter uns konnte ich noch unsere Anmarschspuren deutlich erkennen. Jeder zweite Griff blieb mir in der Hand. Es war allergrößte Vorsicht geboten.

Nevado Jirishhanca Grande
Wächtengrat zum Gipfe

Wieder einmal hing ich an einem schlechten U-Haken und keuchte: »Paß jetzt gut auf!« »Ist in Ordnung«, kam es zurück. Das nächste Mal verzichtete ich auf dieses Aviso, weil ich annahm, daß der Haken, an den ich mich hing, die Last ohne weiteres tragen würde. Plötzlich spürte ich keinen Fels mehr vor meinem Körper, ich fand mich 6 Meter tiefer, frei im Seil hängend, gut 1,5 Meter von der Wand entfernt. Da hatten wir die Bescherung. Herbert konnte diesen Sturz zwar auffangen, aber ich mußte zusehen, wie ich wieder an den Fels herankam. Der Freund sah ziemlich verdutzt drein, aber auch mir war nicht gerade zum Lachen. Da es schon gegen Mittag ging und mir der Sturz doch etwas von meinem Selbstvertrauen genommen hatte, schaukelte ich mich zu Herberts Standplatz zurück. Wir wollten ohnehin aus der Wand. Meine Hände waren aufgeschürft, und unser Getränkevorrat war erschöpft. Das Material wurde für den nächsten Versuch zurückgelassen. Teilweise seilten wir uns ab, den größten Teil aber kletterten wir ab und gelangten so verhältnismäßig bald an den Fuß der Wand auf festen Boden.

Einige Tage nach diesem Dachsteinausflug fuhr ich mit meinen Kameraden Felix, Werner und Adi in die Mont-Blanc-Gruppe. Wir trainierten dort für die bevorstehende Andenexpedition. Ich ließ sie aber dann allein zum Matterhorn weiterreisen, denn mich zog es zum Dachstein. Wieder stieg ich mit Herbert in die Wand, mit schweren Rucksäcken beladen. Diesmal wollten wir bis vier Tage in der Wand bleiben. Beim Schneefeld unter dem gelben Wandausbruch füllten wir die Kanister mit Schmelzwasser. Das Nachziehen des Gepäcks war zeit- und kraftraubend. Erst in den späten Nachmittagsstunden erreichten wir den Scheitelpunkt unseres ersten Versuchs. Am Eingang der großen abschüssigen Höhle schlugen wir unser Biwak auf. Anderntags wollten wir dort weitermachen, wo ich vor einigen Wochen gestürzt war. Die Lichter im Tale erloschen erst gegen Mitternacht. Von Zeit zu Zeit krachte es irgendwo in der Wand. Steinschlag!

Der nächste Tag sah uns wieder im »Neuland«. In diesem weißgelben Gestein hätte man gut daran getan, ein Maurergewand zu tragen. Wir sahen aus, als würden wir in einem Gipsbruch klettern. In einer »haarigen« Freikletterstelle war ich gezwungen, einen Bohrhaken zu schlagen. Ich hing verspreizt wie eine Spinne in einer flachen Verschneidung, unter meinen Füßen bröckelte der Fels ab und schlug Hunderte Meter tiefer im Kar auf. »Herbert, paß jetzt wieder sehr gut auf!« schrie ich zum Kameraden hinunter, der unter mir in der Höhle saß und sicherte. Es galt, einen Höcker zu überwinden, der aus dem Überhang herausragte und nur eine kleine Ritze für einen Haken bot. Doch die Kraft in den Armen verließ mich, noch ehe ich mit dem Hammer den Kletterhaken fixieren konnte, und ich mußte wieder zurück. Noch einmal versuchte ich es, hielt mich mit der linken Hand an einem winzigen Griffchen, faßte den Hammer und schlug zuerst vorsichtig einmal, zweimal, nur nicht zu fest, um ja den Fels nicht zu erschüttern; dann gab ich ihm mit letzter Kraft zum Abschluß noch einen festen

Nevado Jirishhanca Grande: »... immer wieder mußten wir abseilen«

»Deuter«. »Wenn jetzt der Block nicht in die Tiefe saust und ich mit ihm, dann haut die Sache hin«, dachte ich mit angehaltenem Atem in gespannter Erwartung. Der Haken hielt, der Felsblock auch. Rasch den Karabiner hinein, das Seil, die Steigschlinge, und schon baumelte ich frei in der Luft unter dem Überhang. Gewonnen! Ich rastete ein wenig.
Wieder brachte ich einen Haken an, dann einen Holzkeil mit einer Schlinge, doch das Seil wollte nicht mehr nachkommen. Ich schrie zu Herbert: »Seil nachlassen!« – »Ist ja ganz locker«, hörte ich von ferne seine heisere Stimme. Nach äußerst schwierigen 8 Metern erreichte ich eine kleine geneigte Plattform. Wie ein Schiffbrüchiger, der dem stürmischen Meer mit letzter Kraft entronnen war, rettete ich mich dorthin. Ich lag keuchend oben, die Kehle ausgetrocknet, die Hände zerschunden. Die feinen, weißen Staubkörner brannten mir in den Augen. Diese Seillänge war neben dem großen Abschlußdach die überhängendste auf der ganzen Tour. Als ich wieder zu Atem gekommen war, schlug ich sogleich mehrere gute Standhaken in die zahlreichen Risse dieser schrägen Platte. Nun zog ich die beiden schweren Rucksäcke zu mir herauf.
An diesem Tage hatte ich 30 Meter Neuland erobert. Herbert schien wie ausgewechselt, als er nach einiger Zeit neben mir auf dieser Leiste hockte. Sein Humor schien ihm irgendwo am Überhang abhanden gekommen zu sein. Er war der ernsteste Steiks, den es je gab. Und jetzt noch dieser luftige Biwakplatz. Die Höhle da unten wäre ein Himmelbett dagegen, dachte er gewiß. Mit viel Geschick bereitete er auf dieser schiefen Ebene einen Kaffee am Benzinkocher. Ich wälzte mich in meine Hängematte, deckte mich zu und erwartete guter Dinge die Nacht. Herbert behalf sich, so gut es ging, mit seinem schmalen Sitzbrett. In der Nacht mußte ich eine Schimpfkanonade mit anhören, die Herbert über diesen scheußlichen Biwakplatz losließ. Am Morgen waren unsere Glieder steif und verrenkt.
Gleich oberhalb unseres Nachtlagers setzte eine markante Verschneidung an, die uns den Weiterweg ermöglichen sollte. Sie war nicht mehr so überhängend wie die gestrige Seillänge, die schon unter uns lag, aber doch auch nicht ganz ohne. Es gab zwei Möglichkeiten: entweder durch die brüchiglehmige Verschneidungsrinne oder über eine völlig ungegliederte Platte, die man wohl nur mit einigen Bohrhaken überlisten konnte. Ich entschloß mich aus Gründen der Sicherheit für die »härtere« Variante und meißelte einige Stunden lang kleine Löcher in den harten, verwitterten Kalk, in die ich dann zentimeterweit die Expansionshaken eintrieb.
Freude machte mir diese Art des Kletterns nie, ich habe künstliche Hilfsmittel immer abgelehnt, solange es nur irgendwie mit freier Kletterei ging. Haken habe ich auch nie zur Erleichterung des Aufstiegs geschlagen, sondern eben nur dann, wenn es eine andere Möglichkeit für die Überwindung einer Wandstelle für mich nicht mehr gab, und selbst dann versuchte ich immer noch, ein Verhältnis herzustellen zwischen dem künstlichen Aufwand und

Dachstein-Südwand-Direttissima: Schlömmer auf der Leiste vor der schrägen Platte

der Route selbst, ihrer Bedeutung, ihrem sportlichen oder landschaftlichen Reiz und ihrem Ziel. Sie mußte in ihrer Gesamtheit eine solche List rechtfertigen, nur dann war ich bereit, eine Unterbrechungsstelle, die anders nicht zu bezwingen war, mit künstlichen Hilfsmitteln aufzuschließen. Gewiß, ich war oft und oft Wege nachgegangen, deren Erschließer meiner Meinung nach zu sehr »gekünstelt« hatten, aber es hätte mich nie gereizt, einen Felsweg durch eine Wand zu eröffnen, von dem ich annehmen mußte, daß er von vornherein nur mit Bohrhaken zu »vergewaltigen« war. Etwas anderes scheint mit das Klettern mit gewöhnlichen Felshaken zu sein, mit denen man naturgegebene Verhältnisse und Strukturen ausnützt. Zu den Bohrhaken bekenne ich mich ausschließlich nur dann, wenn ein großes Ziel, ein schöner, lohnender Durchstieg, an einer oder wenigen Stellen scheitern müßte, könnte man diese künstlichen Hilfsmittel nicht verwenden.
Oft dachte ich in diesen Stunden darüber nach, ob nicht vielleicht alles umsonst, die ganze Anstrengung vergeblich sein würde. Ich konnte mir kein rechtes Bild machen, wie es über dem großen Abschlußdach weiterging. Diese Ungewißheit war bedrückend, zugleich aber steigerte sie die Erwartung und Neugierde und damit auch die Angriffslust. Glatter und überhängender Fels hielt uns gefangen. Beängstigend klein war die Tagesleistung: nur 10 bis 12 Meter Fels hatten wir dem Berg abgerungen. Wieder biwakierten wir an der abschüssigen Felsleiste, auf der wir schon die letzte Nacht verbrachten. Herbert kam überhaupt den ganzen Tag nicht von diesem Fleck weg, und jetzt mußte er auch noch eine ganze lange Nacht dort verbleiben. »So etwas nennt man Bodenständigkeit«, scherzte ich. Am nächsten Tag erreichte ich rasch das Ende jener Stelle, die ich mit Bohrhaken aufgeschlossen hatte. In überwiegend freier Kletterei gelang es mir hernach, 30 Meter senkrechten Fels zu erobern. Inmitten der gelben, überhängenden Felsen tat sich ein kleines rundes Loch auf, gerade so groß, daß ein Mensch hineinkriechen kann.
Und was sahen unsere Augen? Das Loch erweiterte sich zu einer bequemen Höhle, in der man aufrecht stehen konnte. Ein kleines Wunderwerk. Es war das schönste Geschenk, das uns an diesem Tag beschert wurde. Überall waren im Scheine unserer Taschenlampen Tropfsteingebilde zu erkennen und kleine Bergkristalle. Wir ebneten den Boden der Höhle und zogen unsere Rucksäcke herauf. Noch am Abend arbeitete ich mich über eine überhängende Felskante hinauf. Die kleinen Haken mußte ich mit Holz auskeilen, damit sie der Belastung standhielten. Eine verhältnismäßig leichte Seillänge führte weiter unter das Abschlußdach, das in einer großen Linksquerung zu erreichen war. Da sich für diesmal schon wieder der Abend ankündigte, kletterte ich zurück zu unserer romantischen Höhle, in der es zwar zog wie in einem Vogelhaus, was uns dann auch bewog, ihr den Namen »Gichthöhle« zu geben, die aber in der ungeheuren Ausgesetztheit dieser Felsmauer zu einem Hort der Sicherheit und Bequemlichkeit wurde.

Dachstein-Südwand-Direttissima: Aufstieg zur »Gichthöhle« vor dem großen Überhang

Wir waren froh, als auch diese Nacht ein Ende hatte. Die »Gichthöhle« hatte ihre Wirkung nicht verfehlt. Wir ächzten und stöhnten wie müde Greise, als wir uns wieder kletterbereit machten. Diesmal ging es aber nach unten. Proviant und Wasser waren zur Neige gegangen. Außerdem waren wir vom tagelangen Kampf mit den Überhängen völlig ausgebrannt. So gestaltete sich auch der Abstieg noch äußerst unangenehm und beschwerlich. Wir mußten alles an Haken abklettern, Meter für Meter. An ein Abseilen war nicht mehr zu denken. Die Wand hängt viel zu sehr über. Nach stundenlanger Kletterei erreichten wir am späten Nachmittag den Wandfuß, von wo wir uns zur Südwandhütte schleppten. Fünf Tage und vier Nächte waren wir in der Wand gewesen. Nur drei Seillängen hatten wir erobert, aber das schwere Material lag für den endgültigen Durchstieg unter dem Abschlußdach, der Schlüsselstelle der Route. Im Bergführerraum der Dachstein-Südwandhütte trockneten wir am warmen Ofen unser nasses Zeug, tranken heißen Tee und freuten uns auf den erquickenden Schlaf in einem weichen, warmen Bett. Im Geiste aber waren wir noch immer in der Wand, die uns auf Herz und Nieren geprüft hatte.
Minna, die Kellnerin, der gute Geist der Südwandhütte, nahm sich in liebevoller Weise um uns an. Welcher Südwandgeher kennt sie nicht? Sie ist am Abend die letzte und am Morgen, wenn es gilt, das nächtliche Frühstück für die Steinerweggeher zu bereiten, die erste. Um 10 Uhr abends ist Hüttenruhe. Wehe, es hält sich einer nicht daran! »Ruhe! Die Bergsteiger müssen schlafen, sie gehen morgen früh in die Wand!« läßt sich Minna dann lautstark vernehmen. Sie weiß auch über alle Routen in den Wänden Bescheid, über alle Varianten und Verhauer, und man könnte meinen, sie hätte alle Südwand-Wege auch schon selbst durchstiegen. Bei aller Liebe und Begeisterung zu den Bergen ist sie jedoch dem Nervenkitzel steiler Kletterwege stets ausgewichen.
Peter Perner, der junge, blonde und kräftige Hüttenwirt, Bergführer wie sein Vater, hörte uns aufmerksam zu, als wir ihm von unseren Erlebnissen in der Wand erzählten. So beiläufig meinte er zuletzt: »S'ischt a ganz pfundige Sach!« Herbert hatte die Freude an dieser neuen Südwandroute verloren. Er wünschte mir noch alles Gute und versprach, mir die Daumen zu halten, aber wenn möglich aus sicherer Entfernung. Inzwischen würde er sich wieder um eine »ordentliche« Arbeit umschauen. Ich verdanke ihm viel und konnte seinen Entschluß gut verstehen. Er hatte seinen Teil dazu beigetragen, daß diese Route überhaupt bezwungen werden konnte. Ich mußte mich nun aber nach einem anderen Partner umsehen. Zu meiner großen Freude fand ich ihn bald: Peter Perner war sofort Feuer und Flamme.
Ende September stiegen wir noch einmal in die Wand. In einem Zug gelangten wir bis hinauf zur »Gichthöhle«. Proviant, Ausrüstung und Wasser wurden aufgezogen. Von Peter gesichert, bezwang ich am folgenden Tag mit Haken und teilweise in freier Kletterei die gelben überhängenden Wand-

stufen bis zum Beginn des Abschlußdaches. An der Dachkante hingen schon Eiszapfen, denn im September sind die Nächte in dieser Höhe schon kalt. Am Ende des »gelben Querganges«, wie wir diese Passage tauften, halfen mir drei Bohrhaken, im großen Dach Fuß zu fassen. Dann räumte ich einige lose Felsschuppen mit dem Kletterhammer ab. »Wird das Wetter halten?« war die bange Frage, die ich mir angesichts des langsam heraufziehenden Nebels stellte. In äußerst schwieriger Kletterei konnte ich dem großen Dachüberhang noch einige Meter abringen, Haken schlagen und einen riesigen Holzkeil verankern, dann überfiel uns eine Dunkelheit wie vor einem Wettersturz. Nebelfetzen jagten über die Wand und hüllten uns ein. Es war zwar erst 15 Uhr, aber schon so dunkel, daß an ein Weiterklettern nicht mehr zu denken war. Der Nebel legte sich feucht und kalt auf unsere Kleider und machte den Fels glitschig. Zur Umkehr entschlossen, arbeiteten wir uns hinunter zur »Gichthöhle«, in der wir dem Morgen erbärmlich entgegenfroren. Am nächsten Tag verhüllte immer noch dichter, grauer Nebel die Welt um uns. Bald mußten Regen und Schneefall einsetzen. Wir ahnten schon, daß ein Wettersturz die lange Schönwetterperiode nun beenden würde. Daher hieß es, so schnell wie möglich aus der Wand zu flüchten, bevor die Falle zuschnappte. Der Rückzug begann. Von der brüchigen Schlucht weg mühten wir uns die schon völlig vereiste Südwand über ein Verbindungsband zum Ausstieg der Pichl-Route hinüber. Auf der sogenannten Dachsteinschulter überfiel uns ein eisiger Schneesturm aus Nordosten. Die Schneeschauer jagten uns ins Gesicht, als wir über den frisch verschneiten Gletscher zur Hunerscharte abstiegen. Müde und enttäuscht erreichten wir gegen Abend die Südwandhütte. Dieses Jahr gaben wir jeden weiteren Versuch auf. Drei Tage Wand, zwei Biwaks und nur 15 Meter dazugewonnen, das war eine wenig ermunternde Bilanz. In meinem Tagebuch vermerkte ich: »Wegen Wettersturz Rückzug aus der vereisten Wand.«
Im Jahr darauf leitete ich eine Expedition in die Peruanischen Anden, und Peter ging seinem Berufe als Hüttenwirt und Bergführer nach. Die neue Südwandroute blieb vorläufig unangetastet. Aber im Juli 1967 war es wieder soweit. Dieses Mal müßte es gelingen, über den großen Überhang hinwegzukommen.
Mit Peter und dem Heeresbergführer Dieter Ertl aus Leoben ging es über den unteren Teil des Steinerweges hinein in den rotgelben Wandausbruch. Es lag noch viel Schnee auf den Bändern der Südwand. Als wir am Beginn der großen Steilstufe, die zu dem markanten Schneefeld in der Wandmitte führt, beisammen standen, donnerte und krachte es plötzlich über uns. Verbissen klammerten wir uns an einen kleinen Felshaken, an den einzigen übrigens, den wir hier geschlagen hatten. Mit fürchterlicher Gewalt fegte eine Lawine heran. Der Luftdruck riß uns fast um, aber wir hatten Glück. So schnell wie dieser Spuk über uns hereingebrochen war, war er auch wieder vorbei. »Eine freundliche Begrüßung«, meinte Dieter sarkastisch. Als wir an

diesem Nachmittag die »Gichthöhle« erreichten, mußten wir feststellen, daß unsere Ausrüstung, die wir vor zwei Jahren hier zurückgelassen hatten, von dickem Schimmel überzogen war. Dohlenmist lag am Eingang der Höhle. Wild kreischten die schwarzen Vögel über uns in der Luft, als würden sie sagen: »Seid ihr auch schon wieder da? Was wollt ihr denn da heroben, das ist doch unser Unterstand bei Schnee und Regen!« Peter und Dieter blieben die Nacht über hier, während ich noch am gleichen Abend eine Seillänge höher kletterte, bis zum Beginn des gelben Querganges. Dort spannte ich mein luftiges Bett, die Hängematte, auf und erwartete allein die Nacht. Bei Einbruch der Dunkelheit ging ein fürchterliches Gewitter über die Dachstein-Südwand nieder. Die ganze Nacht schüttete es, wir aber waren ja durch Überhänge geschützt. Blitze zuckten über uns und erleuchteten die großartige Szenerie taghell. Erst nach Mitternacht verstummte das Donnergrollen drüben in den Schladminger Tauern. Ich konnte endlich einschlafen. Am nächsten Morgen brachte mir Peter heißen Tee zu meinem luftigen Biwakplatz herauf. Dieter blieb allein in der »Gichthöhle« zurück. Nun versuchte Peter, dem Riesendach ein Stück abzuringen. In sechs Stunden erkämpfte er sich etwa 10 Meter des drohenden, abweisenden, überhängenden Felsens, dann war es mit seiner Begeisterung vorüber. Er kletterte zurück. Wieder wurde biwakiert. Peter stieg zu Dieter hinab in die Höhle. Ich bezog zum zweitenmal meine Hängematte, denn am nächsten Tag wollte ich gleich in aller Frühe weitermachen. Außerdem wäre die Höhle für drei Mann ohnehin zu klein gewesen. Am späten Nachmittag bemerkten wir, daß das Vieh auf den Almen am Fuße der Wand ängstlich unter die großen Bäume flüchtete. Ein untrügliches Zeichen, daß wieder ein Gewitter im Anzug war. Eine Stunde später blitzte und donnerte es schon, das Schauspiel vom Vortag wiederholte sich. Dichter Nebel hüllte uns ein.
Auch der folgende Tag brachte keine Wetterbesserung. Das Gewitter schien in einen Landregen übergegangen zu sein. Über die Dachkante des Überhanges, über die unser luftiger Weg führen sollte, schoß das Wasser herab. Den ganzen Tag waren wir zur Untätigkeit gezwungen. Zwar hätten wir dem Überhang trotz des Regens, der uns darunter ja nicht erreichte, ein Stück ablisten können, aber wir verzichteten darauf, denn mit jedem Meter wurde das Zurückklettern problematischer. Und wenn einmal der erste sich über der Dachkante befunden hätte, wäre ein Zurücksteigen überhaupt unmöglich gewesen. Auf Gedeih und Verderb hätten wir uns zum Gipfel durchkämpfen müssen. Bei diesem Wetter wären wir aber in den lotrechten grauen Kaminen, die zum Gipfel führen, ersoffen oder von herabstürzenden Steinen erschlagen worden. Wieder wurde es Abend. Peter, bei Dieter in der Höhle, ich allein oben am schmalen Quergang.
Der folgende Tag, der vierte in der Wand, war grau und kalt. An ein Weiterklettern war wieder nicht zu denken. Früh am Morgen kletterte ich hinunter zu den »Höhlenbewohnern«. Dieter und ich hatten uns vor drei Tagen zum

letztenmal gesehen. Er war während dieser Zeit nicht einen Schritt aus der Höhle herausgekommen. Wir entschlossen uns angesichts dieses Hundewetters zum Rückzug. Stunden später erreichten wir völlig durchnäßt, mit zerschundenen und aufgeweichten Händen, die Dachsteinwarte. Vier Tage, drei Biwaks, 10 Meter Überhang erobert, so lautete unser negativer Rekord. Beim Seethaler Sepp auf der Dachsteinwarte stärkten wir uns mit einem heißen Grog, bevor wir den Weg ins Tal antraten. Sepp erzählte uns, daß er tagelang unsere Seilkommandos und die markigsten Kraftausdrücke hören konnte, deretwegen allein die Dachstein-Südwand hätte rot werden müssen, wenn sie es nicht ohnehin, zumindest an jenen brüchigen Stellen, an denen wir uns befanden, schon gewesen wäre. Ich hatte bis jetzt insgesamt nicht weniger als 15 Tage und 11 Nächte in der Wand verbracht, und immer noch lag die Schlüsselstelle vor uns. Es war zum Verzweifeln! Sollten wirklich alle Opfer und Strapazen umsonst gewesen sein? Nein, es gab jetzt kein Zurück mehr. Die Durchsteigung war mir zu einem Vermächtnis geworden. Für die nächste Schönwetterperiode entschloß ich mich, mit Peter wieder in die Wand zu gehen. Diesmal sollte der Durchbruch gelingen. Ich verbiß mich in diesen Vorsatz.

Der August und fast der ganze September waren vergangen, doch nie »hatte es gepaßt«. Einmal war das Wetter nicht schön, das andere Mal hatte Peter keine Zeit, dann wieder hielten mich militärische Pflichten an meinem Dienstort zurück. Peter mußte im Sommer seine Hütte bewirtschaften, und da stellte sich eine nicht zu unterschätzende neue Schwierigkeit unserem Vorhaben in den Weg: Minna! »Aha, du willst schon wieder den Peter verzahn – da geht nix, jetzt hoast's arbeiten bei uns!« Mit solchen Worten empfing sie mich jedesmal, wenn ich bei der Südwandhütte auftauchte. Das weitere Schicksal unserer Unternehmung schien also von der Wohlmeinung Minnas abzuhängen. Zu allem Überfluß hatte ich mich als vorübergehender Maturaschüler mit Standort Wien auch noch mit Alexander dem Großen, mit den alten Römern, mit Goethe, Schiller und allerlei Wissenswertem herumzuschlagen. Wenn mir so richtig der Kopf rauchte, war es dann immer eine Wohltat, schnell einmal für ein paar Stunden Dachsteinluft zu atmen und zu Trainingszwecken ein paar Handgriffe an den Kalkfelsen zu erproben.

Große Ereignisse werfen ihre Schatten voraus. Eine innere Stimme sagte mir, daß es diesmal klappen würde. Die handwerkliche Vorarbeit war längst geleistet, jetzt wäre noch das Gesellen- und Meisterstück zu absolvieren. Das Riesendach wartete auf seine Bezwinger, und diese wiederum warteten – lange genug schon – darauf, zu beweisen, daß sie dieser Aufgabe gewachsen waren. Am Abend vor dem Aufbruch wurden in der Südwandhütte zwei riesige Rucksäcke gepackt. Auch ein kleines Transistorradio sollte mit in die Wand genommen werden und noch einige nützliche Kleinigkeiten mehr, wie zum Beispiel rote und grüne Leuchtraketen. Peter steckte noch einen ganz großen Strutzen Brot zuoberst auf seinen Rucksack, er fürchtete sich

vor keinem Überhang so sehr wie vor dem Verhungern. Um 10 Uhr abends meldeten die Wetternachrichten aus dem Transistor: Heiter und sehr warm. Um 4 Uhr morgens traten wir zuversichtlich vor die Hütte. Der große dunkle Schatten der Südwand hob sich im Norden vom Sternenhimmel ab. »Werden wir es jetzt endlich schaffen, oder wird uns das Wetter vielleicht doch wieder einen Streich spielen?« Über das steile Schneefeld am Fuße der Wand querten wir zum Einstieg. Im ersten Dämmerlicht standen wir unter der Riesenwand. Ein wundervoller Herbsttag kam herauf. Kurz nach uns stiegen zwei Kletterer in die Steiner-Route ein; wir beneideten sie um die Gewißheit, noch am selben Tag nach schöner Fahrt am Gipfel zu stehen, und abends wieder in der Hütte, in der frohen Freundesrunde von ihrem Bergerlebnis berichten zu können. Um 16 Uhr erreichten wir unsere »Gichthöhle«. Peter bereitete das Abendmahl: Suppe, Brot und Wurst. Er blieb für diese Nacht in der Höhle, ich machte mich auf den Weg, hinauf zum Beginn des gelben Querganges. Zum wievielten Male schon bezog ich hier mein Biwak in der Hängematte? Um 19 Uhr feuerte ich die grüne Leuchtrakete ab, zum Zeichen für die Freunde in der Hütte, daß bei uns alles in Ordnung war. Gespenstisch erstrahlte die Wand, smaragdgrün wie eine Unterwasserlandschaft. Gegen Mitternacht zog hoch über unseren Köpfen ein Flugzeug seine Himmelsbahn, dann wurde es still, ganz still.
Um 5.30 Uhr morgens begannen wir mit den Vorbereitungen des weiteren Aufstieges. Peter kam zu mir herauf und wünschte mir alles Gute für die nächste Seillänge. Mit den Worten: »Bitte gut sichern«, drückte ich ihm die Seile in die Hand. Das Wetter versprach wieder schön zu werden. Nach einer dreiviertel Stunde hängte ich die Steigschlinge in den äußersten, im Vorjahr geschlagenen Haken am Umkehrpunkt unseres letzten Versuches ein. Mit Peter durch das Seil verbunden, das mir in diesen Stunden mehr als nur eine Sicherung bedeutete, weil es mir wie eine lebendige Verbindung zum Freund vorkam, entfernte ich mich Meter um Meter aus dem vertrauten Bereich und rückte ins das Niemandsland vor. Stunden vergingen, immer weiter schob ich mich über das große Dach hinaus. Wie ein Kreisel drehte ich mich um die eigene Achse, wenn ich in der Trittschlinge baumelte und nach einer Spalte für einen Haken suchte. Ein kleines Sitzbrett aus Holz gewährte mir zwischendurch eine kurze Erholung. Irgendwo gelang es mir, eine Seilschlinge im Fels zu verknüpfen, an der ich mich aufziehen und wieder einen Meter Neuland gewinnen konnte. Noch nie zuvor war ich über einen so großen Überhang geklettert wie hier, auch in den Dolomiten nicht. Wo gibt es in den Alpen in so großer Wandhöhe überhaupt ein solches Riesendach? Ich kenne keines.
Wieder war ich ein Stück höher gekommen. Der Gletscher auf der Nordseite, der bis an die Schulter des Dachsteingipfels heranreicht, lag nun schon seitlich unter mir. Auf der kleinen Dachsteinwarte hatten sich viele Schaulustige eingefunden, die unsere Kletterei verfolgten. Jodler und freund-

schaftliche Zurufe drangen zu uns herauf. Von Peters Standplatz hievte ich von Zeit zu Zeit die Getränkeflasche zu mir herauf. Köstlich schmeckte der kalte Kaffee. Dann schlug ich den nächsten Haken in ein Erosionsloch und verkeilte ihn mit einem Holzdübel. Der Kampf gegen das abweisende Dach müßte eigentlich bald ein Ende nehmen, allzu lange würden meine Arme diese Schwerstarbeit am abdrängenden Fels nicht mehr leisten können! Ich gab mich einer Hoffnung hin, die sich noch lange nicht erfüllen sollte. Die Finger waren geschwollen und aufgerieben. Dennoch hatte ich einen unbändigen »Auftrieb«, der mich die Schmerzen vergessen ließ. Wie sehr wußte ich es zu schätzen, daß ich die langen Jahre hindurch zäh und hart an meiner Kondition gearbeitet hatte. Wie lebensnotwendig war jetzt die Fingerkraft bei den kleinen Griffen des Felsens, der zunehmend seine gewohnte, gelbrote Farbe verlor, was auch ein untrügliches Zeichen dafür war, daß ich die Abbruchzone langsam verließ. Der Zug der Seile wurde immer größer, es drohte mich aus der Wand zu ziehen. Der salzige Schweiß brannte mir in den Augen. Endlich hatte ich die messerscharfe Felsschuppe erreicht, die mir schon von weiter unten aufgefallen war. Es gelang mir, eine Knotenschlinge darüber zu legen und mich gegen den Seilzug zu stemmen. Unter größter Kraftanstrengung wollte ich höhergreifen und mich an einem kleinen Griff aufziehen, aber das Seil kam keinen Zentimeter mehr nach.
»Peter – ich brauche Seil«, schrie ich aufgeregt hinunter. Es klang vorwurfsvoll, als würde er Schuld daran haben, daß das Seil klemmte. »Du hast nur mehr wenige Meter Seil, Leo!« hallte es zu mir herauf. Ich brauchte noch etwa 3 bis 4 Meter Seil, um frei kletternd halb links auf eine schmale Leiste zu gelangen. Mit letzter Kraft zog ich das Seil nach, Zentimeter um Zentimeter. Der Fels war mit dem Blut meiner aufgerissenen Hände beschmiert. Dann nahm ich alle Kraft zusammen und überwand diese letzten Meter zum schmalen Standplatz. Völlig außer Atem, aber glücklich und zufrieden, mußte ich nun mit der einen Hand das Gleichgewicht halten, mit der anderen versuchte ich, einen Haken zu schlagen. Hier zu stürzen wäre das Ende gewesen. Ich würde frei am Seil, mehrere Meter von der Wand entfernt, erschöpft über dem Abgrund baumeln. Peter könnte mir nicht helfen. Zwar hatte ich einen Prusikknoten im Seil, aber ob ich in diesem Zustand die Kraft hätte?
Ein zweiter und ein dritter Haken fuhren in den Fels. In sechsstündigem, härtestem Kampf hatte ich dieses Riesendach bezwungen. Jetzt wußte ich auch, daß es für uns kein Zurück mehr gab. Aber ich war nun auch sicher, daß wir den Gipfel erreichen würden. »Die letzten 200 Meter, die uns noch vom Gipfel trennten, würden vielleicht in freier Kletterei zu bezwingen sein«, ging es mir durch den Kopf. Ich war stolz, daß ich für die unter mir liegende Schlüsselstelle nur insgesamt fünf Bohrhaken benötigt hatte. Dieser Riesenüberhang hatte mich meine letzten Kräfte gekostet. Ich entschloß mich daher zu einem Nachtlager. Es war wohl das luftigste, das ich je in einer Felswand

zugebracht habe. Einige Meter unter mir brach die Wand konkav ab, was darunter war, konnte von meinem Standplatz aus nicht eingesehen werden. Peter verblieb unter dem Überhang.
Ich konnte vor Erregung und Freude fast nicht einschlafen. Es war auch merklich kälter geworden. Peters Transistorradio sagte eine Abkühlung im Gebirge voraus. »Hoffentlich hält das Wetter noch durch«, war meine Sorge, »wenigstens noch einen oder zwei Tage, bis wir zum Gipfel durchstoßen können.« Fledermäuse und Bergdohlen flatterten um meinen einsamen Biwakplatz. Um 19 Uhr schoß Peter eine grüne Rakete ab, das Zeichen, daß alles in Ordnung war. Die halbe Nacht erklang aus dem Radio des Freundes Tanzmusik, eine zwar etwas ungewöhnliche Untermalung unserer dramatischen Lage, aber im großen und ganzen doch eine recht vergnügliche Sache. Notdürftig verarztete ich meine zerschundenen Finger. Zu allem Überdruß zerriß ich in der Nacht auch noch die Hängematte an meinem Fußende; ich dürfte mich wohl etwas zu stürmisch mit den Bergschuhen umgedreht haben.
Der Morgen bescherte uns eine undurchdringliche »Waschküche«. Der Nebel blieb uns auch den ganzen Tag über treu. Ich sicherte Peter über das Riesendach zu mir herauf, nachdem ich vorher noch das Gepäck aufgezogen hatte. Die Schlüsselstelle als Frühsport war selbst für den bärenstarken Peter keine Kleinigkeit. Als Draufgabe stieg er gleich an mir vorbei und bezwang noch 20 Meter senkrechten, abweisenden Fels. Damit aber hatten wir uns endgültig aus dem gelben, großen Abbruch der Wand gelöst und waren an den Beginn des markanten, lotrechten Kamins gekommen, der in die Gipfelzone führt. Völlig frei ging es an steilstem, festem Fels eine gute Seillänge höher. Die wenigen Haken, die wir noch schlagen mußten, dienten fast ausschließlich zur Sicherung. Die Unterbrechungsstellen der beiden folgenden Kamine sind mit dem Schwierigkeitsgrad VI zu bewerten. Immer wieder mußten wir warten, bis wir durch die Nebelfetzen hindurch die Möglichkeit des weiteren Aufstieges erkennen konnten. Es war mittlerweile 15 Uhr geworden. Vom Gipfel herunter drangen Stimmen zu uns, es konnte also nicht mehr weit sein. Unerwartet verzog sich plötzlich der Nebel. Das letzte Stück der Wand lag rein und klar vor uns. Schnell orientierten wir uns, dann senkte sich der Nebelvorhang wieder und ließ uns kaum die Hand vor den Augen erkennen. Aber nichts konnte jetzt unseren Sturmlauf zum Gipfel mehr hemmen. Zum letztenmal schlugen wir gute Standhaken in den Fels.
Um 18 Uhr standen wir am Gipfel. »Bergheil!« Freudig umarmten wir uns. Im tiefen Neuschnee stapften wir zum Gipfelkreuz. Ein Gewitter war im Anzug. Es surrte bedenklich. Nach einem nächtlichen Abstieg über die vereiste Hunerscharte gelangten wir (es war der 28. 9. 1967) zur Südwandhütte. Die erste Begehung dieser stolzen und schwierigen Route war geglückt. 18 Tage und 13 Nächte hatte ich mit den Kameraden in den drohenden roten Überhängen verbracht, aber alle Mühe und alle Gefahr waren vergessen.

In Gedanken stellte ich Vergleiche an mit anderen schwierigen Felswegen, die ich kannte, mit Routen, die in den Dolomiten, im Mont-Blanc-Gebiet, im Wilden Kaiser die Bewertung VI+, A 3 tragen. Es ist immer ein zweifelhaftes Unterfangen, solche Vergleiche zu suchen, zu viele subjektive und objektive Faktoren wären zu berücksichtigen, und was wohl am entscheidendsten ist: der Berg, der Fels, die Wand sind Gegebenheiten, mit denen man sich eben nur individuell konfrontieren kann. Jeder schwere Felsweg hat seinen eigenen Charakter. Auf jeden muß sich sein Bezwinger körperlich und geistig einstellen können. Wie man ein Kunstwerk in seiner Einmaligkeit nicht mit einem anderen vergleichen soll, um zu einem Werturteil zu gelangen, so lassen sich die großen und schweren Kletterrouten nicht über einen Leisten schlagen, um zu einer gerechten Beurteilung der Schwierigkeiten zu kommen. Sehe ich nun unter diesen Vorzeichen meinen Weg durch die Dachstein-Südwand, so ist er gewiß einer der schwierigsten, die ich kenne; aber worin ich ihn vor alle anderen stelle, worin er mir der liebste ist, das liegt in der nachmaligen ideellen Beziehung: Dieser Weg, der meinen und meines Freundes, Peter Perner, Namen trägt, sollte ein Geschenk an die Heimat sein. Ihr wollte ich mich mit meiner Leidenschaft und mit meiner Sehnsucht würdig erweisen.

Eiswände in den Westalpen

Meine Erzählungen wollten und konnten kein lückenloser »Tourenbericht« sein, nicht einmal ein exakter »Querschnitt« durch meine bergsteigerischen Erlebnisse. Vielmehr sollten sie, Ausdruck der eigenen Freude, das Unverlierbare eines Bergsteigerlebens anderen Menschen zugänglich machen und ein bißchen werben für das »letzte Abenteuer«, das unsere Zeit für die Jugend noch aufbewahrt hat. Es zeigt sich allenthalben, daß viele junge Menschen unseres Landes sich einen Sinn und ein Herz für den Berg, für den Gipfel, den mühsamen Weg, das Glück und die Freude über das hart eroberte Ziel und vor allem für die Romantik der Auseinandersetzung mit der Natur und ihren Gewalten bewahrt haben. Ob von einer Renaissance des Alpinismus gesprochen werden soll? Ich glaube nicht, daß die Bergsteigerei jemals gestorben oder untergegangen war. Warum müßte man sie also dann wieder zum Leben erwecken?
Ein großer Liebhaber seiner Bergheimat stellte, vom hohen Gipfel eines Südtiroler Berges hinabschauend auf sein Heimatdorf, beglückt fest, daß sich dieses in den langen Jahren seit seiner frühen Jugend gar nicht verändert habe. Vielleicht hatte er sich auf diesen Gipfel zurückgezogen, weil es ihm »unten« im Tale, im Dorf, das ja keines mehr war, sondern sich längst zu einer kleinen Fremdenverkehrsstadt ausgewachsen hatte, viel zu laut und bunt zuging und ihm das Atemholen in der von Auspuffgasen geschwängerten Luft schon zu schwer geworden war. Aus diesem Verdruß heraus erwuchs ihm diese beglückende Erkenntnis; es sei doch im Grund noch alles beim alten, man müsse eben nur die richtige »Distanz« dazu finden; mit anderen Worten: Man müsse die Welt aus der richtigen »Perspektive« betrachten.
Mir scheint, von da oben hat man immer die richtige Perspektive für das Geschehen herunten im Tale, in den Dörfern und Städten. Wäre das nicht allein schon ein Grund, sich bisweilen dort hinauf zurückzuziehen? Bleibt nur noch die Frage, auf welchem Weg oder »Umweg« es geschehen soll. Dafür kann man kein Rezept verschreiben, das ist und bleibt jedermanns eigene Sache.
Den Älteren empfehle ich einen markierten Weg über Almen, Schroffen und sanfte Grate zum Gipfel; den Jungen, Kraftstrotzenden, in deren Augen das Feuer der Leidenschaft noch nicht ganz verglüht ist, rufe ich zu: Folgt mir über die Himmelsleitern zu den Gipfeln, folgt mir durch die Eisschläuche und durch die lotrechten Felskamine, steigt mit mir in die Trittschlingen

und haltet euch an den kleinsten Felsleisten mit kräftigen Händen. Erwartet mit mir unter den Gipfeln der Weltberge den Sonnenaufgang, mit dem wir gemeinsam das letzte Stück des steilen Weges aufsteigen wollen.
Die Welt der Berge hat auf allen Wegen so viele Überraschungen bereit, daß es völlig gleichgültig ist, ob man sich einer bestimmten Landschaft zuwendet oder, wie ein richtiger Eroberer, das ganze »Neuland« erfassen möchte. Mit wachsendem Können, mit zunehmender Erfahrung und Begeisterung kommt für die meisten ganz von selbst der Wunsch, die Welt des Bergerlebnisses in ihrer ganzen Vielfalt kennenzulernen. Die Eisriesen der Westalpen sind von den bizarren Dolomitentürmen fast so verschieden wie die Granitklötze in den nordamerikanischen Nationalparks von der Antarktis, und dennoch wird man alles zusammengestellt auf der Wunschtraumliste eines Bergabenteurers finden können. Auf meiner Wunschliste sind, so scheint es mir, noch einige Abstriche fällig, sonst bliebe mein Bericht gar zu fragmentarisch. Rasch will ich also noch erzählen, wie es mir in der Courtes- und Triolet-Nordwand erging, oder in der Dent d'Hérens-Nordwand oder mit Claudio bei seiner ersten Eistour...
Der belgische Kletterkünstler Claudio Barbier, den ich schon von einigen gemeinsamen Dolomitentouren kannte, wollte mit mir seine erste Eistour machen. Diese Art des Bergsteigens war ihm bis dahin völlig fremd. Er kannte weder Schnee noch Eis, er war auch kein Schifahrer, daher sollte seine erste Eistour für ihn eine heikle Sache werden. Im Matratzenlager eines kleinen Zermatter Hotels lagen wir wach bis in die Nacht hinein und erzählten uns gegenseitig von Bergfahrten. Claudio war im Gedanken noch in den sonnigen Dolomiten und weniger hier in den Walliser Bergen. Immer wieder kam er auf den jungen Flunger zu sprechen, einem Innsbrucker Bergsteiger, der vor wenigen Tagen als erster Mensch im Alleingang die Direttissima in der Großen-Zinne-Nordwand durchstiegen hatte. Das war dem Claudio so gar nicht recht. Offensichtlich stand diese Tour auch längst auf seiner Wunschliste. Ihm, dem großen Alleingänger, hätte ich diese Tour auch am ehesten zugetraut.
Am nächsten Tag stiegen wir mit unseren »Wölkchen« zur Gandegghütte auf. Unser Ziel war die Durchsteigung der Breithorn-Nordwestwand, auf den Spuren von Willo Welzenbach. Diese Eiswand führt direkt auf den Gipfel des von Süden her wohl am leichtesten zu ersteigenden Viertausenders der Walliser Alpen, der auch als »Damenviertausender« bekannt ist. Ich freute mich schon sehr auf diese Wand, Claudio ließ sich gerade nicht zu Begeisterungsausbrüchen hinreißen. Wir schlichen uns an der Gandegghütte vorbei, in der Absicht, noch am selben Tag den Wandeinstieg zu erreichen. Über einen steilen Moränenhang stolperten wir hinunter auf den großen Gletscher, der vom Theodulpaß herunterkommt und uns noch vom Breithorn trennte. Claudio spürte das erstemal festes Gletschereis unter seinen Füßen. Wir wollten am Fuße der Wand biwakieren.

War es unvorsichtig von mir, daß wir ohne Seil den flachen Gletscher querten? Ab und zu gab es doch Spalten, die größtenteils vom Flugschnee zugeweht waren. Wir hatten aber Zeit genug, diese Spalten zu umgehen! Claudio folgte mir in kurzen Abständen, es konnte also meiner Meinung nach nichts passieren. Plötzlich hörte ich ein wildes Keuchen hinter mir, ich drehte mich um und – erschrak. Claudio lag quer über einer Gletscherspalte und streckte Hände und Füße steif von sich, um nicht in derselben zu verschwinden. Rasch zog ich ihn von dieser Spalte weg. Als er sich von seinem Schrecken erholt hatte, seilten wir uns an. Ich versuchte, diesen Vorfall zu bagatellisieren, aber Claudio schien ziemlich verdrossen. Die Sonne versank hinter dem Matterhorn, und allmählich verfärbten sich die blauen Schatten des Gletschers. Es wurde Nacht. Auf den Felsen unter der Wand des Breithorns richteten wir uns rasch ein Biwak ein. Nach einem kräftigen Abendessen, das wir auf unserem Benzinkocher zubereitet hatten, träumten wir dem Morgen entgegen.

Noch in der Dunkelheit begannen wir am nächsten Tag mit dem Aufstieg. Absichtlich schlug ich nur wenige Stufen und Kerben ins Eis, um einmal richtig warm zu werden, und außerdem schien mir die Wand knapp über dem Einstieg auch noch nicht steil genug zu sein. Claudio biß die Zähne zusammen und ließ sich auch seine Wadenkrämpfe zuerst nicht anmerken. Nach einer Stunde aber stellte er in der ihm eigentümlichen Weise fest, daß das Eisgehen interessanterweise ganz andere Muskelpartien beanspruche und strapaziere als die Felskletterei. Ich nickte zustimmend, ging aber nicht im mindesten auf die kleinen Wehwehchen meines Begleiters ein. Ob Claudio schon in dieser Phase unseres Aufstieges den Entschluß faßte, nicht sobald wieder eine Eistour anzutreten, oder ob seine Felsliebe in den anschließenden Dolomitentagen wieder so unbändig wurde, daß er keine Lust mehr hatte, jemals wieder in die kalten Westalpen zurückzukehren, ist mir bis heute verborgen geblieben. Auf einer kleinen Felsplatte im oberen Wandteil stellten wir unsere Gaskocher auf und kochten uns Kaffee.

Die Sonne stand schon hoch über uns, als wir die letzten Seillängen in Angriff nahmen. Für einen Augenblick huschte ein zustimmendes Lächeln über Claudios Antlitz, als ich ihm, zum Matterhorn hinüberweisend, den Vorschlag machte, mit mir die »Nordwand« zu machen; doch dann hatte er sich wieder fest in der Gewalt. Sein Blick verdüsterte sich, was mir ein weiteres Fragen oder Drängen ersparte. Den Gipfel des Breithorns und die herrliche Fernsicht hinüber zum Monte Rosa, zum Lyskamm, zu den Trabanten Castor und Pollux im Osten und in weiterer Ferne zum Mont Blanc genoß er aber in vollen Zügen. Auch schien ihn der Steilhang, auf dem der berühmte »Kilometerlancé«, der Höchstgeschwindigkeitsbewerb auf Schiern, ausgetragen wird, besonders zu interessieren. Weniger konnten uns die zahlreichen Schihaserl erfreuen, die sich auf dem Plateau-Rosa tummelten, während wir knietief im Firn zu unserem Ausgangspunkt zurückstapften. Claudio zog es

Aiguille de Triolet-Nordwand
»Eine Eiswand von über-
wältigender Schönheit in de[r]
unberührten Einsamkeit de[s]
Hochgebirges«

bald wieder in »seine« Dolomiten, wo ihm aufsehenerregende Alleinbegehungen gelangen: die Nordwände der Drei Zinnen an einem Tage und die Punta-Civetta-Nordwestwand auf der Andrich-Faè-Führe. Er war wieder in seinem Element. Ich blieb noch eine Weile in »meinen« Wallisern.

Mit Karl Schönthaler, dem bekannten Innsbrucker Fels- und Eisgeher, stieg ich hernach in knapp sieben Stunden durch die Nordwand der Aiguille de Triolet im großen Argentièrekessel des Mont-Blanc-Massivs, einer Eiswand von überwältigender Schönheit in der unberührten Einsamkeit des Hochgebirges, fernab des Touristenstromes. In der Wandmitte mußte ein nach rechts ansteigender Quergang im steilsten Eis bewältigt werden. Beide fühlten wir uns in Hochform, daher schlugen wir in diesen exponierten Seillängen keine einzige Stufe, sehr zum Leidwesen einer nachfolgenden österreichischen Seilschaft, die sich schon »Hoffnungen« gemacht hatte, nun aber selbst diese Schwerarbeit leisten mußte. Noch am selben Tag stürmten wir vom 3870 Meter hohen Gipfel der Triolet über die Pointe Isabella und über steile Gletscherbrüche hinunter ins Tal nach Chamonix. Ein herrlicher Tag ging zu Ende, ein herrlicher sollte folgen. Über den himmelstürmenden Südwestpfeiler, den Bonatti-Pfeiler, erkletterten wir tags darauf die Spitze der Petit Dru. Charly hielt, ebenso wie ich, etwas auf Abwechslung.

Die kühne Dent d'Hérens erhebt sich 4171 Meter hoch über der Schönbühlhütte, westlich des Matterhorns. Durch seine 1300 Meter hohe Nordwand haben Willo Welzenbach und seine Freunde schon im Jahre 1925 eine direkte Route gefunden. Die Wandmitte durchzieht die große Finchterrasse, deren haushohe Eisabbrüche und abgespaltenen Eistürme ein gefährliches Hindernis darstellen. Meine Begleiter und ich fanden, ohne auch nur einen einzigen Eishaken schlagen zu müssen, einen unkomplizierten Ausstieg auf die Schneeterrasse. Dort verweilten wir einige Zeit und labten uns an einer Tasse heißen Tees. Diesmal hatten wir vom ständigen Wechsel der Verhältnisse profitiert, aber es hätte auch umgekehrt sein können. Zuversichtlich nahmen wir die steile und im letzten Drittel felsige Gipfelwand in Angriff. Aber, siehe da, die Verhältnisse waren dort unerwartet schlecht, daß wir erst nach mühevollem Kampf mit den letzten Strahlen der Abendsonne den Gipfelgrat erreichten. Ein Biwak war unvermeidbar geworden. Doch das Wetter war schön, und hinter uns lag eine prächtige Eistour auf einen der schönsten Gipfel des Wallis.

Wieder einmal hatte ich in Chamonix mein Zelt aufgeschlagen und war bereit für ein neues großes Ziel und Abenteuer. Mit Erich Krempke, meinem Gefährten der winterlichen Matterhorn-Nordwand, zog ich schwerbepackt vom kleinen Dörfchen Argentière über steile Kehren bergan. Es war um die Mittagszeit, und die Sonne brannte unbarmherzig auf uns nieder. Längst war die schwere »Lodenknickerbocker« mit einer kurzen Sporthose vertauscht worden. Nach zweieinhalb Stunden hatten wir endlich den Beginn des großen Gletscherbeckens erreicht. Im Süden erhob sich die Wand der

Les Courtes-Nordwand: »Hier darf der erste nicht stürzen ...«

Aiguille Verte, daneben die drohende, kalte Fels-Eiswand der Droites. Nach weiteren eineinhalb Stunden standen wir vor unserem Tagesziel, der Argentièrehütte auf etwa 3000 Meter Höhe. Im letzten Abendsonnenlicht ging ich mit Erich vor die Hütte, wir wollten noch einmal den Berg sehen, über dessen Nordwand morgen unser Weg zum Gipfel führen sollte: die Courtes-Nordwand. Erich kannte diese Gegend noch nicht, er war tief beeindruckt von der Größe und Weltabgeschiedenheit dieses Bergkessels. Drüben am Mont Dolent grenzen die Schweiz, Italien und Frankreich aneinander. In der Argentièrehütte trifft man grundsätzlich nur Bergsteiger, die ihren Proviant selbst aus dem Tale stundenweit herauftragen. Kaum einer ist unter ihnen, der nicht irgendein kühnes Unternehmen im Sinn hätte. Die Courtes-Nordwand, die direkt gegenüber der Hütte 900 Meter hoch und drohend aufragt, wurde 1938 zum erstenmal, wie die meisten Wände hier, von Franzosen durchstiegen. Seither konnte der Durchstieg nur fünf- oder sechsmal wiederholt werden.

Das Wetter versprach gut zu bleiben. Wie lange würden wir wohl für den Durchstieg brauchen? Nach der Routenbeschreibung könnten es 12 oder auch 18 Stunden werden. Mit diesem Gedanken beschäftigt, schliefen wir ein. Um Mitternacht wurden wir vom Hüttenwirt geweckt. Leise, damit wir die anderen Bergsteiger nicht störten, schlüpften wir aus den rauhen Wolldecken. Im Scheine unserer Stirnlampen stolperten wir den Moränenhang zum Gletscher hinunter, den wir queren mußten, um zum Wandfuß der Courtes zu kommen. Die zahlreichen Lawinenrinnen und der Preßschnee, über den wir aufstiegen, zeigten uns an, wie lawinös die Wand war und wie groß die objektiven Gefahren sein würden, die uns erwarteten. Bald standen wir vor der Randkluft, über die eine schmale Eisbrücke zur Wand heranführte. Während wir auf unseren Rucksäcken saßen und uns die Steigeisen an die Füße schnallten, schauten wir hinüber zur Argentièrehütte. »Wie schön haben es doch die Leute, die dort drüben in ihren warmen Wolldecken noch schlafen können«, mochte Erich wohl gedacht haben, der an diesem Tage keinen rechten »Auftrieb« zeigte.

Langsam wurde es hell. Wir waren bereit. Wieder war ich mit Erich durch das Seil verbunden, wie damals am Matterhorn, wie in der Nordwand der Dent d'Hérens, wie in der Südwand der Aiguille du Midi oder am Südostgrat des Mont Maudit, und dieses Seil war für uns längst nicht mehr nur ein bergsteigerisches Requisit, sondern von Mal zu Mal ein Symbol wahrer und echter Freundschaft geworden. Erich überließ mir bis zum Gipfel die Führung, wir waren wunderbar aufeinander eingespielt. Ein 80 Meter hoher, sehr steiler Eiswulst war als die eigentliche Schlüsselstelle bekannt. Erich stand noch im etwas weniger steilen Gelände und sicherte mich über sein Eisbeil. Hier darf der erste nicht stürzen, es hätte schlimmste Folgen. Man würde sich nach einer gigantischen Rutschpartie tief unten auf dem großen, mit Eisblöcken übersäten Gletscher wiederfinden. Gespannt verfolgte Erich

Les Courtes-Nordwand

alle meine Bewegungen, ab und zu griff er zur Kamera, um das eine oder andere Foto zu schießen. Während ich mit der Nase fast ständig die Wand berührte, hatte ich Schwierigkeiten mit den Knien. Ich mußte sie beim Höhersteigen entweder nach links oder nach rechts ausdrehen, so steil bäumt sich diese Eisflanke auf. Nach jeder Seillänge schlug ich einen Eishaken zur Standsicherung.

Endlich zeigte Freund Erich, als er wieder einmal eine Seillänge absolviert hatte, ein glückliches Gesicht. Mit Vergnügen konnte ich feststellen, daß er seinen »Auftrieb« wiedergewonnen hatte. Er würde fortan nicht mehr zu halten sein. Zwischendurch waren die Eisverhältnisse miserabel. Daher legten wir die Steigeisen ab und kletterten mit den Bergschuhen allein über kurze Kamine und Platten der Felsrampe hoch, die das Eisfeld flankierte. Um 11 Uhr vormittags reichten wir uns auf dem Gipfel die Hand. Vor nur sieben Stunden hatten wir tief unten im Argentièrekessel unser Tagewerk begonnen, für das wir eigentlich eine weit größere Zeitspanne vorausgeplant hatten. Wir waren zufrieden und stolz, denn in sieben Stunden war vor uns gewiß noch keine Seilschaft durch diese Wand geklettert. Ein imposantes Bild bot sich vom Gipfel der Courtes unseren Blicken: gegen Süden der Mont Blanc, durch ein riesiges Gletschertal von uns getrennt die Grandes Jorasses. Erinnerungen wurden wach...

Eine Stunde später spurten wir einen gefährlichen Lawinenhang hinunter in Richtung Couverclehütte. Müde kamen wir in Chamonix an. Erich wollte seine Frau für die lange Trennung entschädigen und vereinbarte einen abendlichen Ausgang. Wir machten uns daher frisch und rasierten uns. Helga ging in der Zwischenzeit zum Friseur, um sich noch schöner zu machen als sie ohnehin ist. Als sie dann mit ihrem prachtvollen Kopfschmuck noch schnell in das Zelt kroch, um ihre Tasche zu holen, war es mit der 20-Franc-Frisur vorbei. Schon schöpfte ich Hoffnung, nach den gewaltigen Anstrengungen des Tages nun doch »zeitgerecht« zur Ruhe zu kommen. Irrtum! Helga verstand keinen Spaß und bestand auf den versprochenen Abend, der dann gerade so lange dauerte, wie anständige Bergsteiger schlafen sollen, wenn sie auf Westalpentour gehen.

Allein in schwerstem Fels

»... die Alleingeher am Berg sind eine Minderheit im Alpinismus, der selbstmörderisches Tun nachgesagt wird und letzte Erfüllung, Dummheit und Tollkühnheit, bodenloser Leichtsinn und ausgereiftes Können. Wenn sie gewinnen, werden sie in den Himmel gehoben, wenn sie verlieren sagt man, sie waren selbst schuld. – Der überwiegende Teil aller Bergsteiger lehnt das Alleingehen ab, weil es noch gefährlicher ist als das Gehen in der Seilschaft...« Soweit Helmut Dumler in seinem Buche »Grenzen des Menschenmöglichen«. Ich bin und war eigentlich schon immer der Meinung, daß der schwere Alleingang am Berg die Krone des extremen Bergsteigens ist. Denn völlig auf sich allein gestellt, zeigt sich wohl am deutlichsten, wo die Grenzen allen bergsteigerischen Tuns für den einzelnen liegen.
Ich bin als Bergsteiger und als Alleinkletterer gewiß kein Hasardeur – auch wenn man mir das schon des öfteren nachgesagt hat –, denn sonst würde ich wahrscheinlich nicht mehr leben. Zu 99 Prozent rechne ich immer mit einem glücklichen Ausgang eines Alleinunternehmens. Dazu kenne ich mich zu gut. Aber da ist dann noch dieses eine Prozent, dieses Unbekannte, der Kern jeden Abenteuers. In diesem einen Prozent kann so viel liegen: höchstes Glück und auch das Ende des Lebens. Gäbe es diese atemberaubende kleine Ungewißheit nicht, was wäre das Bergabenteuer und insbesondere der Alleingang im obersten Schwierigkeitsgrad?
Besonders die extremen Bergsteiger von heute versuchen durch Leistungen sich selbst und ihrer Umwelt immer wieder zu beweisen, wie gut sie sind. Das ist eine natürliche Sache. – Ich beurteile das Können eines Bergsteigers nicht nur nach seinen Erfolgen bei Expeditionen in den Weltbergen, denn nicht jeder junge, leistungsfähige Bergsteiger hat dieselben Möglichkeiten, sich an so einem Unternehmen zu beteiligen. Außerdem werden solche Expeditionen meist auch nach anderen Gesichtspunkten – und seien es nur die finanzieller Art – zusammengestellt. Darüber hinaus ist es eine altbekannte Tatsache, und der Alpinismus kennt dafür ja viele Beispiele, daß man bei ganz großen Expeditionen meist nur über die Schultern der Kameraden sein Ziel erreichen kann. Und oft sind jene Kameraden, die die Schultern hinhalten müssen, stärker als jene, die darüberklettern.
Fairerweise muß man einen Bergsteiger daher auch nach seinen Erfolgen in den Alpen beurteilen, noch klarer: nach seinen Alleinunternehmungen! Denn für dieses Abenteuer steht jedem die Tür gleich weit offen. Vor allem was die erforderliche Zeit und die finanziellen Mittel anlangt.

Denjenigen »Extremisten«, die einen schweren Alleingang von Haus aus ablehnen, fehlt vielleicht manchmal der Mut für das Letzte. Nicht alle, aber viele von ihnen, sind jedoch nicht bereit, dies einzugestehen. Sie flüchten sich in Erklärungen.

Die Grenze des Alleinkletterns wurde in den Weltbergen zweifelsohne von Hermann Buhl (Nanga Parbat), im Fels von den Yosemitespezialisten Kaliforniens und in den kombinierten Wänden der Alpen von dem bescheidenen Schweizer Bergführer Michel Darbellay (Eiger-Nordwand) und noch von manch anderem erreicht.

Ich selbst klettere im großen und ganzen lieber in der Geborgenheit einer Seilschaft. Aber ab und zu zieht es auch mich allein in das unbekannte, senkrechte und überhängende Abenteuer. Einigemale war ich in einer Wand sogar der erste...

BISCHOFSMÜTZE-SÜDOSTKANTE

Obwohl er nicht unmittelbar zum Dachsteinstock gehört, zählt man den Gosaukamm doch auch zum Dachsteingebiet. Blickt man von Gosau im Salzkammergut gegen Süden, erhebt sich der Kamm mit seinen tausend Zinnen und Türmen wie eine Riesenkrone über den sanften Almen und Hochflächen. Im Südosten, dem Hauptkamm etwas vorgelagert, ist die Bischofsmütze, die mit ihren 2455 Metern zugleich das höchste bergsteigerische Interesse weckt. Wie schon ihr Name sagt – Bischofsmütze –, hat sie die Gestalt der pontifikalen Kopfbedeckung und dadurch zwangsläufig so etwas wie ein Ansehen höchster Würde. 21 selbständige Kletteranstiege führen auf ihren Gipfel, darunter viele im höchsten Schwierigkeitsgrad. Unter allen nimmt die Südostkante noch eine gewisse Vorzugsstellung ein. Von ihrer ersten Seillänge, dem luftigen Quergang und anderen delikaten Kletterstellen in enormer Ausgesetztheit erzählen sich die Kletterer manch lustige Geschichte. Bei allem Ernst, den diese kurze, aber äußerst schwierige Felsfahrt gebietet, hat sie etwas Spielerisches an sich; aber das soll nicht abwertend verstanden werden. Es ist ein Spiel mit dem Gleichgewicht und mit der Fliehkraft zugleich. Für den Alleingänger freilich könnte dieses Spiel ein böses Ende nehmen, wollte er sich ihm allzu sorglos hingeben. In der Tat verlangt die Südostkante auf die große Bischofsmütze hohe Meisterschaft und perfektes klettertechnisches Können.

Am 26. September 1959 saß ich vor dem Einstieg zu der gelb und glatt aufragenden Kante. Mir war bekannt, daß diese Route die Schwierigkeitsbezeichnung VI, A 3 besaß. Zum erstenmal war diese reizvolle, kurze, aber doch äußerst schwierige Felsfahrt im ersten Jahr nach dem Zweiten Weltkrieg durchstiegen worden. Bruno Wintersteller und Leopold Gruber aus Gmunden haben der Großen Bischofsmütze dieses »südöstliche Geheimnis«

[G]roße Bischofsmütze-Südostkante: [E]rste Alleinbegehung durch [L]eo Schlömmer (26. 9. 1959)

entrissen. Mich lockte die Alleinbegehung. Die Klettersaison in diesem Jahr war für mich eigentlich recht kurz gewesen, als Folge einer Verletzung, die ich mir beim Schilaufen zugezogen hatte. Ein Unterschenkelspiralbruch zwang mich zu einer unfreiwilligen, langen Pause. Erst Anfang Juli schnitt man mir den Gips vom Bein. Fast der ganze Sommer verging, bis das Bein wieder einigermaßen gekräftigt war. Dann kamen einige Dolomitentouren, die mir keine rechte Freude machen wollten, weil ich mein Knie noch nicht durchbiegen konnte. An diesem prachtvollen Herbsttag stand ich also vor dem Einstieg zu dieser aufregenden Fahrt. Ich glaube, ich hatte etwas Lampenfieber. Das passiert mir zwar öfter, wenn ich vor solchen Prüfungen stehe, von denen man vorher nicht weiß, ob man wohl ausreichend vorbereitet ist. Im Angesicht der Bischofsmütze-Südostkante war es der Überhang, der sich bedrohlich über mir wölbte, und von dem ich wußte, daß der Weg über ihn hinauf und nicht etwa um ihn herum führte. Ein Versagen könnte ich mir da oben jedenfalls nicht leisten, das war mir bewußt. Schon die erste Seillänge, die halblinks an die Kante führt, ist mit VI bewertet, also äußerst schwierig. Im Verlauf der Jahre waren hier einige Felsschuppen ausgebrochen, so daß die Kletterer sich aller möglichen Hilfsmittel bedienten, um diese abweisenden Platten zu überlisten. Auch eine lange Holzstange wurde zwischendurch eingesetzt, mit der das Seil zu einem weit entfernt angebrachten Haken »geschoben« wurde. Bis dann der große Meister des Felskletterns, Hermann Buhl, mit seinem Gefährten Marcus Schmuck kam und ohne Zuhilfenahme einer solchen List diese Einstiegschwierigkeiten überwand. Als ich 1958 mit einem Kameraden diese Route erstieg, verzichteten wir ebenso auf eine solche Hilfe. Ob ich es heute schaffen würde? Ich gestehe, daß ich etwas in Sorge war.
Mit dem Karabiner erwischte ich den ersten Haken. Zwischendurch blickte ich am Seil hinunter, dessen Ende frei in der Luft hing. Es war mir schon öfters bei Alleintouren passiert, daß ich in irgendeiner Unentschlossenheit am Seil hinabschaute, ob sich nicht vielleicht doch irgend jemand daran angebunden hätte; dem war leider nie so. Die Wand hängt schon nach der ersten Seillänge ziemlich stark über. Wenige Meter halblinks vor mir flatterte eine ausgefranste Abseilschlinge. Von dort beginnt der Seilzugquergang direkt an die Kante. Ich glaube, es ist dies die schwierigste Stelle des gesamten Anstieges. Die Schlinge, die mir nicht mehr ganz geheuer vorkam, ergänzte ich durch eine neue. Dann fädelte ich das Seil durch und begann im Dülfer-Sitz den Pendelquergang. Schon nach den mühsam gewonnenen ersten 3 Metern glitten meine Füße wieder ab, ich pendelte in die Fallinie zurück. Noch einmal, zweimal, dreimal probierte ich es, immer wieder das gleiche, ein deprimierendes Ergebnis. Kaum daß ich mit der linken Hand ein kleines, ausgelaugtes Griffchen erreichte und mich mit der rechten anschickte, einen anderen Haltegriff zu finden, rutschte ich mit den Beinen wieder ab und flog, der Schwerkraft gehorchend, wieder an den Ausgangspunkt meines

Seilmanövers zurück. So ging es etwa 15 Minuten lang. Zusammengeschnürt und schwitzend hing ich im Seil, gar nicht mehr der unternehmungslustige Gipfelstürmer, der ich noch vor kurzem gewesen war. Wieder schob ich mich an der haltlosen Mauer nach links. Jeden Augenblick gewärtig, wie ein lebender Perpendikel zurückzupendeln. Wie ein Dieb auf leisen Sohlen schob ich mich Zentimeter um Zentimeter gegen die Kante hinaus. »Warum schindest du dich so, Idiot, seil dich ab und geh nach Hause«, dachte ich bei mir.

Schon wollte ich aufgeben, da entdeckte ich in Bauchhöhe, ein kleines Stück neben mir, eine kleine brüchige Felsschuppe. Sie erschien mir wie ein Geschenk des Himmels. Wenn ich dort einen Haken fixieren könnte, hätte ich eine Chance. Ich riskierte es. Vorsichtig ließ ich mich mit beiden Händen vom Seil los und tastete mich an diese Schuppe heran. Aus der linken Hosentasche zog ich den erstbesten Haken und steckte ihn in den Spalt. Weil mir aber der Fels doch etwas verdächtig schien, schlug ich statt mit dem Hammer einfach mit der Faust darauf und fixierte ihn auf diese Weise notdürftig. Eine Schlinge half mir auf den Standplatz. »Stand!« rief ich freudig aus, doch dann kam mir zum Bewußtsein, daß dies außer mir im Augenblick wohl niemanden sonst interessieren würde. Für einen Augenblick verweilte ich. Vom Filzmoosertal zog sich das Nebelmeer bis auf die Höhe der Hofpürglhütte. Kaum vernehmbar drangen von dort unten Klopfgeräusche zu mir herauf. Der Adam und der Wastl machten Brennholz, der Winter stand ja vor der Tür.

Der Quergang über den mächtigen Überhang hinweg war mehr gefährlich als schwierig. Reine Hakenkletterei. Gleich vom Stand weg hing ich vollkommen frei in den Steigschlingen. Ich mußte mich jeweils an zwei oder drei Haken selbst sichern, die zu allem Überfluß auf alte, morsche Holzkeile geschlagen waren, die wiederum in nassen, glitschigen Erosionslöchern steckten. Bald erreichte ich den grasüberwachsenen Standplatz. Ober mir konnte ich die Ösen der Haken erkennen, die den weiteren luftigen Aufstieg ermöglichen würden. Diese Hakenkletterei war eine glatte Sache; auf jedem dieser festsitzenden Eisenstifte könnte man einen Ochsen aufhängen. Nach zwei Seillängen im V. Schwierigkeitsgrad, interessanten Freikletterstellen, kam ich zum brüchigen, überhängenden Ausstiegsriß, mit dem mir die Südostkante noch einmal die Zähne zeigen wollte. Ich aber ließ mich nicht entmutigen. Mit ruhigen, sicheren Bewegungen kam ich Meter um Meter höher. Die wenigen Haken, die in brüchigen, feuchten Runsen steckten, nahm ich nicht zu Hilfe, auch zur Sicherung hätten sie mir kaum dienen können. Nach 25 Metern wurde der Fels fest und griffig, die Kante begann sich allmählich zurückzulegen. Ich hatte es geschafft. Einige kraftvolle Bewegungen und ich befand mich auf der gut gegliederten Schulter, die zum Gipfel führte. Das Seil, das ich bisher hinter mir nachgezogen hatte, nahm ich in lockeren Schlingen auf, dann stieg ich langsam zum Gipfelkreuz hin.

»Bergheil!« riefen mir einige Bergsteiger zu, die über den Normalweg zum Gipfel aufgestiegen waren. Sie staunten zwar, daß ich mich ohne Begleitung befand, aber offensichtlich wußten sie gar nicht, daß diese Seite, über die ich heraufkam, steiler und gefährlicher war als die andere, über die sie kamen. Wie verschiedenartig waren doch unsere Wege, die auf denselben Gipfel führten. Aber ich war sicher, daß auch die anderen ihr Glück gefunden hatten, ihr Glück des Weges und ihr Gipfelglück, wie ich meines. Die Sonne stand schon ziemlich hoch und sandte ihre warmen Strahlen herab. Ich setzte mich in der Nähe des Gipfelkreuzes auf einen Stein und genoß die herrliche Fernsicht hinüber zum Gosaukamm, hinüber zur Plattensäule des Däumlings, des kühn aufragenden Pfeilers, der nicht zu Unrecht als einer der am schwierigsten zu ersteigenden Gipfel des ganzen Dachsteingebietes gilt.

DÄUMLING-OSTKANTE

Der leichteste Aufstieg zum Gipfel des Däumlings führt über die Nordwand, die aber immerhin den Schwierigkeitsgrad IV aufweist. Kein Geringerer als der berühmte P. Preuß hatte mit G. v. Saar diesen Nordwandanstieg im Jahre 1913 eröffnet. Nicht weit davon, an der benachbarten Mandlkogl-Nordkante, stürzte kurze Zeit später Paul Preuß, der große Pionier des extremen Klettersports, als Alleingänger in den Tod. Die schönste und schwerste Felsfahrt auf den Däumling ist jedoch bis zum heutigen Tage seine Ostkante geblieben. Im Kletterführer steht vermerkt: »Hervorragende, ausgesetzte Plattenkletterei in steilstem Fels; zählt zu den großen, eindrucksvollen Fahrten des Gosaukammes. Felshöhe 450 Meter, Schwierigkeitsgrad V bis VI, 6 Stunden Kletterzeit.« Sepp Lichtenegger und Lois Macherhammer, die beiden Oberösterreicher, hatten im Jahre 1932 zum erstenmal den Weg über diese Ostkante gefunden. Zahlreiche »Größen« des Klettersports erstürmten sie und trugen sich ins Gipfelbuch ein, auch Fritz Kasparek und Hermann Buhl zählten die Durchkletterung der Ostkante des Däumlings zu ihren eindrucksvollen Felsfahrten. Jörg Lehne und Siegfried Löw, die beiden deutschen Alpinisten, bewältigten im Winter die damals noch mit wenigen Haken erschlossene Tour. Siegfried Löw starb beim Abstieg vom Gipfel des Nanga Parbat, und Lehne verunglückte am Walkerpfeiler der Grandes Jorasses. Auch sie trugen bis in ihre letzte Stunde die Erinnerung an das glückhafte Erlebnis der Däumlingkante in ihren Herzen. Nicht ganz zu Unrecht wird die Kante heute schon als Modetour bezeichnet, die zwar immer noch nur den Besten vorbehalten bleibt, aber die Zahl ihrer Ersteiger hat sich in den Jahrzehnten verhundertfacht. Noch nie aber konnte sich ein Bergsteiger entschließen, ohne sichernden Gefährten, im Alleingang, den Daumen über seinen glattesten Rücken zu bezwingen. Das wußte ich, das forderte mich heraus.

Däumling-Ostkante, erste Alleinbegehung durch Leo Schlömmer (20. 7. 1958)

Am 20. Juli 1958 stand ich im Morgengrauen vor der Däumlingkante, allein. Es war das erstemal, daß ich mich zu einer Tour dieser Schwierigkeit im Sologang entschlossen hatte. War es ein Wagnis? War es gar Leichtsinn? Von meinem Entschluß wußten noch zwei Kameraden. Auch sie wollten die Kante durchklettern, als Zweierseilschaft. Als wir im Morgengrauen zu dritt zum Fuß der Kante aufstiegen, focht ich einen schlimmen Kampf in meinem Inneren aus. Der Anblick des plattengepanzerten, wulstigen Turmes von unten ist erschreckend. Aber was würden die beiden Freunde von mir denken, wenn ich jetzt in der »Stunde der Wahrheit« kneifen sollte?

Bald war das markante Türmchen, das eine kleine Scharte zum Bug der Ostkante hin bildet, erreicht. Es begannen die Schwierigkeiten, die sich knapp unter dem Gipfel beim sogenannten Ringwulst zu einem letzten Hindernis zusammenballen und steigern sollten. Bis zu dieser letzten Barriere waren aber noch gute 300 Höhenmeter, von denen kein einziger im »Schongang« erstiegen werden kann. Mein Seil hing schon nach wenigen Minuten frei über die glatte Wand hinunter; es mußte mir, wie der Hund seinem Herrn, zum Gipfel folgen. Einige Karabiner, Haken und die Trittbrettchen der Steigleitern klimperten an meiner Seite. Dieses vertraute Geräusch begleitete mich, eine menschliche Stimme, ein ermunterndes, freundschaftliches Wort sollte ich nun längere Zeit nicht mehr zu hören bekommen. Ich war allein. Das Klettern machte mir große Freude, der Fels war eisenfest, die Reibung der Profilklettersohlen ausgezeichnet. Während ich mit gleichmäßigen Bewegungen höher turnte, dachte ich darüber nach, wie ich eigentlich auf die Idee gekommen war, die Däumling-Ostkante im Alleingang zu bezwingen. Eigentlich wollte ich mit einem Kameraden die direkte Nordwand der großen Bischofsmütze durchsteigen. Diese liegt im Schatten, und wir wären vor der Hitze des Hochsommertages verschont gewesen. Aber Fritz war nicht gekommen. In der anfänglichen Verärgerung über dieses Mißgeschick war mein Entschluß gereift, eine Alleinbegehung vorzunehmen. Das war aber gewiß nur der letzte Anstoß, insgeheim hatte ich dieses Vorhaben schon längere Zeit mit mir herumgetragen.

Nach zwei, drei Seillängen schaltete ich eine kurze Rast ein. Die beiden Kameraden hatten kaum erst eine Seillänge zurückgelegt. Vergnügt winkten sie zu mir herauf. Ich erschrak über die ungeheure Ausgesetztheit dieser Route, die zum überwiegenden Teil völlig frei zu erklettern ist. Auf Reibung zu gehen ist eine herrliche Sache, aber als Alleingeher vertraue ich doch lieber auf ordentliche Tritte und Griffe, an die man sich klammern kann, sind sie auch noch so klein. Je höher ich kam, desto vertrauter wurde mir der Fels, mit jedem Meter wuchs auch meine Sicherheit. Dann stand ich unter einem Überhang, der mich weit hinaustrieb. Durch die Ösen einiger rostiger Haken zog ich das Seil. In einem heiklen Manöver, bei dem ich mir selbst Seilzug gab – ich kam mir vor wie Münchhausen, der sich am eigenen Schopfe aus dem Wasser zog –, überlistete ich dieses Hindernis, über dem die

Schwierigkeiten überraschenderweise für einige Zeit abnahmen. Ich war zu einem guten Standplatz gekommen: einem kleinen Rasenpolster mitten in der glatten, abweisenden Wandflucht. Durch einen 40 Meter hohen, fein gegliederten Riß gelangte ich aus der schattigen Nordseite direkt an die Kante, in die helle, warme Morgensonne. Weiter ging es über rauhe Platten, an denen die Profilsohlen wie Saugnäpfe klebten, während die Finger, in kleinen, eisenfesten Griffchen verkrallt, das Gleichgewicht hielten.

Nach eineinhalb Stunden stand ich unter der Schlüsselstelle, dem Ringwulst, der sich wie ein Wehrgang um die Daumenkuppe legt. Ich wußte von einer vorangegangenen Besteigung, wie diesem Wulst, der den Weiterweg versperrte, beizukommen war. Aber für den Alleingänger sieht dann doch alles wieder etwas anders aus, denn er darf sich nicht zu hart an die Sturzgrenze heranwagen. Die Steigleitern traten in Aktion. Um das größte Risiko auszuschließen, bediente ich mich einer Selbstsicherung, die mir mehr moralischen Halt als die Gewißheit gab, daß ein Sturz nicht zugleich auch mein Ende sein würde. Mit größter Vorsicht prüfte ich jeden Griff und jeden Tritt genau, bevor ich ihn belastete. So überwand ich dieses Hindernis. Etwas außer Atem, aber nun schon entspannt und zuversichtlich, nahm ich die letzte brüchige Verschneidung in Angriff. Wiederum sicherte ich mich durch die Öse eines Hakens. »Nur jetzt, so knapp unter dem Gipfel, nicht stürzen«, war mein einziger Gedanke.

Knapp zwei Stunden waren vergangen, seit ich mich unten am Einstieg von den beiden Kameraden verabschiedet und meinen luftigen Weg himmelwärts genommen hatte. Nun stand ich neben dem kleinen Gipfelkreuz im strahlendsten Licht dieses Julimorgens. Ich hätte die ganze Welt umarmen mögen.

Der Abstieg vom Gipfel ist nur durch fortwährendes Abseilen über die Südostseite zu schaffen. Da ich nur ein Seil hatte, wartete ich auf meine Kameraden, die nach mehr als zwei Stunden auf das kleine Gipfelplateau ausstiegen. »Servus, Sepp! Servus, Karl! Bergheil!« Nach einer schier endlosen Abseilfahrt, bei der uns wechselweise die Oberschenkel zu glühen begannen, standen wir noch am frühen Vormittag unten am Fuß der Wand. Zum Nachhausegehen war es noch zu früh. Sepp Moosbrugger war noch aufgelegt, mit mir über die »Direkte Ostwand« die Bischofsmütze zu erklimmen. Fast wollte es mir wie eine Undankbarkeit erscheinen, der prachtvollen Felsfahrt über die Däumling-Ostkante noch eine Bischofsmützenroute dazuzulegen. So nahm ich den Donner- und Blitzschlag des hereinbrechenden Gewitters dann auch als gerechte Strafe für diese Unersättlichkeit. So schnell uns die Beine trugen, flüchteten wir vom Gipfel der Bischofsmütze über den Normalweg talwärts. Völlig durchnäßt kamen wir in der Hofpürglhütte an. Der Wastl hatte natürlich längst von meinem Däumlingabenteuer Kenntnis. Seine herzhafte Gratulation bedeutete mir an diesem Tag besonders viel.

DACHL-ROSSKUPPEN-VERSCHNEIDUNG

Gemütlich saß ich mit Freunden vor einem Kaffee am Hauptplatz in Chamonix. Aus einer französischen Tageszeitung entzifferte ich sehr mühsam die Meldung, daß Walter Bonatti bei seinem Versuch, die Eiger-Nordwand im Alleingang zu bezwingen, gescheitert war. Bonatti, der erfolgreiche italienische Bergführer, soll sich eine Verletzung zugezogen haben, die ihn dann zur Umkehr zwang. Zunächst war ich etwas verstimmt, weil auch ich mir die Alleinbegehung der Eigerwand für diesen Sommer vorgenommen hatte. Dann konnte ich mich aber freuen, denn der Weg für den ersten Alleinbezwinger war nach wie vor frei. Aber eine Schadenfreude kenne ich nicht. Wenn es sein will, dachte ich bei mir, wenn es mir das Schicksal gönnen sollte, dann wohlan!

Rasch verabschiedete ich mich von den Freunden und nahm den ersten Zug nach Grindelwald. Auf der Wengern-Alpe traf ich mit Kasper von Allmen zusammen und erzählte ihm mein Vorhaben. Wir unterhielten uns eine Weile über den gescheiterten Versuch Bonattis. Dann blickte ich hinüber zur drohenden, düsteren Nordwand. Ich kannte sie gut. Zwei Jahre zuvor hatte ich sie mit dem Schweizer Strickler in einer verhältnismäßig kurzen Zeit durchstiegen. Wären wir damals nicht von zwei anderen Seilschaften aufgehalten worden, wäre uns die Durchsteigung in einem Tag ohne Biwak gewiß gelungen. Um wieviel rascher könnte ein Alleingänger diese Wandflucht überwinden, wenn er konditionsstark ist und das Quentchen Glück ihn nicht verläßt, ohne das es nun einmal in dieser Wand nicht geht. Ich hatte in den letzten Tagen einige der schwierigsten Fels- und Eisfahrten gemacht, wie zum Beispiel die Dru-Westwand mit anschließender Überschreitung zur Grand-Dru oder die Courtes-Nordwand, eine schwierige Eistour.

Daß bisher alle Versuche von Alleingängern tödlich geendet hatten, Bonatti ausgenommen, konnte mich in meinem Vorsatz nicht beeinflussen, obwohl ich die tragische Erinnerung an so mutige Kameraden wie Adi Mayr, Adolf Derungs und Dieter Marchart nicht ganz unterdrücken konnte. Zudem quälte mich die Frage, ob Bonatti wirklich wegen seiner Verletzung umgekehrt war oder ob er eingesehen hatte, daß die Alleinbegehung im derzeitigen Zustand der Wand zu riskant gewesen wäre. Das Wetter war prachtvoll und versprach auch zu halten. Ein kurzer Abendspaziergang hinunter nach Alpiglen, von wo aus ich die große Wand aus nächster Nähe einsehen konnte, bescherte mir eine herbe Enttäuschung! Am sogenannten Götterquergang, schon in der oberen Wandhälfte, bewegte sich ein Alleingänger mit einem roten Anorak gegen die Spinne zu, dem aufgefächerten steilen Eisfeld, von dem die Ausstiegsrisse hinaufführen zum Gipfeleisfeld. Der Schweizer Bergführer Michel Darbellay war mir um einen Tag zuvorgekommen. »Tut mir leid für dich!« waren seine Worte, als wir uns am nächsten Tag im Familienkreise bei Fritz von Allmen im Hotel Kleine Scheidegg

Kletterer in der Wand de
El Capitan (Kreis)
Bildmitte: »Stiefelschuppe«

trafen, um seinen großen Erfolg zu feiern. Meine anfängliche Enttäuschung war gewichen. Ich freute mich ehrlich mit Michel. Für die mögliche zweite Alleinbesteigung fehlte mir der Anreiz. Zwar ging ich am 3. August halb entschlossen, die Wand doch anzugehen, zum Einstieg; aber mir fehlte das Herz, der letzte Anstoß. So kehrte ich um, und während ich langsam über das taunasse Gras talwärts schlenderte, kam mir ein Gedanke, der unverzüglich zu einem festen Vorsatz wurde. Meine Schritte wurden rascher und rascher, bis ich im Laufschritt im Tale angelangt war. Ich konnte es kaum erwarten, an die Verwirklichung des Planes heranzugehen, den ich am Fuße der Eiger-Nordwand geschmiedet hatte.

Im ersten Dämmerlicht des 17. August 1963, an einem prachtvollen Morgen, stieg ich die Dachlschlucht, die über dem Haindlkar aufragt, empor. Zwei junge Kletterer aus Steyr begleiteten mich fast bis zum Einstieg, dort gingen sie nach rechts weiter zur alten Dachl-Nordwand. Mein Weg führte gerade hinauf in die von drohenden Überhängen überdachte, zum Teil wasserüberronnene Schlucht zwischen der Dachlwand und der Roßkuppe. Über mir wölbte sich die »Todesverschneidung«, wie die Dachl-Roßkuppen-Verschneidung auch genannt wird. Ich machte mich kletterbereit. Prüfend schaute ich zum sogenannten Domüberhang hinauf, der schon manchem Kletterer das Mark aus den Knochen gezogen hatte. Ein leichtes Unbehagen überfiel mich für einen Augenblick. Warum konnte sich bisher noch kein Bergsteiger entschließen, diese Route im Alleingang zu bezwingen? Insgeheim war ich glücklich darüber, denn ich konnte hier erleben, was mir wenige Tage vorher in der Eiger-Nordwand versagt geblieben war.

Meine Ausrüstung bestand aus: 1 40-Meter-Seil, 2 fixen Steigschlingen, 1 Fifi-Steigleiter, 6 Alu-Karabinern, 6 sortierten Haken, einigen Holzklötzchen und 1 Reepschnur. Mit einem Biwak brauchte ich wohl nicht zu rechnen. Punkt 5 Uhr legte ich Hand an den kalten, abweisenden Fels. Meine Kampflust war erwacht. Schon nach wenigen Minuten stand ich unter dem Domüberhang. Die ersten beiden Seillängen der Route, die mit dem Schwierigkeitsgrad V bewertet sind, machten mir keinerlei Kummer. Im Haindlkar unter mir wurde es allmählich auch lebendig. Mehrere Seilschaften bewegten sich auf verschiedenen Einstiegsweglein zu den Wänden. Noch bevor die ersten angeseilt waren, würde ich schon hoch in meiner Verschneidung, weit über dem Domüberhang sein, und... Ich werde doch nicht hochmütig werden, schoß es mir durch den Kopf. Dann überlegte ich sorgfältig, wie ich dem »Dom« auf den Pelz rücken könnte.

Freikletternd manövrierte ich mich über die ersten Haken hinauf. Immer weiter drängte mich der Überhang hinaus. Weitab von der plattigen Wand hing das Seil unter mir im freien Raum; ich selbst pendelte in einer Seilschlinge. Mit äußerster Vorsicht tastete ich mich von Haken zu Haken. So kaufte ich diesem Hindernis seinen Schrecken ab, obwohl ich meine ganze Kraft und mein ganzes Können zusammennehmen mußte, um über die weit

El Capitan-Südpfeiler: Pendelquergang (2. Tag)

Dachl-Roßkuppen-Verschneidung, Domüberhang: erste Alleinbegehung durch Leo Schlömmer (17. 8. 1963)

ausladende Dachkante hinwegzukommen. Ein winziger Cassin-Haken, der in einer kleinen Runse am Wulst eingetrieben war, und eine Knotenschlinge, die ich über eine kleine Schuppe legte, halfen mir, die erste Schlüsselstelle sicher und verhältnismäßig rasch zu überwinden. Die folgenden Seillängen erschienen mir nach den Schwierigkeiten der ersten Schlüsselstelle gleichsam wie ein Kinderspiel. Ohne Selbstsicherung stürmte ich hinauf zum »Hollerbusch«, bei dem ich um 5.45 Uhr anlangte. Nur 45 Minuten hatte ich bis hierher gebraucht.
Am 7. Juni 1957 hatte der Gesäusespezialist Walter Almberger seinen Versuch, die Verschneidung im Alleingang zu bezwingen, hier an dieser Stelle aufgegeben. Meine beiden Begleiter, von denen ich mich unten am Einstieg getrennt hatte, befanden sich noch immer in der ersten Seillänge der alten Dachl-Nordwand-Route. Wir riefen uns zu und wünschten uns alles Gute. Mittlerweile waren dunkle, drohende Wolken aufgestiegen. Das spornte mich zu noch rascherem Aufstieg an. Der »Holzpackelquergang«, der mir von der Besteigung mit Herbert Raditschnig noch in makabrer Erinnerung war, ergab sich verhältnismäßig leicht. Herbert hatte mich seinerzeit an seinem Sicherungsseil einfach hinüberspringen lassen. Eine etwas ungewöhnliche Methode, eine Schwierigkeit zu überwinden, deren Anwendung einem Alleingänger nicht möglich ist. In der »Grauen Verschneidung« war offensichtlich ein Haken entfernt worden, vielleicht war an dieser Stelle ein Vorgänger mit dem Haken gestürzt, oder ein Romantiker hat ihn sich als Souvenir mitgenommen. So mußte ich mich entschließen, einen aus meiner Sammlung zu investieren. Auf der »Schrägen Platte«, dem zweiten Biwakplatz der Erstbegeher, gönnte ich mir eine kurze Rast. Ich wollte mich ein wenig regenerieren für die zwei schwersten Seillängen, die ober mir warteten. Schwarz und wasserüberronnen machten sie gerade keinen einladenden Eindruck auf mich, aber was sein muß, muß sein! Ich machte mich fertig zum Sturm auf diese Bastion.
Inzwischen hatte es zu regnen begonnen. Aber das machte mir nichts aus, denn ich war unter den Überhängen geschützt. Mit Selbstsicherung und Seilzug arbeitete ich mich über das Nischendach. Der einzige Haken, an dem ich hing, war sehr fest, aber schon der nächste wackelte bedenklich; er steckte in einem nassen, morschen Holzkeil und machte keinen vertrauenerweckenden Eindruck. Mit ein paar kräftigen Bewegungen kam ich über diese heikelsten und schwierigsten Meter des Alleinganges freikletternd hinweg. Langsam löste ich mich aus den Überhängen. Über dem sogenannten »Trichter« nahmen die Schwierigkeiten ab. Der letzte Teil der Route besteht aus herrlichen Freikletterstellen im V. Schwierigkeitsgrad. Auch die schwarzen Wetterwolken hatten sich wieder verzogen. Noch etwas schüchtern sandte die Sonne ihre ersten Strahlen durch den schon zerrissenen Wolkenvorhang. Ich hätte die ganze Welt umarmen können. Viereinhalb Stunden lang hatte ich mit den abweisenden, überhängenden Felsen gerungen,

viereinhalb Stunden lang hatte ich mein Leben eingesetzt für ein Abenteuer, für ein Erlebnis, für ein Glück, das einem nur selten zuteil wird.
Am hellen Morgen stieg ich wieder glücklich zu Tal. Das Dichterwort fiel mir ein: »Dann erst genieß' ich meines Lebens recht, wenn ich's mir Tag für Tag aufs neu' erobere.«

DACHL-DIAGONALE

Während des Einmarsches der Sowjettruppen in der CSSR im September 1968 befand ich mich gerade in Wien in der Heeressportschule. Wegen der Unruhe im Nachbarstaat hielt das österreichische Bundesheer Bereitschaftsdienst, auch über das Wochenende. Es war ein ernstes Anliegen, das mich zwingen sollte, von einer längst geplanten Gesäusetour Abstand zu nehmen. – Daß es aber ausgerechnet auf meine Präsenz ankommen würde, leuchtete mir auch nicht ganz ein. – Aber wenn es schon sein sollte oder, besser gesagt, sein müßte, die Gesäuseberge würden mir auch nicht davonlaufen. – So riß es mich hin und her. Wäre das Wetter nicht so schön gewesen, ich hätte meinen Eifer zur Verteidigung des Vaterlandes und seiner Grenzen nicht im Zaume halten können; so aber flog mein ganzes Sinnen und Trachten hinüber zum Hochtor und zum Ödstein, in das Haindlkar am Fuße der prallen Wände der Gesäuseberge. Und in den Fingern begann es zu kribbeln. Wie schon so oft trug der Bergsteiger mit dem Soldaten Schlömmer einen Gewissenskampf aus, über den ich schließlich meinen Chef zum Schiedsrichter anrufen wollte. Ich unternahm also einen letzten Versuch zugunsten des Heeresbergführers Schlömmer. Meine Kameraden schienen damit nicht ganz einverstanden zu sein. Warum soll gerade der eine frei bekommen und sie nicht? So dachten sie wohl.
Was ich selbst gar nicht für möglich gehalten hatte, gelang. Mir wurde ein 24stündiger Sonderurlaub gewährt. Am Samstagabend um 18 Uhr hätte ich auf Gedeih und Verderb wieder zurück zu sein, um den Bereitschaftsdienst anzutreten. Ich hatte mir also nicht einmal vorzuwerfen, besonders begünstigt zu sein. Von Wien ins Gesäuse sind es etwas mehr als 200 Kilometer, zu deren Überwindung mir ein Volkswagen zur Verfügung stand. Meinem nicht gerade von PS strotzenden Vehikel kam es gelegen, daß die An- und Rückreisestrecke im Flachland verlief, also schienen die Voraussetzungen für ein gutes Gelingen gegeben. Seit ich mit einem Kameraden die Dachl-Diagonale durchstiegen hatte, trug ich den Plan mit mir herum, diese großartige Felsfahrt auch im Alleingang einmal zu bewältigen. Dieser Plan verdichtete sich zu einem festen Vorsatz, als ich mit dem VW die Bundeshauptstadt in westlicher Richtung verließ. Rasch stellte ich noch eine Kalkulation auf: Anreise 3 Stunden, Aufstieg zur Haindlkarhütte 1 Stunde, zum Einstieg 1 Stunde, die Zeit des Durchstieges ließ ich vorläufig aus, Abstieg vom Gipfel

zur Haindlkarhütte eineinviertel Stunden, Abstieg zum Auto eine Dreiviertelstunde, Rückfahrt nach Wien 3 Stunden. Das waren insgesamt 10 Stunden. Eine kleine Zeitspanne mußte auch für das Umziehen vorgesehen werden. Mit der verbleibenden restlichen Zeit mußte also gut gewirtschaftet werden. Irgendein Malheur in der Wand, eine Verletzung – sei es auch eine kleine Verletzung – hätte in diesem Zeitplan nicht mehr untergebracht werden können.

Am Freitag, dem 14. September, stand ich um 20 Uhr mit meinem Pkw am Rande der Gesäusestraße an jener Stelle, wo nach Süden das Steiglein zur Haindlkarhütte abzweigt. Im Licht meiner Autoscheinwerfer sortierte ich die Ausrüstung für das Unternehmen. Das Wetter war alles eher als einladend. Der Föhn lastete mit seinen grauschwarzen Wolkenfetzen über dem Tal. In einem kurzen nächtlichen Aufstieg gelangte ich zur Haindlkarhütte. Die Nordwände der Gesäuseberge hoben sich düster vom fahlen Himmel ab. Da standen sie der Reihe nach, die guten alten Freunde, vertraut und liebgewonnen in unzähligen Begegnungen: die Planspitze ganz im Osten, Peternschartenkopf, Roßkuppe, Dachl, Hochtor, Haindlkarturm und als westlichster Pfeiler schließlich der mächtige Ödstein.

Das Dachl durchzieht eine schräge Rißreihe, die als »Diagonale« bekannt und berühmt wurde. Sie ist um einiges schwieriger als die Dachl-Roßkuppen-Verschneidung, die ich mit Herbert Raditschnig einige Jahre vorher bezwungen hatte und die mir auch im Alleingang nicht trotzen konnte.

1956 hatten die beiden Admonter Bergsteiger Leopold Scheiblehner und Karl Gollmaier diesen »gegebenen Weg« erstmals durchstiegen. Ich sage »gegebenen Weg«, weil diese Rißreihe trotz ihrer Unterbrechungsstellen einer natürlichen Routenführung gleichkommt, immer im höchsten Schwierigkeitsgrad. In jener Zeit also, in der sich Leo Forstenlechner, Leopold Scheiblehner und Walter Almberger gegenseitig die Erstbesteigungen der schwierigsten Gesäusetouren ablisteten, schlug die Geburtsstunde der »Diagonale«.

Die Haindlkarhütte war, wie zumeist im Herbst, überfüllt. Ich verdrückte mich in die Küche. Kurt und Ingrid Ring, ein erfolgreiches Bergsteigerehepaar, hatten sich ebenfalls in die vertraute Ecke zurückgezogen. Kurt Ring verunglückte einige Jahre später am Dhaulagiri IV bei einer Himalaja-Expedition. »Was hast du vor, Leo?« überfiel mich Kurt. Meine Antwort war nichtssagend: »Ich weiß es noch nicht!« Da lud mich Kurt ein, mit ihm und seiner Gattin die »Diagonale« zu machen. Mir verschlug es die Rede. Verlegen und ausweichend meinte ich: »Ich werde morgen lieber irgendeine leichtere Tour allein gehen.« Er war zufrieden, und wir begaben uns bald darauf zur Nachtruhe.

Um 3 Uhr früh verließ ich allein die Hütte. Niemand war noch wach. Ich bemühte mich, so leise wie nur möglich zu sein. Nach wenigen Minuten schon nahm mich der kühle, nachtdunkle Morgen auf. Mit raschen Schritten gelangte ich zum Einstieg der Dachlwand. Mit der Taschenlampe in der Hand stieg ich den brüchigen Dachlvorbau hinan. Einzelne Steine polterten in die Tiefe, langsam wurde es Tag. Der Sturm, der die ganze Nacht an den Fensterbalken der Hütte gerüttelt hatte, ließ mittlerweile nach. Das Wetter versprach sich zu bessern. Im ersten Grau des Morgens machte ich mich kletterfertig. Ich war mir bewußt, daß ich die schwierigste Route vor mir hatte, die je in den Gesäusebergen von einem Alleingänger bezwungen wurde. Beinahe hätte ich vergessen, daß ich am Abend desselben Tages wieder in Wien zu sein hätte, um meinen Bereitschaftsdient anzutreten. Im Gedanken rechnete ich noch rasch den gestern abend aufgestellten Zeitplan durch. Es mußte sich ausgehen!

Die erste Seillänge über die steile, ziemlich grifflose Platte ist identisch mit dem Weg durch die alte Dachl-Nordwand. Trotz des raschen Aufstieges von der Hütte war ich noch nicht richtig warm. Ich stand mit dem rechten Fuß auf einem Haken und tastete mit den Händen die plattige Wandstelle ab. Vor vier Jahren hatte ich hier aus nächster Entfernung einen Kameraden stürzen gesehen. Diese Erinnerung wühlte mich jetzt auf. Ich konnte mich kaum entschließen, weiterzuklettern. Als die Sorge, bei noch längerem Warten abgleiten zu können und zu stürzen, immer größer wurde, verwarf ich den Gedanken, ungesichert und allein zu sein, packte fest zu und kam in wenigen Sekunden über diese plattige Stelle hinweg. »Warum hast du so lange gezögert?« fragte ich mich selbst, dann mußte ich lächeln. Der Bann war gebrochen. Nun stieg ich weiter gegen die graue Dachlwand, als wäre es die selbstverständlichste Sache der Welt. Nach einem kurzen Quergang über ein Höhlendach in einen sehr schwierigen Riß gab mir ein kurzer, lotrechter Kamin ein wenig das Gefühl der Geborgenheit. Nach wenigen Minuten saß ich auf einem schönen Felskopf unter den mir schon bekannten, schwierigen Seillängen, die über eine Hakengalerie führen.

Hier machte ich kurz Rast, stärkte mich mit einem Schluck Tee und holte ein paarmal tief Atem. Ich wußte, jetzt würden die kritischen Stellen kommen. Als ich schon in der zweiten Seillänge des überhängenden schrägen Risses an einem Haken schaukelte, warf ich rasch einen Blick in die Tiefe. Unter mir, bei der Einstiegsplatte, sah ich das Ehepaar Ring, das mich mittlerweile auch schon entdeckt haben mußte. Mit ein paar Zurufen verständigten wir uns. Kurt erzählte mir später, daß er mich nicht ablenken wollte und sich auch gar nicht gemeldet hätte, wenn ich nicht selbst zum Einstieg hinuntergesehen und die Freunde bemerkt hätte. Nach einer fast frei zu kletternden 40-Meter-Seillänge, die wasserüberronnen und mit glitschigem Moos bewachsen war, gelangte ich zu dem großen Biwakplatz. Für einen Alleingänger ist diese Seillänge besonders unangenehm. Rasch schrieb ich in das Wandbuch: »9.15 Uhr, 15. September, erste Alleinbegehung.« Nachdem ich meinen Namen daruntergesetzt hatte, nickte ich ein. Die weite Autofahrt, nur drei Stunden Schlaf und die enorme nervliche und körper-

Dachl-Nordwand-Diagonale, erste Alleinbegehung durch Leo Schlömmer (15. 9. 1968). Route eingezeichnet

liche Anstrengung waren nicht spurlos an mir vorübergegangen. Ich schlief und träumte. Länger als eine Stunde döste ich auf diesem geräumigen Biwakplatz dahin. Plötzlich riß es mich auf. Ein kalter Sturm heulte und jagte Nebelfetzen die Wand hoch. Mein Anorak war feucht, es mußte geregnet haben.

Als ich mich wieder zum Weiterklettern anschickte, mußte ich feststellen, daß der ohnehin schon sehr nasse Fels noch glitschiger geworden war. Zu allem Überdruß befand sich die schwierigste Stelle der Tour, ein dachartiger Überhang, noch ein ziemliches Stück über mir. Drüben an der Roßkuppenkante standen hintereinander wie aufgefädelt mehrere Seilschaften. Ein leichtes Donnergrollen hinter dem Reichenstein-Massiv ließ mich zusammenfahren. Jeden Augenblick konnte ein Gewitter losbrechen. Höchste Eile war geboten, sollten die Schwierigkeiten dieses Weges durch einen Wetterumschwung nicht noch größer werden. Ohne die bisherige Vorsicht zu vernachlässigen, kletterte ich rasch unter den Überhang hinein, den ich als Schlüsselstelle bezeichnen möchte. Ich stand in einer Steigschlinge und drehte mich um die eigene Achse. In einem Seilring hatte ich die Selbstsicherung fixiert. Lotrecht schoß unter mir die Plattenflucht der Dachlwand hinunter in das Kar. Schnell überprüfte ich nochmals die Länge des Seilringes, über den ich mich selbst gesichert hatte. Wehe, ich hätte das Seil zu kurz bemessen. Allzulange könnte ich in dieser verkrampften Hängelage nicht verweilen! Etwas mißtrauisch schielte ich auf den verrosteten Haken, der mein ganzes Gewicht zu tragen hatte. Würde er auch einen Sturz aushalten? Das Bewußtsein, in diesem Augenblick gar keine andere Wahl zu haben, als mich mit letzter Kraft nach oben durchzukämpfen, verdrängte alle Zweifel und Skrupel.

Griff um Griff, Schritt um Schritt, ohne Hast hängte ich Seilschlinge um Seilschlinge ein und aus. Minutenlang wiederholte sich dieses Spiel. Auf dem geräumigen Absatz unter dem 60 Meter hohen, schiefen Ausstiegsriß legte ich noch eine kurze Rast ein, leerte die Plastikflasche bis auf den Grund und wollte eine Zigarette rauchen. Vorsichtig zog ich den verbogenen Glimmstengel aus der Rucksackseitentasche und steckte ihn genußvoll zwischen die ausgedörrten Lippen. Meine linke Hand blutete. Geringschätzig schaute ich auf diese lächerliche kleine Verletzung und suchte nach Streichhölzern – vergeblich. Enttäuscht warf ich die Zigarette über die Wand hinunter.

Der schräge Ausstiegsriß erforderte nochmals meine ganze Aufmerksamkeit. Langsam kam ich höher. Punkt 12 Uhr mittags war es, als mich die Wand endgültig entließ. Das Seil hinter mir herziehend, schritt ich auf das Plateau zu – einen Gipfel gibt es hier nicht – und ließ mich neben einem Felsblock hinfallen. Ich war abgekämpft, aber restlos glücklich. Am Horizont brauten sich dunkle Gewitterwolken zusammen. Niemand war hier, dem ich die Hand kräftig hätte schütteln, dem ich ein herzliches »Bergheil« hätte zurufen können. Als ich einige Minuten lang gemütlich auf den Moospolstern gelegen hatte, riß unerwartet das Gewölk auf, und die Sonne sandte einige verirrte Strahlen zu mir herunter. Sie schienen mir wie ein Zeichen der Anerkennung und des Lobes für einen harten, aber ehrlichen Kampf, den ich in dieser drohenden Wand bestanden hatte. Ich erhob mich, nahm meinen Rucksack auf und stieg mit einem Herzen voller Freude wieder hinab ins Tal. Um 18 Uhr meldete ich mich in strammer Haltung zum Bereitschaftsdienst.

DACHSTEIN-SÜDWAND-DIRETTISSIMA

Der milde Herbst dauerte in diesem Jahr länger als sonst, die Blätter waren verfärbt, die saftigen Almen hatten ihre sattgrüne Farbe schon verloren, aber der Himmel war tiefblau, und die Sonnenstrahlen wärmten die Dachsteinwände sommerlich, Tag für Tag. Die Bergsteiger waren eifrig unterwegs; der Gipfel mußte sich noch unzählige Besteigungen gefallen lassen, während er um diese Zeit sonst schon »seine Ruhe« hatte. Nur die Nächte waren schon kühl und länger. Um 4 oder 4.30 Uhr, wenn im Hochsommer schon die Sonne über den Horizont heraufrückt und den Dachsteingipfel als einen der ersten mit ihren Strahlen küßt, war es noch stockdunkel, und die Sterne funkelten wie Diamanten.

An so einem kühlen Oktobermorgen des Jahres 1969 schritt ich den Hüttenweg hinan, gegen die Südwand zu, die sich nur schwach vom nächtlichen Himmel abhob. Über dem Gipfel stand matt leuchtend ein Stern. An diesem Tag war es nicht meiner. Knapp vor der Südwandhütte machte ich kehrt, gab meinen Plan auf, den ich unbemerkt von meiner Umgebung schon tagelang mit mir herumgetragen hatte. Eine innere Stimme warnte mich, und ich gehorchte ihr. Als ich um 7.30 Uhr noch ein wenig schlaftrunken das Gastzimmer des Hotels Dachstein betrat, wußte nur mein Gastgeber, der Walcher Hansi, daß ich vorzeitig und unverrichteter Dinge von meinem einsamen, nächtlichen Weg wieder zurückgekehrt war und mich still und heimlich wieder in die »Harpfe« gehaut hatte. Sein Blick verriet mir, daß er darüber froh war.

Der Herbst dieses Jahres zog jedoch alle Register seiner farbenfrohen Verführungskunst; er lockte und lockte und ließ die Dachstein-Südwand gelber, wärmer und einladender auf die Ramsau herableuchten als den ganzen Sommer zuvor.

Und wieder standen die glitzernden Sterne am nächtlichen Himmel, als mich Tage später mein Weg ein zweites Mal hinaufführte zur Südwandhütte und an ihr vorbei hinüber zum Einstieg der Dachstein-Südwand. Über dem Gipfel stand wieder der einsame Stern; aber diesmal leuchtete er hell und klar wie ein Irrlicht, dem ich nachlief, mit keuchendem Atem und unbändigem Verlangen. Heidi, die mir das nächtliche Frühstück bereitet hatte, hoffte mich am späten Vormittag von der »Steiner-Route« wieder zurück. Mein wirkliches Ziel hatte ich ihr verschwiegen. Als ob ich meinen Entschluß vor mir selbst rechtfertigen und verantworten müßte, ließ ich einige meiner Bergtouren dieses Jahres in Gedanken vorüberziehen: Dachl-Nordwand-Diagonale in vier Stunden, Hermann-Buhl-Gedächtnisweg in der Dachlwand, 13. Begehung, in neun Stunden, »Sachsenweg« durch die Nordwand der Großen Zinne in elf Stunden, Egger-Sauschek-Führe an der Kleinen Zinne in knapp vier Stunden. Fredl Kapfenberger, einer der besten jungen Österreicher, hatte mich begleitet. Die Begehungszeiten tun nichts zur Sache, allein sie bestätigten mir, für das größte bergsteigerische Alleinunternehmen, das ich mir zutrauen wollte, bestens gerüstet zu sein.

Bald stand ich am Einstieg des Steinerweges; zuvor hatte ich das steile, harte und von Steinen übersäte Firnfeld mit Hilfe eines alten, halb abgebrochenen Eisbeiles, das ich seinerzeit schon in der Eiger-Nordwand verwendet hatte, bezwungen. Hier ließ ich es einfach liegen und deckte es mit Steinen zu.

Nach knapp einer Stunde verließ ich das Salzburger-Band und querte hinein in den Schluchtgrund der Dachsteinwand, deren Direttissima meinen Namen trägt, seit ich ihr mit Peter Perner einen Durchstieg über die glutroten Riesendächer abgetrotzt habe. Die 16. Begehung, zugleich die erste Alleinbegehung, konnte beginnen. Jeder Griff, jeder Tritt war mir vertraut; wochenlang hatte ich in den Jahren zuvor diese Feuermauer ja belagert, bis sie sich ergeben hatte. Die Grenze des Menschenmöglichen schien mit dieser Führe erreicht zu sein. An diesem Tage wagte ich mich allein an diese Grenze heran.

Ein 15 Meter hoher und völlig blanker Eisschlauch trennte mich vom morschen Fels, ein Überbleibsel vom steilen sommerlichen Schneefeld. Mit dem spitzen Kletterhammer schlug ich Kerben in das Eis, gerade groß genug, um mit den Kletterschuhen darin Halt zu finden. Eissplitter surrten hinter mir in die Tiefe der Dachsteinwand...

Erbärmlich klein und elend fühlte ich mich dann in den Stunden, in denen ich mich in freier Kletterei und mit Hilfe von Steigschlingen Meter um Meter über die riesigen Dächer emporkämpfte, doch an eine Kapitulation dachte ich keinen Augenblick lang. Nur einmal streiften für Sekundenbruchteile absonderliche Gedanken mein Innerstes, als ich um 9.30 Uhr vor dem 50-Meter-Dach kurz rastete und dabei im Wandbuch meine Begehung vermerkte: Könnten es vielleicht meine letzten Schriftzüge sein?

Meine Entschlossenheit gab mir nicht nur die Kraft, dieses verwegene Abenteuer zu bestehen, sie gewährte mir zum erstenmal in meinem Leben einen neuen, anderen Blick in die innere Welt des Bergerlebnisses, die mir bisher verborgen war. Ich hielt Zwiesprache mit der leblosen Materie, die mich umgab, die mich trotz ihrer scheinbaren Feindseligkeit und Bedrohung stets glücklich und zufrieden machen konnte. War die gnadenlose Einsamkeit zur Fragestellung an den Alleingänger nach dem Motiv seines Handelns geworden? Die Freude an der bergsteigerischen Leistung, die vollkommene Beherrschung der Aufgabe oder das Bedürfnis, etwas Außergewöhnliches zu vollbringen, konnte ich mit einem Mal nicht mehr als einzige Begründung meines Tuns verstehen. Bisher fühlte ich mich herausgefordert zum Wettstreit mit den Kameraden um die beste und höchste Leistung im Klettersport, beteiligte ich mich am Eroberungsfeldzug in den Bergen, im Reiche der unbegrenzten Möglichkeiten jugendlicher Entfaltung. Ohne diese Maximen des Pioniergeistes hätte es wohl nie einen Alpinismus moderner Prägung, hätte es in keinem Bereich des Lebens einen Aufstieg und Fortschritt gegeben. In den Stunden meiner Alleingänge hatte ich bisher stets an dieser Vorstellungen festgehalten, doch nun schien jeglicher Ehrgeiz gewichen und die Rangordnung meiner sportlichen Ambitionen auf den Kopf gestellt zu sein.

Ich blickte hinaus in die Weite der Tauern und hinab auf die sanften Mulden und Matten der Ramsau, wo ich Heidi wußte. Wie hatte ich sie an diesem Morgen mit einer Lüge über mein Vorhaben getäuscht! Jetzt leistete ich Abbitte, indem ich mir vornahm, künftig aufrichtiger zu sein. Sollte ich auch geloben, niemals mehr das Risiko eines so gewagten Alleinganges auf mich zu nehmen? War ich etwa kleinmütig geworden? Das wildeste Abenteuer war stets nach meinem Geschmack, aber lebensüberdrüssig bin ich wohl nie gewesen. Die Gefahr reizte mich nur bedingt; dann nämlich, wenn sie in Kauf genommen werden mußte, um das höchste und schönste Ziel zu erreichen.

Nach einstündigem Kampf stand ich mit zittrigen Händen auf einer kleinen Leiste über der Schlüsselstelle – frei wie ein Vogel im Raum. Ein Schluck aus der Flasche, eine Zigarette! Ab hier leitet der Fels 200 Meter frei und senkrecht gegen den Gipfel. Die zweite Kaminsperre, eine delikate Freikletterstelle, vor der ich etwas Angst hatte, ergab sich relativ gut.

Noch einmal erforderte eine senkrechte Verschneidung meine ganze Aufmerksamkeit, ehe ich die letzten, leichteren Meter zum Gipfelgrat überwinden konnte. Nach sieben einsamen Stunden in dieser verrückten Wand trat ich dann, bebend vor Freude und Glück, zum Gipfelkreuz, das ich dankbar in meine Arme schloß. Dann stieg ich zur Randkluft ab und lief den Gletscher hinaus zur Hunerscharte. Heimwärts ging's, ein Geständnis abzulegen, etwas gutzumachen. Schon von weitem sah ich Heidis wallendes Blondhaar und Freude aus ihren blauen Augen leuchten.

El Capitan: 1000 Meter Granit

Viele der großen Granitklettereien der Westalpen kannte ich schon, als mir ein Artikel in der angesehenen französischen Bergsteigerzeitschrift »La Montagne«, herausgegeben vom »Club Alpine Française« und vom exklusiven französischen Bergsteigerklub »Groupe de Haute Montagne«, dessen Mitglied ich seit langem war, in die Hände fiel. Der Artikel war über den Yosemite-Nationalpark in Kalifornien und über die gigantischen Granitwände des El Capitan geschrieben. Den Namen El Capitan hatte ich zwar schon gehört, aber vorstellen konnte ich mir bislang sehr wenig darunter. Der Artikel des französischen Bergsteigers André Gauci war ein Bericht über die erste europäische Begehung seines 1000 Meter hohen Südpfeilers. Eindrucksvolle Bilder illustrierten den Bericht so lebensnah, daß ich ihn hintereinander zweimal oder dreimal lesen mußte.
Die beiden Franzosen Gauci und Dupont waren nach dem mehrtägigen Kampf mit dem himmelstürmenden Granitpfeiler der Überzeugung, daß es in Europa nichts Ähnliches an Schwierigkeit und Ausgesetztheit gibt. Der Bonatti-Pfeiler an der Petit Dru wäre zwar auch kein Kinderspiel, aber doch eine wesentlich einfachere Sache. Ich las auch sonst noch einiges über dieses »schwierigste Klettergebiet der Welt«. Das Yosemite Valley liegt zirka 650 Kilometer östlich der amerikanischen Millionenstädte Los Angeles und San Franzisko, am Rande der Sierra Nevada. Es ist ein herrliches Tal mit urwaldähnlichen, riesigen Bäumen und lotrechten grauen Granittürmen, das Tal des Merced River, der in der Sierra Nevada entspringt und durch das Yosemitetal zur Pazifikküste nach Westen fließt. Dieser »Nationalpark« in den Vereinigten Staaten sollte also zugleich ein Kletterparadies sein, wie man es in der ganzen Welt ein zweites Mal vergeblich sucht.
Zur Eiszeit haben Eis und Schuttströme von außergewöhnlichem Maße dieses eigenartige Tal geformt. Das heutige Yosemitetal hat eine Ausdehnung von etwa 10 Kilometer Länge und 1,5 Kilometer Breite. Zu beiden Seiten streben glattpolierte, fugenlose Granitwände empor. Die mächtigste gehört dem El Capitan. Er gilt als der größte freistehende Granitmonolith der Welt. Seine Gipfelfläche ist nicht einmal 3000 Meter hoch. Bis zu 1000 Meter brechen seine glatten, senkrechten und überhängenden Wände in das Tal ab. Der Half Dome, der sich im östlichen Teil des Yosemitetales erhebt, ist ein Nachbar des El Capitan. Auch seine Nordwestwand ist steil und abweisend. Gigantische Wasserfälle stürzen von den Gipfeln in das Tal, oft viele Hunderte Meter tief.

In den kalifornischen Wäldern, am Fuße der Granitriesen, gibt es Braunbären, die in freier Wildbahn leben und des Nachts auf Raubzug gehen. Sie kommen zu den Campingplätzen und plündern die Proviantsäcke, wenn man sie nicht vorsorglich verwahrt hat. Dieses an urgewaltigen Naturschönheiten so reiche Tal wurde im Jahre 1890 von der Regierung zum Nationalpark erklärt. Der amerikanische Bundesstaat Kalifornien, in dem dieser Nationalpark liegt, kam erst 1850 zu den Vereinigten Staaten. Vorher war er mexikanisches Territorium. Das war zu einer Zeit, als man in Kalifornien noch nach Gold grub. Auf Schritt und Tritt findet man heute noch Zeugnisse aus dieser Zeit. Man erlebt eine Atmosphäre, wie wir sie nur aus Wildwestfilmen kennen.
Seit etwa 35 Jahren wird in den Granitwänden geklettert. Die Bergsteiger aus Kalifornien eröffneten in einem eigenen Stil und mit einer besonderen Technik Kletterrouten, die oft sehr lang und schwierig sind. Man klettert dort hauptsächlich im Frühjahr und im Herbst. Im Hochsommer würde man die Hitzeschlacht einer mehrtägigen Kletterei vielleicht nicht durchstehen können. Schon im Frühjahr macht die pralle Sonnenhitze Kaliforniens die Kletterei oft unerträglich. Lange Zeit war den europäischen Bergsteigern dieses eigenartige Yosemitetal mit den extremen, haarsträubenden Kletterrouten nahezu unbekannt. Im Jahre 1958 drang erstmals die Kunde in die alte Welt, daß der El Capitan über seinen 1000 Meter hohen Südpfeiler bezwungen worden sei. Es war ein Markstein in der Geschichte des amerikanischen Alpinismus, vielleicht des Weltbergsteigens überhaupt. Die kalifornischen Bergsteiger Warren Harding, Wayne Merry und Georges Whitemore erstiegen diese Wand über dem Merced River in zwölf Tagen, ohne durch ein Versorgungsseil mit dem Wandfuß oder einer Bodenmannschaft in Verbindung zu stehen. Das wäre in dieser Riesenwand auch gar nicht möglich. Insgesamt hatten verschiedene Bergsteiger in einem Zeitraum von eineinhalb Jahren schon 45 Tage lang die Wand belagert; ein enormer, schier unvorstellbarer Zeitaufwand, wie es ihn in den Alpen bei bergsteigerischen Unternehmungen noch niemals gegeben hatte. Die Route war also zur Zeit ihrer Erstbesteigung schon ein verhältnismäßig großes Stück erforscht und erschlossen. Die Erstbegeher verwendeten 675 Felshaken und 125 Bohrhaken. Mit neun Pendelquergängen von 20 bis 40 Meter Länge und sechs Dächern, von denen eines mehr als 20 Meter weit aus der lotrechten Wand hinausragt, ist diese gigantische Wand mit Schwierigkeiten aller Art »gespickt«.
Es ist ein ungeschriebenes Gesetz des Yosemitekletterns, daß nach jeder erfolgreichen Durchsteigung einer Route sämtliche Haken wieder entfernt werden, mit Ausnahme der Bohrhaken. So haben alle Nachfolger nahezu die gleichen Schwierigkeiten zu überwinden. Eine zwar eigenartige, aber durchaus sportliche Einstellung der Amerikaner. Das Aufziehen der schweren Proviantsäcke und des Trinkwassers während des tagelangen Kletterns erfordert eine eigene Technik. Auch die Auswahl der richtigen Haken gehört

zu den wichtigen Vorbereitungen. Die Wand besteht aus eisenhartem Granit, der meist von senkrecht verlaufenden Rissen durchschnitten ist. Diese sind stellenweise so schmal, daß selbst Rasiermesserhaken (Rurp-Haken) nur einige Millimeter einzudringen vermögen, dann wieder so breit, daß U-Haken bis zu 18 Zentimeter Breite erforderlich sind. Die senkrechten Risse enden zumeist unvermittelt in den vom Eiszeitgletscher abgeschliffenen Wandfluchten. Deshalb müssen auch so viele Pendelquergänge durchgeführt werden. Insgesamt sind am El Capitan bis heute mehr als zehn bedeutende Kletterrouten eröffnet worden, wobei die Südpfeilerroute aus dem Jahre 1958 wohl der markanteste und schönste Anstieg direkt zum Gipfel ist.
»The Nose«, wie der Südpfeiler auch genannt wird, konnte einmal von den einheimischen Spezialisten in dreieinhalb Tagen bezwungen werden. Diese bislang kürzeste Durchsteigungszeit stellt eine enorme Leistung dar. Lange Zeit glaubten die Yosemitekletterer aus Kalifornien nicht daran, daß jemals europäische Bergsteiger am El Capitan erfolgreich sein würden. Die seltenen Versuche von Europäern waren stets jämmerlich gescheitert. Bis dann die beiden französischen Kletterer kamen und sich in diesem ungewöhnlichen Gelände den ersten europäischen Sieg auf dem El-Capitan-Südpfeiler erkämpften. Sie waren dem Ende nahe, als sie nach achttägigem Kampf auf das ebene, von Bäumen bewachsene Gipfelplateau ausstiegen.
»Wir wurden von den Amerikanern über die häufigsten Schwierigkeiten dieser Wand aufmerksam gemacht. Es geht darum, sich sechs bis acht Tage in der Südwand zu halten, in der 4 Liter Wasser pro Tag und Kopf für den Durst notwendig seien ... Wir entdeckten zum Unglück, daß der 5-Liter-Plastikbehälter geborsten war, und schon verblieben uns nicht mehr als 11 Liter Trinkwasser. Es ist verrückt, mit dieser Wassermenge die Tour fortzusetzen, aber umkehren ist unmöglich, denn nur ein großer Pendelschwung von 20 Meter Länge und drei kleinere würden uns über eine Wand von 300 Metern aus dem glatten Granit führen. Es bleibt nur eine Lösung: weiter! Das Ein- und Ausschlagen der Haken ist schwierig und mühsam, da die Risse oft tief in den Berg hineingehen. Die Finger und Hände sind blutig... Der zweite Sturz, 12 Meter tief, Ergebnis: Hautabschürfungen und ein blutiges Knie... Ich bin entmutigt und todmüde... Die Nacht ist sehr kalt, die Moral tief. Von Angst gepeinigt, entstehen in unseren Köpfen unzählige undurchführbare Gedanken, von hier wegzukommen. Wenn ich Haken einschlage, bricht der untere heraus, denn die »Bootflake« erzittert unter jedem Hammerschlag... Wir essen sehr wenig, trinken unsere Wasserration, die gerade ausreicht, um uns die Kehle anzufeuchten und den Durst noch zu vergrößern. 4 Liter Orangensaft, die wir uns für den Schluß aufgespart haben, haben sich zu Essig verwandelt und verbreiten einen furchtbaren Geruch, aber der Zustand, in dem wir uns befinden, erlaubt es uns nicht, sie wegzuleeren. Wir nehmen das Risiko auf uns, zu erkranken, wenn wir davon trinken. Unsere Kehle brennt. An diesem Abend können wir

nichts mehr essen, der Mund ist geschwollen, aber wir schöpfen wieder Hoffnung, denn die restlichen 500 Meter steigen direkt zum Gipfel an. Die Pendelschwünge sind nun beendet. Das Erwachen am 5. Tag in der Wand ist erschreckend. Die mit Staub verklebten Augen lassen sich kaum öffnen... Die angeschwollenen Finger lassen sich nur mit Schwierigkeiten bewegen. Um zu vermeiden, daß die Kehle weiter austrocknet, sprechen wir nicht mehr... Jacques übernimmt die Führung... Ich bin heute nicht in Form. Magenkrämpfe, Beine wie aus Gummi, und ich habe Schwierigkeiten, weiterzuklettern... Wenn wir aus diesem Biwak nochmals erwachen, so ist es wirklich notwendig, aus der Wand hinauszukommen... Wir stecken ein Stück Papier in ein Fläschchen, das wir ins Leere werfen – 800 Meter tief – wie Schiffbrüchige: Seit 48 Stunden ohne Nahrung, nichts mehr zu trinken; wenn wir bis Samstag nicht aus der Wand kommen, sind wir verloren. Jetzt seid ihr dran, Kameraden, euch einzusetzen! ... Die Nacht ist mühsam, bewegt, unterbrochen vom Fieberwahn. Ich träume, daß uns unsere Kameraden mit einem großen Seil einen 20-Liter-Behälter mit Wasser vom Gipfel hinunterlassen, aber die überhängende Wand hindert uns daran, diesen zu erreichen! ...«

Nicht gerade einladende Worte dieser ersten Europäer am Südpfeiler des El Capitan, aber ich ließ mich nicht entmutigen. Vielmehr brannte ich jetzt noch mehr darauf, diesen Granitkoloß persönlich kennenzulernen. Hätte man Geld und Beziehungen nach »drüben«, wäre die Sache nur halb so schlimm. Ich hatte, als ich mich für dieses Abenteuer zu interessieren begann, weder das eine noch das andere. Der Zufall aber wollte es, daß ich in St. Pölten den Präsidenten des Österreichischen Alpenklubs, Herrn Doktor Carl Rind, kennenlernte. Er hielt im Rahmen des dortigen Alpenvereins einen Vortrag über seine Bergfahrten in Mexiko und Kalifornien. Vom Sehen kannte er auch den El Capitan. Ich bat ihn, er möge mir die Bekanntschaft mit irgendeinem Yosemitekletterer vermitteln. Er nannte mir Allen Steck aus Berkeley bei San Franzisko.

Nach kurzer Zeit schon schrieb mir Allen zurück: »Ihr seid herzlich willkommen, ich leihe Euch Spezialausrüstung, der El-Capitan-Südpfeiler ist eine herrliche Klettertour. Ihr könnt bei mir übernachten, ich bringe Euch mit dem Auto zum Fuß der Wand.« Danke, lieber Allen Steck, danke, lieber Dr. Rind. Kopfzerbrechen bereiteten mir noch die Mittel für die große Flugreise. Als ich auch dieses Hindernis überwunden hatte, kam ich zum letzten Problem: Wer würde mich in die Neue Welt begleiten? Ich kannte eine Anzahl sehr guter Kletterer, die für diese Wand in Frage kämen. Meine Wahl fiel auf Felix Kuen, der bereits im Jahre 1966 an meiner erfolgreichen Jirishhanca-Expedition teilgenommen hatte.

Am 10. April 1969 starteten wir in Schwechat. Über London ging es mit einer Kursmaschine der amerikanischen Fluggesellschaft PANAM in einem elfstündigen Non-stop-Flug über die sogenannte Polarroute nach Los Angeles. Als uns die amerikanischen Zollbeamten am Flughafen fragten, was wir mit den beiden riesigen Rucksäcken vorhätten, erklärten wir, etwas schüchtern: »Climbing in Yosemite!« Im Nu waren wir abgefertigt. Nach einstündigem Flug erreichten wir San Franzisko. Aufgeregt starrten wir aus der Maschine, als wir über der hell erleuchteten Stadt um 9 Uhr abends einschwebten. Allen Steck erwartete uns schon in einer zerschlissenen grünen Daunenweste und in viel zu kurzen Blue jeans, von Kopf bis Fuß ein richtiger Abenteurer. Als er unsere riesigen Rucksäcke entdeckte, war er sofort zur Stelle. Auch Bernd Schleifer, ein Schulkamerad von mir, war da und nahm sich unser an. Als wir in Allens Straßenkreuzer über die riesige Bay-Bridge dahinhuschten, gab er uns zu verstehen, daß wir gleich am andern Tag in das Yosemite-Valley aufbrechen würden.

Noch müde vom langen Flug aus Europa jagten wir am nächsten Tag über den Highway nach Süden. In Modesto, einer kleinen Stadt im Süden, übernachteten wir bei einem gewissen Royal Robbins, der als unbestrittener König des Yosemite bekannt war. Er kannte die meisten der schweren Touren am El Capitan und überhaupt im Yosemite. Er schloß sich uns an, und gemeinsam ging es nun dem Ziel unserer Sehnsucht entgegen. Auf Schritt und Tritt sahen wir Überreste aus der Goldgräberzeit. Am Straßenrand standen die alten »Saloons«, Eisenbahnwaggons und Lokomotiven aus der Zeit um 1848. Die Straße führte gerade durch einen dichten Wald, als unsere Freunde mit geheimnisvollen Gebärden nach vorne zeigten. Vor uns erhob sich die Riesenkulisse des El Capitan.

Ich muß gestehen, daß mich keine Felswand in den Alpen vorher so sehr beeindruckt hatte. Glatter, hellbrauner Granit bäumte sich einige hundert Meter von unserer Asphaltstraße entfernt senkrecht und überhängend in den blauen Himmel. Es hatte den Anschein, als ob wir unter einer riesigen Staumauer von 1000 Meter Höhe stehen würden. Nur ganz wenige, kleine Unebenheiten, feine Risse und Absätze konnte man von unten erkennen. Von der mäßig geneigten Gipfelfläche herab leuchtete eine Schneedecke im grellen Sonnenlicht. Durch die Ausstiegsverschneidung des Südpfeilers zogen dunkle Wasserstreifen herab. »Ihr seid heuer noch sehr früh dran«, meinte Allen, »zu viel Schnee liegt noch am Gipfelplateau. Solange der nicht weggeschmolzen ist, wird für euch wohl nicht viel drinnen sein.« Enttäuscht wandten wir uns den anderen Bergen zu. Der Sentinel-Rock, der sich kühn wie ein Dolomitenturm aus den grünen Wäldern erhebt, und die mächtige Nordwestwand des Half Dome, die das Tal im Osten abschließt, waren uns ebenfalls aufgefallen. Aber trotz dieser faszinierenden Trabanten kehrten unsere Blicke immer wieder zur Königswand des El Capitan zurück. Sollte wirklich nichts aus unserem Traum werden? Wir wollten es einfach nicht glauben.

Als wir eines Tages zum ersten Biwakplatz am Südpfeiler aufkletterten und dort biwakierten, mußten wir einsehen, daß Allen recht hatte. Völlig durch-

El Capitan-Südpfeiler
Querung zur »Stiefelschuppe«
(500 Meter Wandhöhe, 2. Tag)

näßt und halb erfroren seilten wir uns wieder zum Wandfuß ab. Es war wirklich noch zu früh, der Capitan war in diesem Jahr noch nicht reif. Wir mußten auch zugeben, mit der Technik, die dieses Gelände verlangte, noch nicht so richtig vertraut zu sein. Wir benötigten einen vollen Tag bis zum sogenannten »Sickle Ledge« (Sichelband), und das war einfach zu langsam für den Capitan. Man hat in diesem Fels auch keine Chance, mit den bei uns in den Alpen üblich gewordenen Leichtbergschuhen höherzukommen. Im Yosemite gibt es nur Kletterpatschen, so wie wir sie vor vielen Jahren auch bei uns verwendeten, um die optimale Reibung zu erzielen.

Die Amerikaner haben eine eigene Schwierigkeitsbewertung, die der unsrigen zwar ähnlich ist, die aber in erster Linie das sportliche Element berücksichtigt. Sie betreiben das Klettern nur aus sportlichem Interesse, so wie Schwimmen oder Football. Allerdings gibt es auch einige wenige, die zu den großen Schnee- und Eisbergen gehen und dabei erstaunliches Leistungsvermögen unter Beweis stellen. Grundsätzlich darf man sie als große Idealisten und Freunde des einfachen, entbehrungsreichen Lebens bezeichnen, worin sie sich von europäischen Bergsteigern nicht unterscheiden. Anfangs machten sich die amerikanischen Freunde einen großen Spaß daraus, zu beobachten, wie wir uns in das Einmaleins des Yosemitekletterns einübten. Wir mußten erst dahinterkommen, wie man zum Beispiel den schweren Sack mit Wasser und Material aufzieht, oft tagelang, ohne sich dabei schon am ersten Tag kaputt zu machen.

Als wir eine Seilschaft an der Wand bei der Arbeit beobachteten, die mit zwei Jümar-Bügeln und einer Umlenkrolle einen Flaschenzug baute, ging uns ein Licht auf. Wir beobachteten auch, daß der Seilzweite über weite Strecken selbständig am fixierten Seil nachstieg und dabei die Haken wieder entfernte, alles mit Hilfe dieser Jümar-Bügel. Während dieser Zeit hat der Seilerste die Aufgabe, den schweren Sack nachzuziehen. Es wird hier auch nicht mit dem üblichen Doppelseil geklettert, sondern mit einem 50 Meter langen Einfachseil in der Stärke von etwa 11 oder 12 Millimeter. Die in Europa üblichen Steigleitern mit den Sprossen für den Halt der Schuhe sind hier nicht brauchbar, weil diese Sprossen in den oft genau 10 Zentimeter breiten Rissen hängenbleiben würden. Man verwendet Steigschlingen aus etwa 3 Zentimeter breiten Perlonbändern. Man trägt meist keinen Steinschlaghelm, sondern einen Sonnenhut. Der Helm wäre zu warm, und der Fels ist ohnehin so fest, daß die Gefahr eines Steinschlages so gut wie nicht besteht. Der Proviantsack muß aus stärkstem Material sein, denn mehrere Tage wird er über den Fels geschleift. Ein gewöhnlicher Rucksack ginge schon nach dem ersten oder zweiten Tag in Fetzen. Hier sahen wir auch erstmals die Verwendung der Schlauchbänder, die ein Vielfaches mehr an Bruchdehnung und Reißfestigkeit haben als die üblichen Reepschnüre. Kurzum, wir konnten viele nützliche Erfahrungen machen.

El Capitan-Südpfeiler:
hinauf zum Riesendach (4. Tag)

Die Campingplätze am Fuß der Wände sind sehr sauber und komfortabel.

Wir lagerten im Camp IV, dem Sammelpunkt der Bergsteiger und Hippies. Es gibt auch Lagerplätze nur für Pensionisten, einen für Hundebesitzer, einen anderen für Wohnwagentouristen und so fort. Die amerikanischen Kletterer nahmen sich freundschaftlich um uns an. Sie hatten großen Respekt vor uns, weil wir die Eiger-Nordwand bezwungen hatten. Diese Wand steht bei den Amerikanern ganz hoch im Kurs. Sie ist für sie der El Capitan Europas. Dort in der Eigerwand im kombinierten Fels-Eisgelände würden sie sich wahrscheinlich die Zähne ausbeißen. Mit ihren akrobatischen Fähigkeiten als Felskletterer allein würden sie der Eigerwand nicht beikommen. Wir lernten auch eine Reihe bekannter Leute kennen, wie etwa Leo Le Boon, Pat Ament, Loiyd Price, den Inhaber einer Kletterschule im Tal, Chris Jones, den Mann, der vor Reinhold Messner die Yerupayá-Nordostwand in Peru als erster durchstieg, Wayne Merry, einen der Erstbegeher des Capitan-Südpfeilers, Chouinard, den Hakenfabrikanten und Bergausrüster, Dougal Haston, den drahtigen Engländer, mit dem ich zwei Jahre später in der Mount-Everest-Direttissima klettern sollte, Kim Smitz, den jungen kräftigen Mann, der das ganze Frühjahr im Yosemite kletterte, den Pfeiler des Capitan in Rekordzeit durchstieg, und der vor jeder schweren Tour an einem Baum im Walde saß, um Jogaübungen zu machen. Auch Dr. Hechtel war da, der bekannte deutsche Alpinist, der in Kalifornien lebt.
Nach wenigen Tagen machten wir auch Bekanntschaft mit den Braunbären des Naturparks. Zunächst hatten wir weit und breit keinen gesehen und glaubten schon, die Amerikaner hätten uns diese Bären »aufgebunden«. Aber dann fuhr mir doch einmal der Schreck in die Glieder. Es war Mitternacht, als ich im Halbschlafe meinen Freund reden hörte: »Leo, Bären sind da.« Ich nahm diese Worte nicht ernst und schlief weiter. »Bären sind da! Einmal habe ich sie schon verjagt, aber sie kommen immer wieder«, pfauchte mich Felix an, erzürnt, weil ich einfach keine Notiz von seiner Warnung nehmen wollte. Ein drittes Mal sollte er es mir aber nicht sagen müssen. Ich sprang auf und kauerte mich neben Felix an die Zeltwand, durch die wir die Bären atmen hörten. »Mensch, wenn einer mit seiner Pranke zuschlägt?« Nicht auszudenken! Felix öffnete zaghaft den Zelteingang, wir krochen hinaus in die kalte Nacht – nur mit einer Unterhose und einer Daunenweste bekleidet. Jetzt sahen wir die Bescherung. Einige dieser braunen Gesellen standen vor unserem Zelt und machten sich genüßlich an unserem Lebensmittelvorrat zu schaffen. Da sie im übrigen so friedlich aussahen und gar keine Anstalten machten, uns in ihren Speiseplan einzubeziehen, wurden wir plötzlich mutig und gingen daran, sie mit Fußtritten zu vertreiben. Die niedlichen Tiere trollten sich, hielten aber gleich hinter den ersten Baumstämmen an, wo sie offenbar eine bessere Gelegenheit abwarten wollten, den begonnenen Raubzug fortzusetzen. Nach einiger Zeit überlegten sie es sich und wandten sich einem anderen Zelt zu. Aus sicherer Entfernung konnten wir nun beobachten, wie raffiniert sie an das Werk gingen. Wie in einem Zirkus hing in

kurzer Zeit einer der Bären 5 Meter über dem Zelt an einem Baum und schickte sich an, einen alten Armeerucksack, der vorsorglich dort oben verstaut war, mit seiner kräftigen Pranke aufzureißen. Die anderen warteten inzwischen geduldig unten auf die Diebsbeute, die wie aus einem Füllhorn nach und nach herabfiel. Wir räumten unsere verstreut daliegenden Lebensmittel wieder zusammen; viel war nicht geblieben.
Zum Abschluß durchstiegen wir mit dem Amerikaner Dick Dorworth, der vorübergehend auch den Schi-Geschwindigkeitsweltrekord innehatte, die etwa 500 Meter hohe Washington-Column-Südwand, eine völlig frei zu kletternde Tour, die im Wald beginnt und oben im Wald endet. Sie ist mit dem Schwierigkeitsgrad VI– oder V+ nach unseren Begriffen zu bewerten. Baumwurzeln und hängende grüne Gärten waren in der brandheißen Wand zu überwinden. Den Yosemitekletterern ist es egal, ob eine Tour im Wald endet, für sie geht es um den Weg, er ist auch Ziel. Unser alpinistisches Gesichtsfeld war um ein gutes Stück weiter geworden. Als wir im Auto in Richtung San Franzisko wegfuhren und noch einmal die reine, klare Linie des 1000 Meter hohen El-Capitan-Südpfeilers vor Augen hatten, wußte ich, daß ich von diesem Berg nicht mehr loskommen würde. Ich war entschlossen, wiederzukommen.
Schon im darauffolgenden Jahr – diesmal jedoch erst im Mai – stand mein Zelt wieder am Fuße der großen Granitmauer. Es begleitete mich Peter Perner, mein Seilgefährte von der Dachsteinwand. Wir waren zuversichtlich, daß unser Vorhaben gelingen würde. Ein drittes Mal würde ich nicht so bald wiederkommen können. Aus Österreich hatten wir einen doppelwandigen, spezialvernähten Perlonsack zum Aufziehen des Proviants mitgebracht und alle notwendigen Kletterutensilien, die mir vor einem Jahr noch gefehlt hatten. Wir hatten acht Tage für das Training veranschlagt, dann wollten wir den großen Kampf mit den glatten Granitwänden und mit der sengenden kalifornischen Hitze aufnehmen. Acht Tage lang wollten wir alle technischen Handgriffe, wie das Nachziehen des schweren Sackes und das Steigen mit Jümar-Bügeln, bis in alle Details proben. In dieser Zeit wollten wir auch konditionell in Form kommen und mit dem eigenartigen Yosemitefels vertraut werden.
Peter war während der Wintersaison Schilehrer gewesen, und ich hatte einige Wochen auf Schihochtouren in der Silvretta und am Großvenediger verbracht. Dadurch hatte ich zwar eine gute Allgemeinkondition, aber nicht die so wichtige Fingerkraft und das Gefühl für den Fels. Wir kletterten jeden Tag eine kurze Trainingstour. Gleich am ersten Tag gingen wir die Eastside-Route am Delectable-Pinnacle an. Tags darauf sah man uns zusammen mit Allen Steck und Steve Rooper, dem Herausgeber des Yosemitekletterführers, beim Einstieg der Higher-Cathedral-Spire-Südwestwand mit dem Yosemiteschwierigkeitsgrad 5,8. Das entspricht etwa einer frei zu kletternden Alpenroute mit dem Schwierigkeitsgrad VI–. Als ich mich anstellte, mit

der Kletterei zu beginnen, hielt mich Steve noch einen Augenblick zurück: »Leo, warte, ich mache noch schnell ein Foto von dir, vielleicht das letzte.« Diese makabre Bemerkung war typisch für den Amerikaner. Als Allen und Steve sahen, daß wir uns in ihrem Yosemitefels relativ gut behaupteten, ließen sie uns allein weitermachen und nahmen eine Variante in Angriff. Dies beflügelte unseren Schritt, und schon nach kurzer Zeit standen wir auf dem Gipfel. »Hello, we are on the top!« riefen wir stolz zu den amerikanischen Freunden hinunter, die von der anderen Seite zu diesem Gipfel aufstiegen. Sie konnten es gar nicht recht glauben, daß wir es schon geschafft hatten.

Im Yosemite Lodge, einer Ansammlung von Selbstbedienungsläden, Souvenirgeschäften und Bungalows für Touristen, war wieder einmal der »Bär los«. Diesmal nicht wie üblich in der Nacht, sondern am hellen Mittag. Ein riesiger Braunbär spazierte seelenruhig aus dem Wald heraus zu einem Wasserbehälter und trank. Die Touristen nahmen Reißaus. Ich gestehe, daß mir dieser Besuch auch nicht ganz gleichgültig war, aber nach unserem nächtlichen Bärenabenteuer ein Jahr zuvor war ich für derlei Überraschungen doch schon etwas abgehärtet.

In der Route La Escuela am Fuße des Capitan erprobten wir noch einmal die Seil- und Nachholtechnik. Dann testeten wir unsere Freikletterkunst an der Right Side des Little John. Wir durften zufrieden sein. Als wir zuletzt den Serenty Crack in der glatten, grauen Wand ein Stück hinter dem Ahwahnee-Hotel bezwangen, hatten wir ein heiteres Erlebnis. Peter führte die letzte Seillänge zum Gipfel, er mußte schon längst oben am höchsten Punkt sein, machte aber keine Anstalten, mich nachkommen zu lassen. Erst nach längerer Zeit hörte ich ihn rufen: »Leo, komm herauf, so etwas hast du bestimmt noch nie in den Bergen gesehen, da wirst du schauen!« Ich war gespannt, was Peter für eine Überraschung bereithielt. Vielleicht gar eine Braunbärenseilschaft? »Da schau obi«, mit diesen Worten wies er zu einem Wassertümpel, der jenseits unseres Trainingsberges aufgestaut war. Dort ging es bunt zu: 20 Hippies, mehr Weiblein als Männlein, tummelten sich vollkommen nackt im Wasser oder am Rande des Beckens. Dazu erklangen Gitarrenlaute.

Am nächsten Vormittag besahen wir uns dieses Freibad einmal aus der Nähe. Wir mischten uns unter die Hippies, die uns sogleich um unseren Proviant anschnorrten. Um ihr Vertrauen zu erwerben, gaben wir ihnen von unserer Jause. Am Abend beobachteten wir sie bei ihrer Orgie. Sie rauchten ihre Joints und versanken bald in Trance. Es war ein erschütternder Anblick für uns. Lauter junge, teilweise kräftige Menschen, die auf diese Weise ihre Gesundheit und ihr Leben aufs Spiel setzten. Dann sahen wir mit Entsetzen, daß einige von ihnen, die offenbar am meisten unter dem Rauschgifteinfluß standen, Krücken zum Nachhausegehen benutzten. Sie lallten und torkelten mit wirren Blicken an uns vorbei zu ihren Zelten. Ein trostloses Zwischenspiel, das uns nachdenklich und sehr traurig stimmte.

Wir glaubten nach einwöchiger Vorbereitungszeit den Aufstieg über den schwierigen Südpfeiler des El Capitan wagen zu können. Das Wetter war prachtvoll, die Temperatur jedoch, Mitte Mai, schon sehr hoch. Die Verhältnisse in der Wand waren ideal: kein Schnee mehr am Gipfel und daher auch keine Wasserfälle über die Route herunter. Wir rechneten mit zirka fünf bis sechs Tagen Kletterzeit. Würden wir diese Hitzeschlacht gut durchstehen und die großen technischen Schwierigkeiten bewältigen können? Bange Fragen, die wir uns selbst stellten. Der Materialsack hing schon seit Tagen an einem Baum neben unserem Zelt. Wir hatten auch 20 Liter Trinkwasser in kleineren Plastikkanistern im Sack verstaut, feinsäuberlich in die Daunenwesten verpackt, damit beim Nachschleifen keiner leck würde. Wir rechneten mit 2 Liter pro Tag und Mann. Das ist bei dieser mörderischen körperlichen Anstrengung und bei dieser enormen Hitze gerade das Existenzminimum. Unser Proviant bestand aus Erdnüssen, Dörrpflaumen, Feigen, Marmelade, Käse und Wurst, einer Art Müsli aus Haferflocken, Keks, Schokolade und vor allem Fruchtsaftkonzentraten. Außerdem hatten wir Salztabletten mit. An sonstiger Ausrüstung hofften wir mit 2 Daunenwesten, 1 Biwaksack, Sonnenbrillen, 1 Apotheke, 1 Kochtopf, 1 50-Meter-Seil, 12 Millimeter stark, und 1 Materialseil von 50 Metern, 9 Millimeter stark, 1 dünnen Perlonschnur von 100 Metern Länge für die Materialsackmanöver, einer Unzahl von Perlonbänderschlingen, 3 Stahlkletterhämmern, Steigschlingen, Jümar-Bügeln, einem Sortiment von 80 Felshaken, von den feinsten Rurphaken bis zu den 15 Zentimeter breiten Bong-Bong-Haken aus Stahl und Duraluminium, sowie 80 Stück Aluminiumkarabinern und 5 Bohrhaken auskommen zu können. Einen ungefähren Hinweis über Anzahl, Länge und Breite der Haken gaben uns die Amerikaner Glenn Denny, Allen Steck und Steve Rooper. Der Materialsack war so schwer, daß einer Mühe hatte, ihn vom Boden aufzuheben. Zum Schluß steckte ich noch eine Routenbeschreibung, die uns Allen zukommen ließ, in die Tasche. 36 Seillängen waren darin vermerkt. Nach der Beschreibung der 36. Seillänge stand auf diesem Zettel lakonisch: Bäume, Blumen, Wasser, Wandern, Bier und Mädchen!
Am 17. Mai krochen wir zeitig aus unserem Zelt. Lustlos wie immer vor großen Unternehmungen würgten wir unser Frühstück hinunter und schlossen das Zelt. Spätestens in einer Woche wollten wir wieder zurück sein, aber was wird alles dazwischen liegen? Leo Le Boon, der nette Amerikaner, brachte uns mit seinem Sportwagen über die 2 Kilometer lange Asphaltstraße zum Wandeinstieg. Unseren Materialsack hatten wir schon am Vorabend dorthin gebracht. Wir machten uns kletterbereit. Wie oft schon hatten wir über diese Wand hinaufgeschaut, sehnsüchtig und traumverloren. Jetzt war es soweit. Das untere Drittel ist etwas geneigt, das zweite Drittel völlig senkrecht und der oberste Teil, die Gipfelwand, hängt ziemlich stark über. Um 6 Uhr morgens schlug ich den ersten Haken in den Fels. Wie viele würden es wohl bis zum Gipfel sein?

Ich glaube, daß wir mehr als 700 Haken, oft äußerst mühevoll, einschlagen und natürlich auch wieder entfernen mußten! Die Route über den Südpfeiler ist zu 80 Prozent nur in künstlicher Kletterei zu bezwingen. Die ersten vier Seillängen kannte ich schon vom vergangenen Jahr. Peter konnte mit den Jümar-Bügeln am fixierten Seil nachsteigen und gleichzeitig alle Haken wieder entfernen. Ich zog inzwischen das Materialseil ein, und als ich spürte, daß es sich zum Sack hin spannte, baute ich mit Jümar-Bügeln und einer leichten Umlenkrolle den ersten Flaschenzug. Mit dem Fuß in einer Steigschlinge stehend, begann ich den überaus schweren Sack ruckweise »aufzutreten«, so wie die Mutter zu Hause ihre Nähmaschine betreibt. 35 solche Flaschenzüge würden wir in den nächsten Tagen noch zu konstruieren und zu bedienen haben, auf Standplätzen in lotrechter und überhängender Wand, in Schlingenständen, an schlecht sitzenden Haken. Die Flaschenzugpremiere war geglückt.
In der nächsten Seillänge vollführte Peter den ersten kurzen Pendelschwung um eine Kante in eine versteckte Verschneidung und gelangte dann hakenschlagend höher. Jetzt lag es erstmals in dieser Route an mir, mit den Jümar-Bügeln am fixierten Seil hochzusteigen. Oberhalb des ersten Klemmbügels war auch noch eine zusätzliche Prusik-Schlinge angebracht, um die Sicherheit zu erhöhen und vor allem, um das Wegkippen des Oberkörpers von der Wand zu verhindern. Die Kletterpatschen waren mit Gummigurten in den Steigschlingen fixiert, damit man beim Höhersteigen nicht aus den Schlingen schlüpfen konnte. Das Vertrautsein mit all diesen technischen Besonderheiten ist die Grundlage für einen Erfolg am El Capitan. Die nächste Seillänge, die ich nun eröffnete, gehörte zu den hakentechnisch schwierigsten der ganzen Route: A4! Die Hakenlöcher waren hier durch das ständige Ein- und Ausschlagen von Stahlhaken stumpf und ausgebrochen. Stellenweise mußte ich drei bis vier Haken der verschiedensten Profile gemeinsam in ein ausgewaschenes Loch schlagen und dieses Bündel dann mit einer Perlonschlinge zusammenbinden. Unter Anwendung aller möglichen Tricks gelangte ich langsam höher. An dieser Stelle hatten wir im vergangenen Jahr einen Amerikaner mit wildem Aufschrei aus der Wand stürzen gesehen. Der Seilgefährte konnte den Sturz zwar abfangen, doch zum Weiterklettern war den Amis die Lust vergangen. Mit der trockenen Bemerkung: »We need more exercise« traten sie den Rückzug an.
Und nun hing ich an dieser A4-Stelle mit gemischten Gefühlen. Die Frage, wie ich sie meisterte, stelle ich mir selbst nicht gern. Peter konnte die von mir geschlagenen Haken alle mit der Hand wieder herausziehen. Keinen einzigen Haken hatten wir bisher in der Wand vorgefunden. Peter erreichte mit seiner Seillänge über eine A4-Stelle und zwei kleine Seilquergänge das berühmte »Sickel Ledge«. Als ich den Materialsack ausließ, pendelte er gut 20 Meter frei in die Wand hinaus. Um 13 Uhr standen wir beide dann auf dem Felsband. Die Sonne drohte uns zu versengen. Wir beschlossen, hier

zu biwakieren, zu einem besseren Biwakplatz würden wir an diesem Tag ohnehin nicht mehr kommen. Um Zeit zu gewinnen, erkämpfte ich an diesem späten Nachmittag noch eine 50 Meter hohe Steilwand und pendelte an einem alten, zurückgelassenen Seil an glatter Wand zur sogenannten »Dolt Hole«, wo ich mein Seil an Haken fixierte und frei schwebend zu Peter auf das Felsband zurückfuhr. Ein Stück Arbeit für den nächsten Tag war vorgeleistet. Wir hatten kaum Lust, etwas zu essen. Zwei Dosen Coca-Cola, die wir zusätzlich für diesen Tag in die Wand mitgenommen hatten, wurden in einem Zug geleert. Diese erste Nacht schliefen wir schon hoch über den Baumwipfeln des Tales.

Am zweiten Tag glaubten wir mit Leichtigkeit bis zum Einbruch der Nacht den »Dolt Tower« erreichen zu können, aber wir hatten uns beinahe verschätzt; es wurde ein Kampf auf Biegen und Brechen und ein Wettlauf mit der hereinbrechenden Nacht. Der erste große Pendelschwung zum berühmten »Stoveleg-Crack«, dem Ofenbeinriß, der 200 Meter senkrecht zum »Dolt Tower« hinaufführt, übertraf unsere kühnsten Erwartungen. Der Name dieses Risses stammt übrigens von den Erstbegehern im Jahre 1958, die einige abgesägte, rechtwinkelige Ofenbeine aus Eisen in den Riß schlugen, um darüber höher zu gelangen. 300 Meter über den Baumwipfeln des Waldes unter uns mußten wir, am Seil hängend, einige Male an die 20 Meter weit die senkrechte Wand entlang nach rechts laufen und uns gegen den Seilzug stemmen, um im parallel laufenden Riß Fuß fassen zu können, denn durch diesen führte der weitere Aufstieg. Mit Mühe gelang es Peter, im jenseitigen Riß einen Haken zu schlagen. Ich hatte dann mit dem 70 Kilo schweren Sack zu kämpfen, der mit mir gemeinsam die Pendelreise antrat. Irgendwie kollerten wir dann frei hängend hinüber, wobei mich der Sack ziemlich derb hin und her boxte. Von dieser Stelle wäre ein Rückzug ausgeschlossen, der Pendelquergang in umgekehrter Richtung scheint undurchführbar zu sein.

Beim Einschlagen der Haken in den tiefen Riß begannen die Finger zu bluten. Schonungslos brannte die Sonne vom wolkenlosen Himmel auf uns herab. Wir waren schon sehr müde und richtig schlapp. Der Durst war ein heimtückischer Feind. Hier in diesem Abschnitt stürzten die beiden Franzosen bei ihrer Besteigung zweimal ins Seil. Das wußten wir und waren daher besonders vorsichtig. Langsam kamen wir darauf, daß es sinnvoll war, die Haken nicht allzufest in den Fels zu schlagen, der Seilzweite hatte sonst zu große Mühe, sie wieder herauszubekommen. Die routinierten Yosemitekletterer schlagen die Stahlhaken gerade nur so fest ein, daß sie das Gewicht des Menschen halten können. Jeder Schlag mehr bedeutet Zeit- und Kraftverlust. Mit jeder Seillänge wurden wir klüger und trotz der zunehmenden Ermüdung nicht langsamer. Zum Entfernen der Haken benützten wir Lederhandschuhe, um unsere Hände zu schützen und zu schonen. Bei Einbruch der Nacht gelangten wir total verausgabt auf die kleine, sandige

Terrasse des »Dolt Tower«. Ein langer, anstrengender Tag neigte sich seinem Ende zu. Im großen und ganzen hatten wir unseren Fahrplan eingehalten. Außer etwas Trockenobst und Feigen brachten wir keine Nahrung hinunter, nur trinken wollten wir, aber das Wasser war streng rationiert. Aus Haferflocken bereiteten wir einen Brei und schnitten Früchte hinein. So konnten wir wenigstens etwas Nahrhaftes zu uns nehmen. Als Nachtisch gab es noch für jeden drei Schluck Wasser als Vorschuß auf die morgige Tagesration. Den leeren Kanister warfen wir in die Tiefe. Dann verarzteten wir unsere blutenden Finger und richteten uns auf dem schiefen Plateau zum zweiten Biwak ein.

Die Augen brannten wie Feuer, als wir am nächsten Morgen erwachten und uns kletterbereit machten. Vergebens suchten wir nach Wolken am Himmel. Der Kampf gegen Müdigkeit, Durst und schweren Fels konnte von neuem beginnen. Nach einem kleinen Quergang befanden wir uns in einer Rißreihe, die etwa 80 Meter hoch auf den »El Cap Tower«, den schönsten Standplatz in der 1000 Meter hohen Wand, führt. Ein überhängender Kamin zwischen der »Texas Flake« und der Hauptwand bot für einige Zeit Schatten. Von der Texasschuppe ging es mit einem gewaltigen Spreizschritt wieder hinüber an die Wand. Wir waren darauf bedacht, ja keinen Tropfen Trinkwasser zu vergeuden, daher wurde das Trinken immer mehr zu einer richtigen Zeremonie.

Mit gemischten Gefühlen ging ich die berüchtigte 50-Meter-Seillänge an, die zum Gipfel der »Bootflake« (»Stiefelschuppe«) führte. Diese 30 Meter hohe Felsschuppe hängt wie ein Fallbeil an der prallen Hauptwand. Der Felsstaub klebte im Gesicht und in den Augenwinkeln. Mühsam nagelte ich mich an der Wadenseite des Stiefels aufwärts. Bei jedem Hammerschlag lockerte sich der Haken darunter, auf dem ich gerade hing, aber es gab keine andere Möglichkeit. Unsere Vorgänger mußten ja auch dieselben Haken geschlagen haben, und wenn bei ihnen der Stiefel gehalten hatte, warum sollte er ausgerechnet unsere Schläge nicht verkraften und die Wand hinunterfliegen. Zuletzt drohten mir noch die richtigen Haken auszugehen, denn auf 25 Meter hatte der Riß eine gleichmäßige Spaltbreite von ca. 4 Zentimeter. Fast alle U-Haken dieser Größe hatte ich schon verschlagen. Was blieb mir anderes übrig, als zu versuchen, immer wieder ein kleines Stück frei zu klettern, was allerdings riskant war. Auf der Straße unweit des Wandfußes staute sich eine Autoschlange. Die Leute werden uns von dort mit Ferngläsern beobachtet und für Verrückte gehalten haben.

Wir standen vor dem achten und gleichzeitig größten Pendelschwung, dem sogenannten »King Swing«. Es ist ein Doppelpendel, mit dem zuerst ein ca. 15 Meter vom Standplatz entfernt geschlagener Haken zu erreichen ist, von dem es dann noch einmal 10 Meter weiter in einen versteckten Riß zu pendeln gilt. Diese heikle Passage hatten wir im Tale wohl an die Dutzend Male genauestens durchbesprochen, so daß ich in der Nacht wiederholt davon geträumt hatte. Wäre ich in meinem Zelt nicht ohnehin am Boden auf der Luftmatratze gelegen, sondern in einem Bett, ich wäre in den letzten Nächten gewiß x-mal auf den Boden »hinausgependelt«. Auch die amerikanischen Freunde gaben uns Ratschläge. Einige sogar aus eigener Erfahrung. Doch nicht alle waren ein und derselben Meinung. Es gab offensichtlich eine individuelle Lösung des Problems. Man hielt uns auch für Individualisten und stellte es uns daher am Ende der Diskussion frei, nach eigenem Gutdünken zu verfahren. Jetzt waren wir soweit. Das Abenteuer, gut 500 Meter über dem Erdboden, konnte beginnen.

Zuerst ließ ich Peter 20 Meter in die Tiefe zur Fußspitze des Stiefels. Von dort sollte er sich in fast senkrechter Wand nach links wenden und den Pendelschwung einleiten. Peter lief also zunächst einmal ein Stück die senkrechte Wand entlang, dann ließ er sich zurückfallen. Er stemmte sich mit den Beinen von neuem ab und lief 8, 9, 10, 11 Schritte vorwärts, doch wieder wurde er zurückgerissen. Kurze Rast. Wieder lief er, indem er sich gegen den seitlichen Zug des Seiles stemmte, kräftig an und verschwand hinter einer Kante, um aber gleich, sich mehrmals überschlagend, zurückzupendeln. »Das nächste Mal dawisch ich ihn«, keuchte er und deutete dabei auf den kleinen Haken, der gut 15 Meter von ihm entfernt mit seiner Öse aus der gelben Granitwand herauslächelte. Ich schwieg, denn ich wollte ihn nicht aus der Konzentration bringen, sondern hielt nur das Seil fest, an dem er hing. Dann lief Peter wieder mit Riesenschritten an. Ein kräftiger Satz und er verschwand um die Kante; bange Sekunden vergingen. Er kam nicht mehr zurück. Ein gutes Zeichen. Ich mußte noch Seil nachlassen, fast die gesamten 50 Meter, dann pendelte Peter, ohne daß ich ihn sehen konnte, noch einmal. »Stand!« hörte ich ihn mit heiserer Stimme rufen. Ich atmete erleichtert auf.

»Jetzt sind wir an der Reihe!« sagte ich zu meinem roten Sack, der neben mir an einem Haken hing und den ich schon fast wie einen richtigen Seilgefährten betrachtete. Alles ging planmäßig vor sich. Zuerst hievten wir, wie besprochen, den Sack hinüber, dann seilte ich mich auf die Fußspitze des Stiefels hinunter und begann zu pendeln. Peter unterstützte mich dabei mit dem Materialseil, das ich zusätzlich um den Körper gebunden hatte. Bei Einbruch der Nacht erreichten wir ein kleines abschüssiges Felsband, nachdem wir kurz vorher noch einen Pendelschwung, den letzten auf unserer Route, hinter uns gebracht hatten. Wie schnell doch ein Tag bei so aufregenden Erlebnissen vergeht. Wir empfanden die aufkommende Kühle angenehm. Mit Stirnlampen erkletterten wir noch einen 30 Meter hohen Überhang, dann erreichten wir um 9 Uhr abends endlich den vorgesehenen Biwakplatz. Wir waren sehr müde, aber unsere »Moral« und Zuversicht waren ungebrochen. Es war ein gutes Gefühl, zu wissen, daß die komplizierten, zeitraubenden Pendelmanöver nun ein Ende hatten. Wir verbrachten eine kalte Nacht und waren heilfroh, als der Morgen wieder graute.

Schon sahen wir den Schatten des Capitanpfeilers über den großen Wäldern des Tales liegen. 80 Meter über unseren Köpfen ragte ein 20 Meter überhängendes Dach, das wir schon vom Tale aus gesehen hatten, aus der Wand. Ich begann wie immer mit der ersten Seillänge, die ziemlich frei und mit nur wenigen Sicherungshaken nach rechts aufwärts zum Beginn der Dachseillänge führte. Wir waren noch im Schatten. Peter kletterte in einem markanten Riß bis unter das Dach hinein und anschließend unter dem Plafond nach rechts hinaus zu einem Schlingenstand. Zu unserer Überraschung konnten wir feststellen, daß die überhängende Gipfelwand leichter zu nageln war als der untere Teil des Pfeilers. Welch eindrucksvolle Seillänge! Wir kannten dieses Riesendach schon von verschiedenen Veröffentlichungen her und waren nun gespannt, welche »Feinheiten« uns erwarten würden. Der Sack hatte, Gott sei Dank, schon etwas an Gewicht verloren. Unter uns brach die Wandflucht jetzt schon fast 700 Meter in die haltlose Tiefe ab.

Auch die Sonne war wieder da, aber sie war längst nicht mehr so unangenehm heiß wie in der unteren Region, denn hier oben wehte schon der kühle Gipfelwind. Am Morgen und gegen Abend wurde es sogar schon ziemlich kalt. Ich nahm meine Routenbeschreibung aus der Tasche und las: »Expanding Crack«. Als ich nach 15 Meter die ersten Stahlhaken schlug, wußte ich, was die Amerikaner mit ihrem »Expanding Crack« zum Ausdruck bringen wollten. Der Riß erweiterte sich nämlich beim Hakeneinschlagen durch die enorme Keilwirkung der Stahlhaken. Ein flaues Gefühl im Magen begleitete mich während dieser ganzen Seillänge. Wie hatten doch damals die beiden Franzosen über diese Stelle geschrieben: »Hier begegneten wir den gleichen Schwierigkeiten beim Hakeneinschlagen wie im Stiefel.«

Härtester, ständig überhängender, gelber Granit leitete uns den ganzen vierten Tag höher. Nur noch für zwei Tage reichte unsere Wasserration. Der »Glovering Spot« war so heiß, wie es sein Name versprach. Man hätte darauf Spiegeleier braten können. Gegen Abend kletterten wir noch eine Seillänge fast frei hinauf, wohl äußerst schwierig und kräfteraubend, doch empfanden wir sie beinahe als Wohltat nach der Schwerarbeit des ständigen Hakenschlagens. Auf einer kleinen dreieckigen Plattform, dem Camp VI, wollten wir es uns für die vierte Nacht »bequem« machen. Wir waren ausgelaugt, aber noch nicht am Ende. Ich schätze, daß wir beide an die sechs oder mehr Kilo Gewicht verloren hatten. Die Hände waren abgeschunden, aufgerissen und von den Aluminiumkarabinern schwarz. Aus einem schmalen Felsspalt unmittelbar hinter unserem Biwakplatz roch es übel herauf. Unsere Vorgänger hatten ihn offensichtlich als Toilette benützt.

Zeitig am Morgen unseres fünften Klettertages »bewaffneten« wir uns wieder mit der »Schlosserei« und machten uns für die letzte Etappe startklar. »Wenn wir aus diesem Biwak nochmals erwachen sollten, dann ist es wirklich notwendig, aus der Wand zu kommen«, so schrieben die beiden Franzosen, die zu dieser Zeit schon fast am Ende ihrer Kräfte waren. Um wieviel besser ging es uns. Obwohl abgekämpft und ausgelaugt, konnten wir auf Grund unserer ausgezeichneten Vorbereitung und Einstellung bis zuletzt die Großartigkeit dieser Wand genießen und uns über den sich langsam vollendenden Erfolg freuen. Viel leichter als in den Tagen vorher bewegten wir uns dem Gipfel entgegen. War es vielleicht die extreme Gewichtsabnahme, die uns wie schwerelose Astronauten an der Wand kleben ließ, oder war es der schon sehr nahe Gipfel, der eine solche Anziehungskraft auf uns ausübte? Nur noch zwei, höchstens drei Schläge kamen auf die Haken, dann stiegen wir schon, ohne sie recht auf ihre Festigkeit geprüft zu haben, weiter. Gegen Nachmittag kam ein angenehmer, erholsamer Wind auf, doch übermannte uns jetzt in steigendem Maße die Müdigkeit, und wir mußten trachten, daß wir auf den Standplätzen nicht einschliefen. Offensichtlich hatte die Gewißheit, daß wir bald den Gipfel erreichen würden, die bisherige Spannung von uns genommen, und wir mußten achtgeben, daß nicht auch unsere Konzentration nachließ. Denn noch lagen einige Schwierigkeiten vor uns.

Seit fünf Tagen hatten wir kaum etwas Ordentliches gegessen und nur schlecht oder wenig geschlafen. In der letzten Seillänge, in der 36. der Route, wenige Meter unter dem Gipfelausstieg, bauten wir noch einen jämmerlichen Seilsalat. Mit Peter konnte ich mich selbst mit wildestem Schreien nicht mehr verständigen. Meine Kehle war total ausgetrocknet, zudem zerriß der Gipfelwind jeden Laut. Peter kämpfte 50 Meter unter mir im überhängenden Fels tapfer mit dem verklemmten Seil. Aber was konnte jetzt noch geschehen? Am späten Nachmittag unseres fünften Klettertages standen wir glücklich auf dem sanften Gipfelplateau, auf einer blumigen Wiese, die diesen 1000 Meter hohen Granitklotz bekrönt. Wir freuten uns wie Kinder über diesen harten Erfolg, über den ersten, den hier eine deutschsprachige Seilschaft für sich buchen konnte. Stumm schüttelten wir uns die Hände.

Über den Gipfeln um uns her lagen noch die letzten Strahlen der Abendsonne und ließen uns die wiedergewonnene, herrliche Welt der Sicherheit wie ein Stück Heimat erscheinen. Die schneebedeckten Berge der Sierra Nevada im Osten glühten in einem zauberhaften Rotviolett. Wie zwei traumverlorene Wanderer machten wir uns auf den Abstieg zurück ins Tal, zurück zu den Menschen. Auf halber Höhe des Abstieges überraschte uns die Dunkelheit und zwang uns zu einer Freinacht. Wir machten ein Lagerfeuer und sahen diesem Biwak bester Laune entgegen. Trotz der großen Müdigkeit konnten wir lange keinen Schlaf finden. Nachtvögel kreischten um unser Feuer. Es hätte nur noch gefehlt, daß sich auch ein paar Braunbären zu uns ans Lagerfeuer gesetzt hätten. Am nächsten Tag stiegen wir endgültig zu den Freunden ab. Sie hatten mit Ferngläsern unseren Aufstieg verfolgt, wir brauchten also nicht in allen Einzelheiten zu berichten. »It was a good show«, gratulierte uns Steve Rooper. Er tat es mit einer Selbstverständlichkeit, als hätte er nie an unserem Erfolg gezweifelt. Aber diese Worte zeigten uns, daß man auch anerkannte, wie wir den Capitan gemeistert hatten.

El Capitan, 1000 Meter Granit: Route und Biwak plätze der Seilschaft Schlömmer-Perner eingezeichnet

Das kalifornische Abenteuer war zu Ende. Der Capitan hatte uns nichts geschenkt, er hatte viel Kraft und Können von uns gefordert, wir aber hatten uns diesen Anforderungen gestellt. Es war ein Erlebnis in einer neuen Welt, in einem Land, das uns in seiner Eigenart fremd ist, dessen Menschen uns aber doch so nahe stehen durch ihre Natürlichkeit und die so sympathisch sind, ihres grenzenlosen Optimismus wegen. Bedingungslos ist der Berg, der wie ein Nationalheiligtum im schönsten Garten dieses schönen Landes steht: herausfordernd, ein Koloß, stolz, klar und rein, ein Denkmal der Ewigkeit.

Am Mount Everest gescheitert

Im Goldenen Buch des Alpinismus nehmen die Seiten, die von den Himalaja-Bergsteigern geschrieben wurden, einen besonderen Rang ein. Solange die Sehnsucht der Menschen nach der Welt der Berge besteht, galt sie immer auch den höchsten Gipfeln, deren Eroberung am mühsamsten war, die gerade deshalb aber den Tüchtigsten die höchste Befriedigung und das größte Glück bescheiden konnte. Unter den Aristokraten der 8000er-Region ist der Mount Everest der König. Mit seinen 8848 Metern überragt er nicht nur seine Trabanten um etliches, seine Erschließungs- und Ersteigungsgeschichte ist dramatisch wie keine andere. Seine Wände und Flanken sind gigantisch und herausfordernd. 32 Jahre lang hatten zwölf Expeditionen den »Berg der Berge«, den höchsten der Throne, belagert.

Im Jahre 1953 war es zum erstenmal einem Menschen gelungen, seinen Fuß auf diesen stolzesten aller Gipfel zu setzen. Unter der Leitung des englischen Oberst Sir John Hunt erreichten der Neuseeländer Edmund Hillary und der Sherpa Tensing Norgay dieses höchste Ziel. Der Weg der Britischen Everest-Expedition 1953 führte über die sogenannte Lhotse-Flanke, über den Südsattel zwischen Lhotse und Everest und über den anschließenden Südostgrat zum Gipfel.

1956 gelang unter Albert Eggler einer Schweizer Expedition die zweite Besteigung. Indische Mannschaften scheiterten 1960 und 1962. Im Jahre 1963 ließ die Amerikanische Everest-Expedition unter Leitung von Norman Dyhrenfurth die alpine Welt aufhorchen: Während vier Bergsteiger die schon bekannte Route zum Gipfel wählten, gelangten zwei weitere über den noch unbekannten, schwierigen Westgrat auf den Gipfel und stiegen über den Südostgrat ab. Damit war erstmals die Überschreitung eines Achttausenders gelungen. Die Gipfelmannschaften bezahlten ihren Wagemut und ihre Tapferkeit mit schweren Erfrierungen. Seit dieser denkwürdigen Expedition wurde der Everest noch von Indern, Japanern und Italienern über die Erstersteigerroute bezwungen. Die behauptete Besteigung über die Nordseite durch eine chinesische Expedition wird in Bergsteigerkreisen der westlichen Welt ernsthaft angezweifelt.

Insgesamt 30 Bergsteiger aus sieben Nationen – Großbritannien, Indien, Japan, Nepal, Schweiz, USA und Italien – haben also den Gipfel erreicht. Noch nie standen aber österreichische oder deutsche Bergsteiger, Franzosen oder Norweger auf dem höchsten Gipfel der Erde. Wie ich schon in meiner frühesten Jugend davon träumte, einmal das Matterhorn oder den Mont

Blanc zu ersteigen, so war es später im geheimen immer meine Sehnsucht gewesen, einmal auf dem Mount Everest zu stehen. Mit großer Begeisterung las ich die packenden Expeditionsberichte eines Mallory oder eines Irvine, dieser großen britischen Alpinisten. Ich wußte längst, daß der Everest der Berg der Engländer war, so wie der Nanga Parbat als Schicksalsberg der Deutschen gilt. Also war es für einen Österreicher wohl etwas abwegig, mit dem Everest zu kokettieren. Es gab schließlich auch bisher noch keine deutsche oder österreichische Expedition dorthin. Sicherlich waren bis jetzt solche Unternehmungen an der Kostenfrage gescheitert, denn eine Everest-Expedition erfordert ungleich mehr finanzielle Mittel als etwa eine Expedition auf einen kleineren Achttausender, wie den Cho Oyu, die Annapurna, den Manaslu oder eben den Nanga Parbat. Der Mount Everest ist selbst auf der sogenannten Normalroute nicht ohne zusätzliche Sauerstoffhilfe zu besteigen, und die Sauerstoffausrüstung ist eine kostspielige Angelegenheit.
Anfang 1970 vernahm ich aus alpinen Fachzeitschriften erstmals vom Plan, mit einer internationalen Expedition den Mount Everest über die Südwestwand, also über seine Direttissima, zu besteigen. Das Unternehmen, an dem angeblich die 20 besten Bergsteiger aus 13 verschiedenen Nationen der Welt teilnehmen würden, sollte von Norman Dyhrenfurth vorbereitet werden und unter seiner Leitung stehen. Es war ein verwegenes Vorhaben, das vor Dyhrenfurth schon von zwei japanischen Expeditionen erfolglos in Angriff genommen worden war. Die Südwestwand des Everest baut sich zirka 2150 Meter über dem Western CWM auf; eine Durchsteigung müßte vom Wandfuß in einer Höhe von zirka 6700 Meter begonnen werden, in einer Höhe also, auf die man von den höchsten Gipfeln unserer Alpen bei schönem Wetter gerade noch hinaufschauen könnte. In dieser Wand erwarten den Bergsteiger neben der enormen Höhe mit ihren Beschwerden große klimatische und klettertechnische Schwierigkeiten und eine Fülle objektiver Gefahren, vor allem Eisschlag und Lawinen. Alles in allem ein Abenteuer, mit dem sich nur Männer auseinandersetzen können, denen es neben großem bergsteigerischen Leistungsvermögen auch nicht an menschlicher Reife, Ausgeglichenheit und Opfersinn gebricht.
Drei Wochen braucht eine Expedition, um von Kathmandu, der Hauptstadt Nepals, zum Berg zu gelangen. Fast 1000 Lastenträger und Sherpas wurden bei der Internationalen Everest-Expedition 1971 aufgeboten. Jeder von ihnen schleppte etwa 30 Kilo Last. Das Basislager befand sich auf zirka 5400 Meter Höhe, am Beginn des wildzerklüfteten Khumbu-Eisbruches. Bis zum Fuß der Südwestwand sind es von dort noch über 1000 Höhenmeter. Der Khumbu-Eisbruch beherrscht den Steilaufschwung zwischen der Everest-Westschulter und der Nuptse-Wand. In seinem Spaltengewirr und zwischen seinen Eistürmen sind schon manche erfahrene Männer umgekommen, wie etwa 1970 sieben Sherpas der Japanischen Everest-Expedition, die von herabfallenden Eismassen erschlagen wurden. Oberhalb des Khumbu-Eisbruches

zieht sich, mäßig ansteigend, das mehrere Kilometer lange Western CWM, auch Westbecken oder »Tal des Schweigens« genannt, bis zur Südwestwand des Everest hin. Hitze, Schneestürme und die dünne Luft machen diesen sanften Anstieg zu einer fast unerträglichen Qual für die Bergsteiger. Die Südwestwand setzt mit einer etwa 1200 Meter hohen Eis- und Felsflanke an, steil wie die Eisfelder der Eiger-Nordwand, haltlos, brüchig, von Lawinen und Steinschlägen ständig bedroht. Darüber baut sich eine 400 Meter hohe Felsbarriere auf, wie eine Dolomitenwand in mehr als 8000 Meter Höhe, dann folgt steiles, verschneites und schneeverwehtes Felsgelände bis zum Gipfel. Die Hauptschwierigkeiten finden sich ohne Ausnahme in der sogenannten »Todeszone«, wie die Höhenregion um 8000 Meter bezeichnet wird. Dyhrenfurth schickte sich mit dieser Expedition an, die Schallmauer der Himalaja-Erschließung zu durchbrechen, ein neues Zeitalter des Alpinismus zu eröffnen.

Ich las aus diesen Berichten auch, daß sich die Expeditionsleitung für einen doppelten Gipfelangriff entschlossen hatte. Während eine Mannschaft das Hauptziel der Expedition, die Südwestwand-Direttissima, versuchen sollte, hätte gleichzeitig eine andere Gruppe die Aufgabe, über den direkten Westgrat zum Gipfel zu gelangen. – Die Amerikaner Hornbein und Unsoeld querten 1963 ein gutes Stück vom direkten Westgrat in die Nordflanke, durchstiegen dort erstmals ein Couloir, das später nach ihnen benannt wurde, und stiegen nach dem »Gelben Band« wieder rechts aufwärts zum eigentlichen Westgrat. – Also waren für 1971 gleich zwei schwierige Routen geplant. Zur Zeit der kritischen Phase in der Direttissima sollte der Westgrat schon mit fixen Seilen versehen sein und im Lager VI-West genügend Sauerstoff, Proviant und sonstiges wichtiges, lebensrettendes Material deponiert sein.

Dyhrenfurth zur Seite würde als Co-Leiter Colonel James O. M. Roberts stehen, ein ehemaliger Offizier, der sich schon 1953 bei der Britischen Everest-Expedition und dann bei den Amerikanern im Jahr 1963 als Transportoffizier bewährt hatte. Roberts lebt jetzt in Kathmandu. Er kennt die Sherpas, das Land, die Berge, ja, er hat den Ruf, einer der besten Himalaja-Kenner überhaupt zu sein. Ich erfuhr auch die Namen der auserwählten Bergsteiger und wunderte mich nicht wenig, darunter welche zu finden, die in der Weltelite des Alpinismus keinen besonderen Klang hatten. Auch solche Namen, deren große Zeit schon viele Jahre zurücklag, fand ich. »Sie müssen wohl«, dachte ich mir, »durch gute Beziehungen zu dieser Mannschaft gestoßen sein.« Also faßte ich mir Mut und schrieb an Norman Dyhrenfurth, der damals noch in Aspen lebte. Schon bald erhielt ich seine Antwort: »...Natürlich ist mir ihr Name bestens bekannt. Ihr bergsteigerischer Lebenslauf ist gerade richtig für die Everest-Direttissima, die Expedition ist aber noch keinesfalls finanziell gesichert... Es ist möglich, daß noch ein Fixstarter ausfällt... Sie hören noch von mir.« Dyhrenfurth hatte mit der

El Capitan-Südpfeiler
Leo Schlömmer am letzten Ta
vor dem Ausstie

Finanzierung der Expedition, die ja immerhin fast sechs Millionen Schilling kostete, schwer zu kämpfen. Die Teilnahme einer neunköpfigen Journalisten- und Filmmannschaft der BBC London enthob Dyhrenfurth jedoch der größten Sorgen. »Sie können der beste Bergsteiger der Welt sein, wenn Sie kein Geld aufbringen, sind Sie für mich wertlos, so leid es mir tut.« So »tröstlich« war die Einladung an mich, an diesem Unternehmen teilzunehmen.

In wenigen Monaten gelang es mir, dank der Hilfsbereitschaft zahlreicher Institutionen in meiner Heimat, die Kosten für meine Teilnahme aufzubringen. Auf ähnliche Weise stießen noch drei ausgezeichnete Bergsteiger zur Truppe: der 42jährige Italiener Carlo Mauri aus Lecco, langjähriger Seilgefährte von Walter Bonatti, der von der größten Mailänder Zeitung »Corriere della Sera« finanziell unterstützt wurde, und die beiden hervorragenden Japaner Naomi Uemura und Reizo Ito, denen die größte Tokioter Zeitung »Mainichi News Papers« den »Eintritt« bezahlte. Uemura hatte als erster Japaner über die Südcolroute den Everest bezwungen, während sich Ito 1970 am japanischen Direttissimaversuch beteiligt hatte. Die ganze Expedition umfaßte inklusive Filmteam schließlich 30 Alpinisten aus 13 verschiedenen Nationen. Im Dezember 1970 schwammen zirka 36 Tonnen Expeditionsgepäck aus Europa und Amerika nach dem indischen Hafen Bombay. Die größte Himalaja-Expedition konnte ihren Anfang nehmen.

Beim Konditionstraining kurz vor der Abreise im winterlichen Dachsteingebiet und im Toten Gebirge zog ich mir zu allem Überfluß eine Kopfgrippe zu, an deren Folgen ich während des Anmarsches noch etwas leiden sollte. Am 13. Februar war es soweit. Für fünf Monate hieß es Abschied nehmen. In der Ferne lockte das große Abenteuer. Mit Norman Dyhrenfurth und Wolfgang Axt, dem zweiten österreichischen Teilnehmer, verließ ich an diesem Tage den Salzburger Flughafen in Richtung Frankfurt am Main. Dort traf sich der Großteil der Expeditionsteilnehmer. Tags darauf brachte uns eine Boeing 707 der Trans World Air Lines mit Zwischenlandungen in Rom, Athen und Tel Aviv nach Bombay. Obwohl wir ein bunt zusammengewürfelter Haufen waren und ich nur wenige der Teilnehmer persönlich kannte, war ich überzeugt, daß Dyhrenfurth, ein erfahrener Mann, die Leute schon richtig führen und einsetzen würde. Der Erfolg des Unternehmens stand für mich vom Anfang an nicht in Frage. Um 5 Uhr morgens kamen wir in Bombay an. Um 11 Uhr startete die Maschine der Air India nach Kalkutta, quer über den ganzen indischen Kontinent. In Kalkutta versäumten wir zuerst einmal die Anschlußmaschine der Thai-Airline, so daß wir gezwungen waren, eine Nacht hier zu verbringen. Die Fahrt mit dem Taxi zu unserem Hotel durch eine der belebtesten Straßen dieser Sieben-Millionen-Stadt war eine Exkursion ins Elend.

Those, Sherpadorf: auf dem Marsch zum Mount Everest

Am nächsten Tag ging es mit der Königlich-Nepalesischen Maschine nach Kathmandu, der Hauptstadt von Nepal. Die zweimotorige Maschine war fast zur Gänze von unserer Expeditionsmannschaft belegt. Der Flug führte über das kilometerbreite, um diese Jahreszeit fast ausgetrocknete Flußbett des Ganges. Allmählich näherten wir uns den ersten Hügelketten. Noch etwas weiter im Hintergrund sahen wir die bleichen Gipfel des Garesh-Himal, dahinter die Dhaulagiri- und Annapurna-Gruppe. Norman zeigte uns mit freudiger Erregung weit im Hintergrund den Gipfel des Mount Everest, östlich davon den Lhotse und den Makalu. Die Maschine kippte fast nach rechts um, als wir uns alle gleichzeitig an diese Fensterseite begaben, von der aus wir unser großes Ziel erspähen konnten. Die Filmkameras der BBC liefen heiß. Die Expedition wurde vom Anfang an lückenlos im Laufbild festgehalten.

Ankunft in Kathmandu. Freundliche Paß- und Gepäckskontrolle. Auch die beiden kleinen Japaner waren schon da. Auf der Fahrt durch Straßen und verträumte Gäßchen zu unserem Hotel Shanker, einem alten ehemaligen königlichen Palast, gewannen wir einen ersten Eindruck von dieser altehrwürdigen Stadt, in der sich buddhistische und hinduistische Tempelbauten als Monumente dieser beiden großen asiatischen Religionen eindrucksvoll aneinanderfügen. Buntes Treiben herrschte vor dem Hotel. Jimmy Roberts begrüßte uns. Über den ganzen Platz verstreut lag unser Gepäck. Die Sherpas hatten schon fleißig gewerkt. Ihre bunten Zelte standen im großen Garten. Vor Wochen schon hatten sie mit ihren Familien die Dörfer am Fuße des Mount Everest verlassen und waren hierhergezogen, um in den Dienst der Internationalen Everest-Expedition 1971 einzutreten. Wir waren fast 14 Tage lang beschäftigt, Lasten für die Kulis und Sherpas zu verpacken und aufzuteilen. Die persönliche Ausrüstung wurde individuell sortiert und probiert. Der kleine »Japs« Uemura hatte mit seiner neuen amerikanischen Daunenweste erhebliche Schwierigkeiten. Sie reichte ihm weit über die Knie. Jimmy Roberts stand wie ein Feldherr zwischen den Ausrüstungsbergen und gab Anweisungen. Als ein Sherpa merkte, daß ich deutsch sprach, rief er mir im vertrauten Dialekt zu: »Gemma, gemma, san ma gonga!« Ich mußte lachen. Diesen scherzhaften Ausdruck hatte er gewiß bei irgendeiner österreichischen Expedition aufgeschnappt. Mittlerweile war auch das Amerika-Gepäck: sechs Tonnen schwer, über den indischen Landweg kommend, eingetroffen. Sauerstoff, Daunenbekleidung, Unterwäsche, Traggestelle und vieles mehr. Sooft ich Zeit hatte, bummelte ich durch die märchenhafte Stadt, in der alte Geschichte mit moderner Zivilisation eine oft groteske Vielfalt bilden. Die Hauptstadt des Zehn-Millionen-Volkes liegt in einem Hochtal, umgeben von gigantischen Bergriesen. Nepal hat eine Ost-West-Ausdehnung von zirka 900 Kilometern, aber nur 200 Kilometer mißt die Breite. Die Grenze zu China verläuft über die höchsten Gipfel der Welt. Auch der Mount Everest ist Grenzberg. Im Süden, gegen Indien, erstreckt sich der Dschungelgürtel des Terai, der Heimat seltener Urwaldtiere. Elefanten, Wildbüffel, Panzernashörner und vor allem Königstiger haben dort ihr Revier. Mit

Wolfgang Axt und David Isles war ich nach Abbruch der Expedition Jagdgast in diesem Dschungel: Auf dem Rücken von Elefanten pirschten wir uns an Tigertränken heran und jagten Panzernashörner. An klaren Tagen kann man von hier aus die weiße Silhouette der Annapurna- und Dhaulagiri-Gruppe mit freiem Auge erkennen.

Kathmandu ist ein Sammelbecken der verschiedensten Rassen und Sekten, deren jede ihre eigenen Trachten und ihr eigenes Brauchtum hat und einen eigenen Dialekt spricht. Kathmandu ist neuerdings auch der Umschlagplatz für Hippies und Gammler aus aller Welt geworden. Es ist orientalische Touristenattraktion der Weltenbummler mit entsprechendem Bankkonto. An allen Ecken und Enden liegen Jugendliche mit glasigem Blick auf dem Boden der schmutzigen Gassen: Rauschgift! Es ist hier nicht verboten. Die Einheimischen gehen achtlos daran vorüber, sie leben in ihrer eigenen Welt und haben keinen Sinn für dieses zweifelhafte »Glück der Sinne«. Da das ganze Land Nepal ziemlich weit im Süden liegt, etwa auf dem 28. Breitengrad, etwa auf der Höhe der Halbinsel Florida, findet man hoch bis in die Gebirgsregion hinein saftige Almweiden, auf denen sich zottige Rinder tummeln. Die Ansiedlungen der Sherpas liegen oft in über 3000 Meter Höhe.

Mit einem kleinen Flugzeug wurden täglich Transportflüge zu dem kleinen Sherpadorf Lukla unternommen, wo Sir Edmund Hillary eine kleine Yak-Wiese als Landepiste herrichten hatte lassen. Norman Dyhrenfurth rief uns allabendlich zu einer Lagebesprechung zusammen. Ich war überrascht von der Gründlichkeit der Vorbereitung, die keine Schwäche erkennen ließ. Lediglich auf die Anoraks hatte man vergessen. Nur leichte Perlonhemden waren vorhanden, die meisten allerdings viel zu klein. Eiltelegramme an das Sporthaus Schuster in München sollten das Unheil in letzter Minute abwenden. Dann kam endlich der große Augenblick. In Reih und Glied ließ Jimmy Roberts die 40 Sherpas antreten und meldete dem Kronprinzen von Nepal, der den Ehrenschutz über unser Unternehmen übernommen hatte, die Abmarschbereitschaft. Es war ein feierlicher Augenblick. Wir Sahibs wurden dem Kronprinzen der Reihe nach vorgestellt. Er schüttelte jedem lange und herzlich die Hand, wünschte Glück und Erfolg und versprach, zu seinen Göttern für uns zu beten.

Am 28. Februar ging es mit einem Landrover über die Chinastraße, die Kathmandu mit Lhasa verbindet, nach Lamsangu. In dieser kleinen Ortschaft begann nun der Fußmarsch, der 24 Tage lang dauern sollte. Von 6 Uhr morgens bis in die späten Abendstunden marschierten wir bei tropischer Hitze und Staub in tief eingeschnittenen Tälern unserem Ziel entgegen. Auf den teilweise sehr hohen Pässen herrschten zwischendurch winterliche Verhältnisse. Wir gingen den langen, klassischen Everest-Anmarsch. Der Höhenunterschied, den wir in diesen drei Wochen bewältigen mußten, war gewaltig. Wir versprachen uns davon eine wertvolle Akklimatisation und Kon-

dition, wenngleich uns über lange Strecken Durchfall und Kopfweh quälten. Fast keiner blieb davon verschont. Am meisten erwischte es Toni Hiebeler, den einzigen deutschen Teilnehmer.
Es waren schöne, aber harte, entbehrungsreiche Tage. Zwischen uns Bergsteigern und den Sherpas, aber auch unter den Lastenträgern herrschte eine prächtige Kameradschaft. Für die zirka 30 Tonnen Material, die wir mit uns schleppen mußten, benötigten wir 900 (!) Kulis und viele Sherpas. Es waren immer nur 300 Leute unterwegs. Die anderen zogen unter der Führung von erfahrenen Sherpas einige Tagesetappen voraus. Zwischen terrassenförmigen Feldern, auf denen armselige Hütten standen, führte unser Weg nach Nordosten. Der Amerikaner Dr. Dave Peterson hatte sich eine besondere Fitnessidee einfallen lassen: Über den Bergschuhen trug er Gamaschen aus Blei, damit die Beine stark würden für den Berg. Eines Tages platzte ihm aber doch der Kragen. Zornig riß er sich diese Trainingsgewichte von den müden Beinen und schleuderte sie in hohem Bogen in ein Kornfeld.
Nach mehrtägigem Marsch erreichten wir Those, ein kleines Nest, in dem sich ein uralter Eisenschmelzofen befindet. Es war die schönste Ortschaft bis hierher. Auch die Kettenglieder der gewaltig schaukelnden Hängebrücke, über die wir gingen, waren hier erzeugt worden. Hunde bellten uns an, Familienangehörige der hier beheimateten Kulis jubelten uns zu. Auf einem terrassenförmigen Feld hoch über dem herrlichen Tal fanden wir unseren Lagerplatz. Wolfgang Axt und ich schliefen in der vierten Etage. Kopfweh und eine gewaltige Fieberblase an der Zungenspitze verleideten mir den schönen, romantischen Abend ein wenig.
Als wir am Morgen des 5. März bei Regen und Schneefall zu einem hohen Übergang aufbrechen wollten, gab es plötzlich einen Tumult unter den Trägern. Der Obmann der Kulis war bei Nacht und Nebel mit der ihm anvertrauten Kassa verschwunden, aus der seine Landsleute zu bezahlen gewesen wären. Angeblich hatte er beim nächtlichen Kartenspiel das ganze Vermögen verloren. Unter heftigem Protest verließen uns zirka 100 Mann, nachdem sie uns zornig ihre Lasten vor die Füße geschleudert hatten. Wir mußten uns nach neuen Trägern umsehen, was keine leichte Sache war. Die kleinen Dörfer hier im Umkreis sind nur sehr dünn besiedelt, verfügen also nur über sehr wenig Arbeitskräfte. Nach dem diebischen Gesellen soll übrigens noch heute in Nepal polizeilich gefahndet werden.
Am 8. März kamen wir über einen hohen Sattel, von dem wir einen herrlichen Blick auf die Eisriesen des Solu Khumbu und auf die Kette der Achttausender und ihrer Trabanten im Süden hatten. Gebetsfahnen wehten überall auf diesen Übergängen. Der buddhistische Glaube sagt nämlich, daß der Wind die Gebete auf den flatternden Fahnen zu den Göttern trage. Das nächste Nachtlager stand vor dem Kloster Taksindu in 2850 Meter Höhe. Gut ausgeruht nahmen wir den nächsten Tag in Angriff. Die Kulis stöhnten bald unter ihren schweren Lasten, denn die Hitze wurde über Mittag un-

erträglich. Am späten Nachmittag dieses 10. Anmarschtages ging es einen steilen, zirka 600 Meter hohen Berghang hinauf zum Lagerplatz Kharikhola. Wir machten es uns gemütlich. Von unserem Militärfunker erfuhren wir, daß Joe Frazier gegen Cassius Clay im Weltmeisterschaftsboxkampf gewonnen hatte.
12. März: Don Whillans, der Engländer, und der Franzose Pierre Mazeaud stießen zu uns, nachdem sie bis Lukla geflogen waren und sich den langen Anmarschweg auf diese Weise erspart hatten. Sie brachten Post aus Kathmandu. Zwei Briefe und sechs Ansichtskarten waren für mich darunter. Grüße von Heidi, dem liebsten und sonnigsten Mädchen.
Unser Weiterweg führte über schäumende Wildbäche, vorbei an Föhrenwäldern und Hochalmen, daß wir glaubten, »daheim« in den Alpen zu sein. Jedes Seitental war von schneeglänzenden Bergen abgeschlossen. Wenn die einzige weibliche Expeditionsteilnehmerin, die Schweizerin Yvette Vaucher, nur mit einem Bikini bekleidet, mit uns in den Wildbächen badete, wurde sie von den einheimischen Frauen und Männern wie ein Wesen von einem anderen Planeten begafft. Ich mußte dabei an einen Hinweis von Norman denken, der mir geschrieben hatte, daß wir noch zusätzlich eine Badehose mitnehmen sollten, weil wir nicht »unter uns« wären...
Vor einer ärmlichen Hütte stand ein kleiner, brauner Sherpahund mit zarten, hellblauen Augen. Wir kauften ihn und nahmen ihn als Maskottchen mit ins Basislager. Er wurde auf den Namen »Chomo« getauft. »Chomolungma« nennen die Eingeborenen in ihrer Sprache den Mount Everest, das heißt Göttin, Mutter der Welt. Den Namen Mount Everest erhielt der höchste Berg der Welt nach dem Leiter eines indischen Landvermessungstrupps, Sir George Everest. In Indien und Nepal hat der Mount Everest noch einen dritten Namen: »Sagarmatha«, das heißt Mutter des Meeres. Bald war »Chomo« nur noch im Küchenzelt des Basislagers anzutreffen, wo er eine richtige Mastkur durchmachte und immer größer und feister wurde.
Über eine mit flatternden Gebetsfahnen geschmückte Hängebrücke erreichten wir einen steilen Hang, über den wir zum Sherpadorf Namche Bazar (3440 Meter) gelangten. In Namche, das sich wie ein Amphitheater im Halbrund ausbreitet, wurden unsere Reisepässe kontrolliert. Die Hütten der hier lebenden Menschen haben winzige Fenster und keine Rauchfänge. Im einzigen Raum wird geschlafen und gegessen, er vereinigt Mensch und Tier unter einem Dach. In einer kleinen Kneipe tranken wir nepalesisches Chang-Bier. In der Heimat des Gösser- und Reininghaus-Bieres würde man zu diesem Getränk bestimmt nicht Bier sagen. Namche ist das Zentrum der Sherpas. Sie sind die besten Hochträger für Himalaja-Expeditionen, ausdauernd, treu und verläßlich. Der Volksstamm der Sherpas ist vor langer Zeit aus seiner Urheimat, der osttibetischen Provinz Kham, ausgewandert und hat sich hier am Südrand der Himalajaberge seßhaft gemacht. Der Name Sherpa geht auf »Shar-pa« zurück und heißt soviel wie Ostvolk. Der berühmteste ist wohl

Tensing Norgay, der 1953 mit dem Neuseeländer Edmund Hillary als erster den Mount Everest bezwungen hatte. Heute wird im indischen Darjeeling in einer eigenen Hochgebirgsschule der Sherpanachwuchs ausgebildet.
Hell leuchteten die Firn- und Eisfelder des 6187 Meter hohen Kongde Ri zu dieser verträumten Ansiedlung herüber. Besonders faszinierte uns der kühn aufstrebende Ama Dablam, einer der schönsten Sechstausender der Erde. Als die letzten Sonnenstrahlen am Wächtengrat des weißen Kang Taiga aufleuchteten, bereiteten wir unser Nachtlager vor. Die Sherpas hockten um ihre flackernden Lagerfeuer herum und waren bester Laune. Wir setzten uns zu ihnen. Gemeinsam sangen wir bis spät in die Nacht hinein. Am 13. März standen wir vor dem Lamakloster Tengpoche (3900 Meter). Ein Schneesturm kam auf und zwang uns für einige Tage an diesem herrlichen Flecken Erde, der den Geist tiefer Beschaulichkeit atmet, zu bleiben. Das Kloster Tengpoche ist das geistige Zentrum der Sherpas. Unter dem First des Daches hing eine alte leere Sauerstoffflasche, die offensichtlich von einer früheren Expedition stammte. Die Mönche verwendeten sie als Glocke, die weithin zu den frommen Gebetsübungen rief.
Eines Abends wurden wir vom Expeditionsleiter in das große Küchenzelt gerufen. Die Gipfelmannschaften für Westgrat und Direttissima wurden zusammengestellt. Jeder Teilnehmer konnte selbst entscheiden, welcher Gruppe er angehören wollte. Wolfgang Axt, das Schweizer Ehepaar Michel und Yvette Vaucher, die beiden Norweger Odd Eliassen und Jon Teigland, der Amerikaner David Isles, der indische Major Bahuguna, den wir »Harsh« nannten, der Franzose Pierre Mazeaud und der Italiener Carlo Mauri bildeten die Westgratgruppe. Für die Direttissima entschieden sich: die Amerikaner John Evans, Garry Colliver und der Arzt Dr. Dave Peterson, die Engländer Don Whillans und Dougal Haston, der Deutsche Toni Hiebeler, die beiden Japaner Reizo Ito und Naomi Uemura und schließlich ich. Zu jeder dieser beiden Gruppen gesellten sich noch der eine oder andere BBC-Mann mit Bergerfahrung hinzu, so der polnische Bergfilmer Jerzy Surdel und die beiden Briten John Cleare und Ian Howell.
»Was sagst, Leo – wenn schon, denn schon –, ich gehe auch in die Wand.« Diese Bemerkung Tonis verwunderte mich. Das war nicht der alte, erfahrene, besonnene Hiebeler, der in Bergsteigerkreisen Vertrauen genießt und der schon einige große Winterbegehungen in den Alpen mitgemacht hatte. Toni mußte wissen, was er tat. Nur dieser geringschätzige Kommentar seines Entschlusses war befremdend.
Schon bei dieser ersten Aussprache hatte ich ein ungutes Gefühl. Mir schien, als ob die beiden Engländer sich selbst als Alleinbezwinger programmiert hatten. Der Amerikaner John Evans war von Dyhrenfurth als Mannschaftsführer eingeteilt worden, aber Don Whillans gebärdete sich von Anfang an wie der »Chef«. Die beiden Japaner lächelten zu allem freundlich und nickten bei jeder Gelegenheit mit dem Kopf.

Am 16. März brachen wir von Tengpoche auf. Die Hälfte der Kulis waren Frauen, Mädchen und Kinder, sie trugen die gleichen Lasten wie die erwachsenen Männer. »Auch eine Form der Emanzipation«, dachte ich mir. Knapp vor mir war ein kleines, liebes Sherpanimädchen am gefrorenen steilen Schneehang ausgeglitten und von der schweren Last begraben worden. Bittere Tränen liefen über ihre rotbraunen Wangen.
Da es von hier ab keine Hängebrücken über die reißenden Flüsse mehr gab, wurden Yaks, eine tibetanische Rinderart mit pferdeähnlichem Schwanz, als Tragtiere verwendet. Breite Hochalmen dehnten sich zwischen den steil aufragenden Moränenrücken hin. Unsere Expedition lagerte noch einige Tage auf der weiten, dem Sturm ausgesetzten Hochalm Pheriche in 4243 Meter, die außer einigen Steinhütten und Zäunen aus aufgeschlichteten Steinen nur eine trostlose, nasse, teilweise gefrorene, karge Wiese war, soweit das Auge reichte. Entsetzliches Kopfweh, wie ich es in meinem Leben vorher noch nie verspürt hatte, machte mir diese Pheriche-Tage zur Qual.
Hier wurden wir von Dr. Duane Blume, unserem Sauerstoffexperten, mit der Handhabung der Sauerstoffgeräte vertraut gemacht. Wir lernten ein neuartiges Gerät kennen, das Dr. Blume speziell für unsere Expedition entwickelt hatte, und das nach dem sogenannten Verlangensystem arbeiten sollte. Nur wenn man atmet, wird Sauerstoff aus der Flasche gesogen. Ein Regler mit drei verschiedenen Einstellungen je nach Höhenlage mischt das reine Oxygen mit der Außenluft. Man erspart sich dadurch den beim Klettern so lästigen, kleinen Luftballon vor dem Gesicht, der auch die französischen Sauerstoffgeräte etwas unpraktisch macht. Am 21. März lagerten wir bei Sturm und Schneetreiben auf der armseligen Alm Lobuche, 4930 Meter hoch. Die Berge waren in Wolken gehüllt, und die Temperatur sank bedenklich. Nach dem Abendessen legten sich die Sherpanifrauen in den großen Verpflegszelten am gefrorenen Erdboden, nur in ihre braunen und schwarzen Lumpen gehüllt, zur Ruhe. Am nächsten Tag gelangten wir mit unserer Zeltstadt nach Gorak Shep bis auf 5160 Meter. Hier fanden wir zum letzten Mal eine spärliche Vegetation, ehe wir uns auf die trostlosen und von Steinen übersäten Flächen des Khumbu-Gletschers begaben. Auf einem großen Felsblock fanden wir in nepalesischen und deutschen Schriftzeichen die Namen aller bisherigen Everest-Opfer eingemeißelt.
Rasch stieg ich noch über einige steile Hänge und Schroffen zum Gipfel des 5545 Meter hohen Kala Pattar auf, der einen besonders schönen Blick zum Everest gewährte. Tief unter mir standen unsere roten Zelte im schmutzigen Braun der Hochfläche von Gorak Shep. Gegenüber am Horizont erhob sich der Everest als gigantische Pyramide, wuchtig und bedrückend zugleich. Um ihn herum standen seine weißleuchtenden Trabanten, der Nuptse, der Pumo Ri, Changtse und Lhotse – wie eine Bastion zum Schutze des Königs in ihrer Mitte. Mein Blick wanderte zu jenem Platz auf den Moränen des Khumbu-Gletschers, auf dem wir vermutlich am folgenden Tag das Basis-

lager errichten würden. Auch den 6000 Meter hohen Übergang Lho La an der Grenze zwischen Tibet und Nepal konnte ich erkennen.
Am 23. März erreichten wir die flache Moräne, auf der das Basislager errichtet wurde. Unmittelbar dahinter stürzt der berüchtigte Khumbu-Eisbruch aus dem Westbecken des Everest herab. Der Höhenmesser zeigte 5350 Meter. Für ein Basislager eine respektable Höhe. Wir waren glücklich, endlich wieder einen Fixpunkt zu haben, von dem aus wir glaubten, die Welt aus den Angeln heben zu können. Für zwei Monate sollten wir hier zu Hause sein, solange, bis der Monsun Anfang Juni oder Ende Mai unserem Abenteuer mit »höherer Gewalt« ein Ende setzen und uns zurückzwingen würde. Ob erfolgreich oder erfolglos, diese Frage getraute sich noch keiner zu stellen.

DER KHUMBU-EISBRUCH

Mein Zelt im Basislager teilte ich mit dem Amerikaner John Evans. Zwischen den bunten Zelten, die das eintönige Grau der Moräne belebten, waren Weglein entstanden. Neben dem kleinen Spital, in dem unser englischer »Bader« Dr. Peter Steele ordinierte, standen das Messe- und Funkzelt, dann das Sauerstoffzelt, in dem Dr. Blume seine Schätze, 300 Sauerstoffflaschen, Masken und höhenmedizinische Geräte, aufbewahrte. Die Lebensmittel – der Großteil aus der Schweiz, Deutschland und Österreich – waren ausgepackt, wie in einem Selbstbedienungsladen aufgestapelt und geordnet worden. Zwei riesige Holzmasten wurden von den Sherpas mit schweren Steinen verankert. Auf ihren Spitzen wehten stolz die Fahnen der Teilnehmerstaaten, ganz zuoberst der Wimpel der Vereinten Nationen. Auch die österreichische Raiffeisenfahne und der steirische Wimpel flatterten munter im Wind. Mein dritter Zeltgenosse war eine kleine, graue Stoffmaus, mein Talisman, den mir Heidi vor der Abreise eingepackt hatte.
Tiefblauer, wolkenloser Himmel jeden Tag; nur in den Stunden nach Mittag kamen manchmal leichte Wolken auf und zogen über den Khumbu-Eisbruch. Den Gipfel des Everest selbst konnten wir von unserem Basislager aus nicht sehen. Seine wuchtige, breite Westschulter, die Grenze zwischen Tibet und Nepal, verdeckte ihn. Der eiserstarrte Riesenstrom des Khumbu-Eisbruches reichte fast bis an das Basislager heran. Täglich wandert dieser Eisbruch bis zu einem Dreiviertelmeter talwärts, das macht ihn auch so gefährlich, denn durch diese Bewegung bersten seine Wände und Eistürme, die dann mit ohrenbetäubendem Krach oft Hunderte Meter tief hinabstürzen. Gletscherspalten öffnen sich urplötzlich und schließen sich über Nacht wieder. Wir standen jedenfalls vor einer Eiswildnis, wie sie nur wenige von uns vorher gesehen oder erlebt hatten. Über diesen Eisbruch führt der einzige Zugang zum Everest, zumindest so lange, bis ein gefahrloserer Anstieg von Norden,

Mount Everest, Lhotse und Khumbu-Eisbruch

von der rotchinesischen Seite her, möglich ist. Alle vorangegangenen »Khumbu-Expeditionen« standen vor der gleichen Aufgabe wie wir, einen Durchstieg durch diesen teuflischen Gletscherbruch zu finden, und alle nachfolgenden Unternehmen werden mit dem gleichen Problem zu kämpfen haben.

Die sechs Sherpas, die ein Jahr vor uns bei der japanischen Expedition von einer eingebrochenen Eisbrücke in die Tiefe gerissen und von nachstürzenden Eistrümmern erschlagen worden waren, sind für alle, die vor dem Khumbu-Eisbruch stehen, eine ernste, tragische Mahnung. 1963 war der Amerikaner John Breitenbach von einem Eisturm erschlagen worden, als er eben im Begriffe war, einen Durchstieg durch den Khumbu-Eisbruch zu erkunden. Auch sein Name steht auf dem großen Gedenkstein in Gorak Shep. Die Sherpas murmelten pausenlos Gebete vor sich hin, wenn sie ihre Lasten über die Leitern und Brücken trugen, die wir für den Nachschub installiert hatten. Im Jahre 1971 war der Eisbruch besonders schwierig. Im Winter fiel in Nordnepal sehr wenig Schnee, daher waren viele Spalten frei und die Eiswände blank. Es sollte einer zwölftägigen, harten Arbeit bedürfen, bis endlich am 4. April die ersten Zelte des Hochlagers I in 6100 Meter Höhe errichtet werden konnten. Eine Unzahl von Eishaken und Schrauben, von fixen Seilen, Aluminiumleitern, Baumstämmen und vieles andere Hilfsgerät zum Überbrücken von Gletscherspalten mußte verwendet werden, um den Eisfall einigermaßen zu sichern und begehbar zu machen.

Auf unseren Vorschlag wurde der Schweizer Michel Vaucher als Leiter und Organisator für die Aufschließung des Eisfalles bestimmt, eine Koordination war unumgänglich notwendig geworden. Der 29. März wurde schließlich ein entscheidender Tag. Schon mehrmals war ich im Eisbruch eingesetzt gewesen. Am frühen Morgen dieses Tages brach ich wieder mit drei Kameraden, Dougal Haston, Naomi Uemura und Carlo Mauri, vom Basislager auf. Wir hatten den Auftrag, eine Route durch die letzte Eisbarriere zum ebenen Gletscherboden des Westbeckens zu finden, wo dann Lager I entstehen sollte. Um 9 Uhr vormittags brannte die Sonne erbarmungslos vom wolkenlosen Himmel. Mit der zunehmenden Hitze am Tage begann sich im Khumbu einiges zu rühren. Wir kämpften uns aufwärts, immer Ausschau haltend, ob nicht unerwartet eine Eiswand zusammenstürzen würde. Auf einmal zerriß ein ohrenbetäubendes Krachen und Rauschen die trügerische Stille. Starr blickten wir nach Westen. Vom Pumo Ri (7145 Meter) donnerte eine Staublawine herab. Dieses großartige Naturschauspiel jagte uns den kalten Schauer über den Rücken. Wehe, wenn eine solche Lawine über uns hereinbrechen sollte, sobald wir uns in der großen Wand des Everest befinden würden. Langsam verebbte dieses Furioso, dem wir als Augenzeugen beiwohnen konnten.

Nach Stunden härtester Eisarbeit erreichten wir völlig erschöpft kurz nach Mittag den ebenen Gletscherboden des Westbeckens. Wir hatten es geschafft. Der Weg für die Kameraden war frei oder zumindest vorerst einmal erkundet. Wie rasch sich die Verhältnisse wieder ändern konnten, war uns allen bekannt. Um 3 Uhr nachmittags traten wir den Rückmarsch an, doch wir kamen nicht mehr weit. Inmitten der Eiswildnis überraschte uns die Dunkelheit und zwang uns zu einer kalten Nacht im Eisbruch. Am frühen Morgen des folgenden Tages setzten wir unseren Abstieg fort und gelangten wohlbehalten ins Basislager.

In mühevollem Einsatz wurde in den nächsten Tagen von anderen Kameraden und Sherpas die Aufstiegsroute mit Seilen und Leitern gangbar gemacht. Befremdend wirkte auf mich, und sicher auch auf andere Kameraden, daß sich als einziger der Engländer Don Whillans an der Aufstiegserkundung und Sicherung des Durchstieges nicht beteiligte. Er stieg erst auf, als der Eisfall vollkommen präpariert war. Dyhrenfurth und Roberts ließen ihn gewähren. Er wollte oder sollte sich offensichtlich schonen. Während der ganzen zwei Monate, die wir am Berg waren, durchstieg Don nur ein einziges Mal den Khumbu, einen kurzen Versuch im untersten Teil ausgenommen. Mein Schicksal war es gewesen, daß ich mich etwa zehnmal mit diesem kraftraubenden Eisbruch herumschlagen mußte, aber auch viele meiner Bergsteigerkameraden, die für den Gipfel gut gewesen wären, gaben hier ihre Kraft. Als Bestätigung für meine Behauptung und zur Ehre jener, die mit vollem Einsatz zum Erfolg beitragen wollten, um den sie schließlich durch allzu viele Unzulänglichkeiten betrogen wurden, sei Dr. Herrligkoffer zum authentischen Zeugen aufgerufen. Er versuchte nämlich im darauffolgenden Jahr mit der Europäischen Mount-Everest-Expedition, bei der besagter Don Whillans wieder teilnahm, die Südwestwand des Götterberges zu erobern. In seinem Buche »Mount Everest – Thron der Götter« hatte er geschrieben: ...»Die Engländer, mit Don Whillans an der Spitze, haben bis jetzt überhaupt keine gemeinschaftsdienliche Arbeit geleistet. Don liegt täglich stundenlang im Zelt, schleicht im Lager umher, als ob man ihn verprügelt hätte... Die Mehrzahl der Expeditionskameraden rackerte sich im Khumbu-Eisbruch ab, die drei englischen Gentlemen taten bis jetzt nichts anderes, als unseren Unmut zu erregen. Deshalb wird auch am Abend vor versammelter Mannschaft dieses Problem erörtert...« Herrligkoffer nannte das Kind beim rechten Namen. Bei unserem Unternehmen wurde leider nie ein derartiges Problem erörtert.

Am 7. April wurde mir während des Aufstieges durch den Khumbu-Eisbruch auf besonders dramatische Weise deutlich, wie schnell das Verderben über einen hier hereinbrechen kann. Ich war mit Jon Teigland, Jerzy Surdel und Toni Hiebeler unterwegs nach Lager I. Wegen der großen Hitze wollte ich möglichst schnell nach oben kommen und ging daher allein voraus. Immer weiter entrückte die Gruppe meiner Kameraden, und bald hatte ich sie ganz aus den Augen verloren. Während ich so in mich versunken über eine ziemlich steile Rampe aufstieg, gewahrte ich plötzlich ein hohles

Rauschen, das immer stärker und drohender wurde. Von der Westschulter des Everest donnerte eine Eislawine direkt auf mich zu. Geistesgegenwärtig warf ich meine Last weg und versuchte aus dem Gefahrenbereich zu flüchten. Mit den Steigeisen blieb ich hängen, stürzte, überschlug mich, konnte mich dann doch noch rechtzeitig in Sicherheit bringen. Klirrend zerbarsten mannshohe Eisschollen. Das ganze Gelände war von Tausenden Eissplittern übersät. Es sah aus, wie wenn ein Elefant in einem Porzellanladen gewütet hätte. Wäre unsere Gruppe angeseilt im Augenblick des Eisschlages gerade in diesem Abschnitt gewesen, wir hätten uns unmöglich so rasch aus der Gefahrenzone entfernen können.

Am nächsten Tag stieg ich vom Lager I zum Khumbu-Eisbruch ab, um die Aluleitern besser zu verankern und gleichzeitig Lasten aufzunehmen für den Nachschub zum Lager II. Am 9. April, es war Karfreitag, stieg ich mit den Kameraden wieder durch das kilometerlange Westbecken zum Lager II auf. Wir waren beladen wie Packesel. Am folgenden Tage wollten wir das Ganze wiederholen. Ich fühlte mich in Bombenform: »Nur zwei Stunden Marsch!« schrieb ich in mein Tagebuch.

Lager II war für unsere Expedition das vorgeschobene Basislager, von wo sich die beiden Routen – Westgrat und Südwestwand – trennten. Haston und Whillans erkundeten gemeinsam mit den Japanern den Platz, auf dem wir Lager III in 7000 Meter Höhe in der Südwestwand errichten wollten. Das Western CWM ist ein riesiges, ziemlich flaches Gletschertal, über dem sich die gigantische Pyramide des Mount Everest aufschwingt. Ständig wehten Schneefahnen um seinen Gipfel und auf seinen Graten. Über der Normalroute, der sogenannten Südcol-Route, wälzten sich Wolkenballen bis weit über den »Genfersporn« herab. Am Nachmittag trübte sich das Wetter regelmäßig ein.

Während der elf Tage dauernden, härtesten Arbeit im Khumbu-Eisbruch hatte Don Whillans nichts geleistet, sich offensichtlich in wenig kameradschaftlicher Weise für »spätere Aufgaben« geschont, während alle anderen sich mühten, rackerten und keine Gefahr scheuten. Ich hielt es für angezeigt und gerechtfertigt, ihn aufzufordern, eine Trägerseilschaft abzulösen und einmal nach Lager I abzusteigen. »I don't go down!« war die schroffe Antwort des Engländers. Obwohl ich ihm zugute halten wollte, daß er möglicherweise in schlechter körperlicher Verfassung war, brachte mich diese entschiedene Absage ohne jede Erklärung oder Entschuldigung in Rage. Ich hielt meine Ansichten über Kameradschaft und Rücksichtnahme nicht länger hinter dem Berg. Unverständlicherweise gingen meine Kameraden dieser Auseinandersetzung aus dem Wege, Toni tat später sogar so, als hätte er sie gar nicht bemerkt, denn sonst könnte ich mir seine Äußerung im »Alpinismus« nicht erklären: »Bis zum Tode von Bahuguna gab es nicht die geringsten Mißstimmigkeiten unter den Bergsteigern...«

Am Karsamstag herrschte schlechtes Wetter. Schneetreiben, Sturm und

eisige Kälte. Wir blieben im Lager I und kamen den ganzen Tag nicht aus dem Zelt heraus. Eliassen, Mazeaud und der Japaner Uemura stiegen ins Basislager ab. Garry Colliver erkrankte einige Zeit später und mußte in die Talregionen gebracht werden. Toni Hiebeler schlief diese Nacht bei mir im Zelt. Er war nicht in bester Verfassung. Die ganze Nacht warf er sich von einer Seite auf die andere; die Höhe machte ihm sehr zu schaffen. Der Schnee drückte schwer auf das Zelt. Draußen heulte ein gnadenloser Sturm. Unausgeschlafen blickten wir am frühen Morgen überrascht in eine herrliche, klare und schneeverwehte Welt. Vom Gipfel des Pumo Ri, der schon hell in der Sonne leuchtete, gingen Staubschneelawinen nieder. Es war Ostersonntag, der 11. April. Ich übersiedelte nach Lager II, Toni blieb im Lager I zurück. Das Spuren war mühsam im tiefen Neuschnee, dazu die schweren Lasten auf den Schultern. Im Lager II befanden sich neben Don und Dougal, den beiden Engländern, noch die Westgratleute Teigland und Bahuguna. Der indische Major war ein überaus netter Bursche, hilfsbereit und kameradschaftlich, dazu ein hervorragender Bergsteiger. 1965 hatte er mit der Indischen Everest-Expedition die beachtliche Höhe von 8500 Meter erreicht. Ein böser Hautausschlag zwang ihn, knapp unter dem Gipfel, den seine Kameraden dann erreichen konnten, zur Umkehr. Ich zog mich allein in mein kleines Zelt zurück. Nebenan kochten die Sherpas, wobei sie unablässig ihre Gebete murmelten. »O mani padme hum« – »O Kleinod in der Lotosblume – Amen.« Dies ist der Wortlaut des häufigsten Gebetes in der buddhistischen Welt. Stundenlang und pausenlos wird es gesprochen, besonders dann, wenn Gefahr droht, wie beispielsweise während des Aufstiegs im Eisbruch. Düstere Wolken hingen in der Wand des Everest.
Am späten Nachmittag kam Wolfgang Axt zu uns ins Lager II herauf. Ich vertrieb mir den Tag mit Tagebuchaufzeichnungen und mit der Abfassung von Berichten, die ich für eine österreichische Zeitung zu schreiben hatte. So blieb mir wenig Zeit, darüber nachzudenken, welchen Erfolg diese undurchschaubare Expeditionsstrategie wohl zeitigen würde. Abends kamen Michel und Yvette in Begleitung von John Evans.
Am nächsten Tag begann die Westgratgruppe unter Axt mit der Belagerung ihrer Aufstiegsroute. Das Wetter war prächtig. Mit Haston, der im Gegensatz zu Whillans in Form war, mit Whillans und John Evans stieg ich über das Eisfeld zum Lager III in der Südwestwand auf. Zwei Sherpas folgten uns. In meinem Rucksack trug ich ein 100-Meter-Seil und zwei Sauerstoffflaschen. Mit diesem Gewicht von zirka 20 Kilo am Rücken mußte ich das Letzte aus mir herausholen. Auch John, der bärenstarke, gutmütige Amerikaner, erfolgreicher El-Capitan-Kletterer, hing immer wieder im Jümar-Bügel, mit dem wir uns am dünnen Seil halten konnten.
Unter gelben und braunen Felsüberhängen, von Stein- und Eisschlag geschützt, war Lager III errichtet worden. Von der japanischen Expedition waren hier einige Aluplattformen zurückgelassen worden. Wir waren hoch-

erfreut, auf diese Plattformen unsere Zelte stellen zu können, da unsere Expeditionsleitung auf solche wertvollen Behelfe verzichten zu können glaubte. Unter großen Anstrengungen stellten wir eine »Whillans-Box« auf, ein mühsamer Hausbau in mehr als 7000 Meter Höhe. Während die beiden Engländer im Lager III verblieben, stiegen John und ich bei herrlichem Sonnenuntergang über das fixierte Seil die steile Eiswand hinunter zum Lager II.
14. April: Ich feierte meinen 35. Geburtstag. Am Nachmittag kam ein wilder Schneesturm auf, der sich aber gegen Abend wieder legte. Das Lager leuchtete im Abendrot. Bald fiel die Temperatur. Der Expeditionsleiter Norman Dyhrenfurth, Dr. Blume und Toni Hiebeler kämpften sich am späten Nachmittag Schritt für Schritt zu uns ins Lager II herauf. Das Abendessen gefror während des Mahles im Geschirr. Am 15. April schleppte ich wieder mit einigen Kameraden Ausrüstung und ein 100-Meter-Stahlseil vom Lager I zum Lager II. Die Lager waren allesamt noch äußerst mangelhaft ausgerüstet, vor allem was die Verpflegung betraf. Dyhrenfurth versuchte es in seinem späteren Bericht so darzulegen: »Für den Pendelverkehr zwischen Lager I und Lager II standen nicht genügend Hochträger zur Verfügung, so daß die Verpflegung im vorgeschobenen Basislager viel zu wünschen übrigließ. Natürlich könnten ein paar Shab's selbst einmal ins Camp I absteigen und die Lebensmittel hinauftragen, aber das wäre ja Sherpaarbeit, die man gewissen europäischen Spitzenbergsteigern anscheinend nicht zumuten darf.« Er meinte damit offensichtlich Mazeaud, Vaucher und Mauri, denn die beiden Engländer waren für ihn tabu. Don Whillans weigerte sich ausdrücklich, Trägerdienste zu leisten, doch das wurde kommentarlos hingenommen. Vaucher und vor allem Mauri haben im Gegensatz zum Engländer im Khumbu-Eisbruch wie Berserker geschuftet. Das konnte Norman doch nicht übersehen haben!
Am 16. April versuchte Toni Hiebeler, mit einer leichten Last zum Einstieg der Wand zu gelangen, er schaffte es aber nicht und kehrte auf halbem Weg um. Er war enttäuscht und deprimiert. Am nächsten Tag entschloß er sich, ins Basislager abzusteigen. In einem Sturm, der das Atmen fast unmöglich machte, schleppte ich am nächsten Tag mit Cleare und Howell, die beide sehr müde waren, und drei Sherpas Lasten zur Randkluft beim Einstieg der Wand. Wir versuchten auf diese Weise die Nachschubverbindung aufrechtzuerhalten. Langsam wurde ich reif für eine kurze Erholung. So stieg ich am 18. April mit Haston und Teigland ins Basislager ab. Im Lager I nahm ich mich um Toni an, der erschöpft war. Ein Sherpa nahm seinen Rucksack. So kamen wir langsam, aber heil durch den Eisbruch abwärts. Das Wetter hatte sich weiter verschlechtert. In der Nacht zum 19. April war sehr viel Schnee gefallen. Die Zelte des Basislagers waren im Neuschnee fast erstickt. Wir genossen die Annehmlichkeiten, die das Basislager bot, und regenerierten uns auf diese Weise in kurzer Zeit. Schon bald wollten wir wieder fit sein für den weiteren Kampf.

TOD UNSERES »HARSH« BAHUGUNA

Um 9 Uhr morgens gab es die übliche Funkverbindung mit Lager II. Wie ein Blitz aus heiterem Himmel traf eine niederschmetternde Nachricht ein: »Major Bahuguna war in den Abendstunden des vergangenen Tages beim Abstieg vom Lager III-West zum Lager II an Erschöpfung und Erfrierung gestorben.« Wir konnten diese Nachricht nicht fassen. Schweigend standen wir um das Funkgerät. Unser Militärfunker versuchte durch wiederholte Rückfragen Klarheit zu bekommen, aber die Geräte funktionierten wegen des miserablen Wetters und der damit verbundenen Störungen schlecht. Die Gespräche mußten über Lager I, wo sich Isles und der englische Zeitungsreporter Sale befanden, geführt werden. Allmählich wurde es uns zur Gewißheit: »Harsh« war tot! Einzelheiten der Tragödie konnten wir vorläufig nicht erfahren, nur so viel wußten wir inzwischen, daß der Inder mit Wolfgang Axt gestern den Abstieg vom Lager III-West angetreten hatte und sich durch das Inferno des Wettersturzes zum Lager II durchkämpfen wollte. Toni hatte Tränen in den Augen, ich verzog mich in mein Zelt. Die Sherpas begannen im Chor zu beten. Tiefe Trauer überfiel uns alle. Das Donnern der Lawinen in der Ferne kam uns vor wie ein Todeschoral, ein Requiem für den guten Kameraden.

Das Wetter in den nächsten Tagen war katastrophal. Am Berg stand alles still. Der Neuschnee deckte die Zelte des Basislagers zu. Wie würde es oben in den Hochlagern ausschauen? Die Verbindung zwischen den Lagern war unterbrochen. Lawinen strichen über die Aufstiegsroute. Die Verpflegung ging allmählich zu Ende. Die Stimmung war auf den Nullpunkt herabgesunken. So schnell kann sich das Blatt wenden. Der Leichnam von Bahuguna würde erst bei Wetterbesserung geborgen werden können. Funksprüche gingen hin und her. Roberts setzte sich mit Kathmandu in Verbindung: Was sollte mit Harsh geschehen? Beisetzung in einer der großen Spalten des Western CWM? Transport nach Indien in die Heimat? Endlich kam ein klärender Hinweis: Auf Wunsch seiner Frau sollte alles, was an ihm sterblich war, in Gorak Shep nach hinduistischem Brauche verbrannt werden, am Fuße seiner geliebten Himalajaberge, denen sein ganzes Sinnen und Trachten gegolten hatte.

Aus Kathmandu erhielten wir die Auskunft, daß es seit 70 Jahren im Everestgebiet keinen so niederschlagsreichen April gegeben hatte wie eben in diesem Jahr 1971. Ein neuer Rekord also, der uns aber gar keine Freude bereiten konnte, denn die ohnehin großen Schwierigkeiten wurden dadurch nur noch größer. Am Makalu kämpften zur selben Zeit die Franzosen unter der Expeditionsleitung von Robert Paragot. Wie würde es wohl den Freunden aus Frankreich ergehen? Am 25. April, dem ersten schönen Tag, verließ Hiebeler das Basislager. Sein psychischer und physischer Zustand war besorgniserregend. An den Expeditionsleiter Dyhrenfurth schrieb er: »Ich bin

seelisch am Boden. Ich kann keinen Schritt mehr in Richtung Berg unternehmen. Verzeih! Ich muß nach Hause.« Er ersuchte mich noch, seine fünf Fotoapparate vom Lager II nach Europa mitzunehmen. »Gott beschütze Dich und die Kameraden – herzliche Grüße, Dein Toni!« Mit diesen Worten verabschiedete er sich in einem kurzen Brief und fuhr heim.
Am folgenden Tage öffnete ich mit Haston und Teigland den Khumbu-Eisbruch für den weiteren Aufstieg. Wir waren um Tage zurückgeworfen worden. Gar nicht davon zu reden, daß der moralische Schock, den der tragische Unglücksfall bei uns allen verursacht hatte, die weitere Leistungsfähigkeit der Expedition wesentlich beeinträchtigte. Abwechselnd spurten und suchten wir den Weg durch brusttiefen Neuschnee nach oben. Die Kameraden vom Lager I wagten wegen totaler Erschöpfung den Abstieg ins Basislager nicht. Nach bangen Stunden entstiegen wir völlig verausgabt dem Eisbruch. Die Kameraden vom Lager I mit Dave Peterson an der Spitze waren uns entgegengewankt. Wir fielen uns in die Arme. Die acht Meter lange Alubrücke, die über eine ebenso breite Spalte des Khumbu-Eisbruchs gelegt war, stand wie ein Zeigefinger gegen den Himmel. Die Spalte hatte sich über Nacht geschlossen, wir konnten ohne Schwierigkeiten einfach darübergehen. Gemeinsam stiegen wir wieder ins Basislager ab. Wir rechneten damit, daß am folgenden Tag auch die Mannschaften der oberen Lager absteigen und sich erholen würden. Axt, Colliver und Cleare kamen als erste ins Basislager.
Wolfgang machte einen niedergeschlagenen Eindruck. Er wurde mit Fragen überhäuft. Bereitwillig gab er Auskunft. Man merkte ihm an, daß ihn die Rekonstruktion des Unglücksfalles in dem kurzen Bericht, den er gab, innerlich zutiefst bewegte. Ohne aufzusehen legte er dar, wie er am 18. April, völlig erschöpft, allein zum Lager II gekommen war. Seine Hände und Füße waren frosterstarrt. »Harsh kommt nicht!« konnte er gerade noch stammeln. Unverzüglich machte sich eine Rettungsmannschaft bereit, Harsh zu Hilfe zu kommen. Trotz des fürchterlichen Sturmes und der schon bald hereinbrechenden Nacht kämpfte sich dieser Rettungstrupp in die Richtung, in der man Harsh vermutete. Odd Eliassen war als erster an der Unglücksstelle. Ihm folgten Michel Vaucher und die anderen Kameraden.
»... sein Zustand war verzweifelt schlecht. Harsh hatte einen Handschuh verloren, sein Gesicht war von einer Eiskruste bedeckt. Durch einen Karabiner war er am Geländerseil fixiert, das gestern angebracht wurde. Nur ein paar Schritte und er wäre in leichtem Terrain gewesen, aber er war derart erschöpft, daß er nicht einmal warmes Zeug aus dem Rucksack holen konnte. Bald war auch Whillans da. Inzwischen hatte ich Bahuguna angeseilt und mit großer Mühe vom horizontalen Geländerseil losgehakt, wobei Eliassen mich sicherte. Wir waren drei Mann an der Unglücksstelle. Der Sturm war heftiger denn je, dann brach die Nacht herein. Ihn über die Traverse zu tragen, war unmöglich. Wir ließen ihn vorsichtig den Hang hinunter, dann war das

Mount Everest: im Khumbu-Eisbruch

karrimor

Mount Everest:
Sturm über der Südwestwand

Seil zu Ende. Es brauchte viel mehr Leute, um ihn zu tragen. . . « Mit diesen Worten berichtete Vaucher über die versuchte Bergung, in der sich schon das nahe Ende unseres Harsh ankündigte. Vergeblich bemühte man sich noch einmal, den Bewußtlosen in den Windschutz einer Spalte zu zerren. Die Rettungsmannschaft, selbst in allergrößter Lebensgefahr, mußte den Sterbenden seinem Schicksal überlassen. Völlig erschöpft und halb erfroren gelang es ihr, gerade noch ins Lager abzusteigen.

Wolfgang hatte vom Arzt Schlafmittel erhalten. Er wußte zu diesem Zeitpunkt noch nichts vom Schicksal seines Freundes Harsh. »Wie geht es Harsh?« waren die ersten Worte, die er am Morgen zu den Freunden sprach, als er noch völlig erschöpft wie im Delirium aus seinem Zelt kroch. »Weißt du es noch nicht? Er ist tot!« Wolfgang konnte es kaum fassen. Mit starrem Blick sah er alle an, sah er durch sie hindurch, als wollte er in der Ferne den verlorenen Kameraden suchen.

Norman Dyhrenfurth leitete eine Untersuchung ein, deren Ergebnis er auf Tonband aufzeichnete: »Warum seid ihr unangeseilt abgestiegen?« Diese Frage mochte einen Vorwurf enthalten haben, aber man war sich darüber klar, daß nur eine völlige Klarstellung des Unfallherganges Wolfgang rehabilitieren konnte! Axt: »Wir wußten, daß unsere Kameraden am Vortage an allen steileren Stellen Seile fixiert hatten. Ich ließ Klettergürtel und Karabiner im oberen Lager III-West. Am Anfang ging Harsh voraus. Gegen 14 Uhr wurde das Wetter plötzlich schlecht, bald tobte ein Schneesturm. Als wir das lange horizontale Geländerseil erreichten, das wir noch nicht kannten, ging ich voraus und hantelte hinüber. Es war sehr lang und anstrengend. Am unteren Ende wartete ich auf Harsh, der sich sehr langsam bewegte. Infolge des wilden Sturmes konnten wir uns nicht verständigen. Ich wartete eine halbe Stunde, meine Hände und Füße verloren jegliches Gefühl. Dann sah ich Harsh, der sich mit einem Karabiner in das Geländerseil eingehängt hatte, hinter dem letzten Vorsprung mit einer Hand winken. Alles schien in Ordnung. Keinerlei Andeutung, daß Harsh in ernsten Schwierigkeiten war. Ich machte mir wegen meiner Hände und Füße Sorgen und setzte den Abstieg fort. Kurz vor Ankunft im Lager II hörte ich dann seine Hilferufe und alarmierte die Kameraden. Ich selbst war vollkommen fertig.« – »Warum bist du nicht bei Harsh geblieben?« – Axt: »Ich hatte keine Ahnung, wie schlecht es um ihn stand. Auch hätte ich ihm ohne Seil und Karabiner nicht helfen können. Harsh hatte seinen Klettergürtel und Karabiner, aber ich hätte wieder zu ihm zurückhanteln müssen. Dazu war ich nicht mehr fähig. . . !«

Bahuguna war in den letzten drei Wochen pausenlos im Einsatz gestanden, er war trotz seiner hervorragenden körperlichen Verfassung am Unglückstag ausgebrannt und den Strapazen des Abstieges im Schneesturm nicht mehr gewachsen. Er hatte seinen Eifer, ein Pionier der direkten Westgratroute zu sein, mit dem Leben bezahlt. Mazeaud hielt zu Recht mit Vorwürfen nicht

Mount Everest-Südwestwand:
Lager IV auf ca. 7500 Meter

zurück: »Ich kann es nicht zulassen, daß Don Whillans denken könnte, Harsh sei für seinen eigenen Tod verantwortlich, da er nicht wußte, wie er seine Kräfte schonen konnte. Schließlich gibt es einen Expeditionsleiter, dessen Pflicht es ist, den Einsatz jedes einzelnen zu begrenzen.«
Wolfgang wurde Wochen später von seiten der indischen Presse angegriffen, er wäre am Bergtod des indischen Majors schuld. Diese Vorwürfe bedrückten Wolfgang schwer. Ein Gerichtsverfahren in Österreich, zu dem Dyhrenfurth und ich als Zeugen geladen wurden, war gleich nach der ersten Sachverhaltsdarstellung eingestellt worden. Wolfgang war rehabilitiert.

DAS INTERNATIONALE TEAM ZERBRICHT

Die Westgratgruppe war nach dem Unglück völlig demoralisiert und löste sich in der Folge auf. Mazeaud und Mauri, aber auch die Vauchers waren für einen weiteren Aufstieg über die Südsattelroute, dem Normalanstieg von Hillary und Tensing. Dazu war es aber schon viel zu spät, wie ihnen von Dyhrenfurth und von den erfahrenen Sherpas vor Augen geführt werden mußte. Wir stimmten in der Meinung überein, daß alle verfügbaren Kräfte in der Wand eingesetzt werden müßten. Umso mehr, als die Wandmannschaft durch Ausfälle schon sehr geschwächt war. Mazeaud und die beiden Vauchers waren mit dieser Entscheidung des Expeditionsleiters nicht einverstanden. Sie glaubten, über den Ostgrat ans Ziel gelangen zu können. Es kam zu heftigen Diskussionen, zu Meinungsverschiedenheiten und Zwietracht.
Am 28. April war Uemura mit einem Sherpa nach Lager IV, ca. 7500 Meter hoch, unterwegs. Die beiden Engländer stiegen, ohne sich mit jemandem vorher besprochen zu haben, zum Lager III auf und waren entschlossen, nun bis zum Ende der Expedition an der Spitze zu verbleiben. Am 29. April verließen Dyhrenfurth, Dr. Blume, Mauri, Mazeaud und Eliassen das Lager II und stiegen ins Basislager ab. Das Wetter hatte sich wieder gebessert. Am wolkenlosen Himmel stand der Everest strahlend und einladend. Ich stieg mit Evans und Peterson wieder mit Sauerstoff und Proviant zum Lager III auf. Ich fühlte mich in der Form meines Lebens. Ich brannte auf einen entscheidenden Vorstoß in der Wand. Am 1. Mai erkrankte John Evans, der offizielle Wandleiter, schwer. Er mußte ins Basislager absteigen. Die beiden Engländer hatten mittlerweile mit Sherpas das Lager IV in 7500 Meter Höhe installiert.
Im Basislager ging es inzwischen drunter und drüber. Dyhrenfurth schrieb darüber: »Die Südsattelgruppe – Michel und Yvette Vaucher, Mauri und Mazeaud – ergehen sich in Wutausbrüchen. Feigheit, Diktatur, Beleidigung von Frankreich und Italien, schlechte Organisation, schwache Expeditionsleitung waren die Kernpunkte ihrer Vorwürfe. Yvette ging sogar so weit,

Mount Everest, Westschulter in Richtung zum Gipfel: letztes Bild unseres »Harsh« Bahuguna

mein Zelt mit Steinen zu bewerfen. Es bestünde ein geheimes Komplott, wonach nur Engländer auf den Gipfel dürften. Roberts, Evans – der krankheitshalber heruntergekommen war – und ich versuchten wiederholt, alle vier zur Teilnahme an der Direttissima-Route zu überreden, aber es war umsonst.«

Nun, die Majestätsbeleidigungen, die Mazeaud angeblich ausgesprochen hatte, und die Steine der Yvette Vaucher wird wohl niemand ganz ernst genommen haben. Mazeaud hatte meiner Meinung nach keinen Grund und kein Recht, sich so aufzuspielen, denn erstens war er als Bergsteiger kaum in Erscheinung getreten, und zweitens hatte er zur Finanzierung der Expedition so gut wie nichts beigetragen. Er war nur durch die Empfehlung seines »Spezis« Hiebeler zur Expedition gekommen. Daß Vaucher und Mauri resignierten, war höchst bedauerlich. Sie sahen im Rahmen der Wandmannschaft offensichtlich keine Chance mehr, den Gipfel zu erreichen. Außerdem dürften sie längst erkannt haben, daß die beiden Engländer machen konnten, was sie wollten, und ihr Starrsinn und Egoismus von der Expeditionsleitung weitgehend toleriert wurden. Das nahmen Mauri und Vaucher schließlich nicht länger hin.

Ich hoffte noch immer auf eine Wendung zum Guten, trotz aller Widerwärtigkeiten. Nach dem Ausfall von John Evans teilte Dyhrenfurth zu allem Überfluß noch Don Whillans als Wandleiter ein. Hatte die Expedition durch die Anwesenheit des BBC-Teams schon einen sehr »englischen« Charakter, so war dieser Entschluß des Expeditionsleiters geradezu eine Provokation. Am 3. Mai stieg ich sehr früh mit einem Sherpa zum Lager III auf. Anderntags wollte ich zum Lager IV weitergehen, wo sich die beiden Engländer mit einigen Sherpas aufhielten. Per Funk wurde mir aber von den Engländern erklärt, daß im Lager IV für mich kein Platz wäre. Ich könnte nur mit einer Last hinaufgehen und dann wieder zurück zum Lager III. Nachdem die beiden Engländer schon längere Zeit im Lager IV gewesen waren, ohne auch nur einen entscheidenden Vorstoß unternommen zu haben, hätte einer von ihnen absteigen müssen, oder zumindest ein Sherpa hätte mir seinen Platz zu überlassen gehabt. Ich war verärgert, weil ich in bester körperlicher Verfassung war und möglicherweise einen Umschwung hätte herbeiführen können. Es ging mir keinesfalls darum, mich vor den anderen herauszustreichen, und es ging mir auch in der Wand nicht um einen persönlichen Erfolg, sondern einzig und allein um den Erfolg des Unternehmens, an dem jeder einzelne bedingungslos mitzuwirken hatte. Auch eine Fußballmannschaft würde schlecht ausschauen, wenn ein Torjäger versuchen wollte, alles allein zu machen, das Spiel allein zu gewinnen.

Es galt damals, die guten Kräfte zu mobilisieren, und es wären genug solche Kräfte vorhanden gewesen, aber nicht bei den Engländern im Lager IV. Zwar hätte man sich von Dougal Haston, der ein hervorragender Bergsteiger ist und schon aufsehenerregende Touren gemacht hatte, noch am ehesten

eine Leistungssteigerung erwarten können, hätte er sich mit einem stärkeren Partner zusammengeschlossen. Es ist unerklärlich, warum er in der gegebenen Situation nicht die richtigen Konsequenzen zog. Am nächsten Morgen stieg ich ganz früh vorbei am Lager II, wo noch alles schlief, und in das Basislager ab. Hier war auch Wolfgang Axt, der sich von den Strapazen und vom Schock noch immer nicht erholt hatte. Ich versuchte auf den Expeditionsleiter einzuwirken, ohne meinen Unwillen zu verbergen, und ihm klarzumachen, »daß das Wetter prachtvoll wäre, aber in der Wand unter den gegebenen Umständen einfach nichts klappen könne. Die Engländer ließen mich nicht an die Spitze. Sie sollten eben auch einmal absteigen und Trägerdienste leisten. Es müsse doch endlich aufgefallen sein, daß sie schon zu lange auf dieser Höhe waren, ohne auch nur einen entscheidenden Vorstoß versucht zu haben«. Axt pflichtete mir bei. Dyhrenfurth hörte mir völlig teilnahmslos zu, ohne nur mit einer Wimper zu zucken.
Diese Lethargie wollte mir nicht in den Kopf. Sah Dyhrenfurth denn nicht, was am Spiele stand? Ich war wütend. Nach zwei Tagen ging ich allein in einem Zug durch den Khumbu-Eisbruch hinauf bis ins Lager II. Im Khumbu war eine Eiswand, über die der Weg führte, eingestürzt. Sherpas saßen erschrocken davor, wollten alles liegen und stehen lassen und umkehren. Ich konnte sie mit allen möglichen Tricks zum Weitergehen überreden. Mit dem Eispickel präparierte ich einen neuen Steig. Kurz vor dem Lager I stürzte hinter mir ein Sherpa mit einer Filmkiste der BBC in eine Spalte. Todesangst war ihm ins Gesicht geschrieben, als wir ihn wieder herauszogen.
Auf unerklärliche Weise erkrankten nun sieben Expeditionsteilnehmer an einem merkwürdigen Drüsenfieber. Wir waren also von ursprünglich 21 Bergsteigern nur noch 7 einsatzfähige bis zum Expeditionsende am 21. Mai. Der Rest waren BBC-Leute, die sich im Lager II aufhielten und von einem britischen Gipfelsieg träumten. Bahuguna war tot, Hiebeler hatte aufgegeben, die beiden Vaucher, Mazeaud und Mauri hatten die Expedition verlassen, weil man unter anderem ihren Plan, anstatt über den Westgrat über die Südsattelroute zum Gipfel zu gelangen, aufgegeben hatte. John Evans, Gerry Colliver, Odd Eliassen, Jon Teigland, David Isles, Ian Howell waren erkrankt. Zuletzt erwischte es am 7. Mai auch noch Dyhrenfurth; er verließ am folgenden Tag das Basislager und zog talaus.
Er schrieb später in seinem Bericht: »Am 7. Mai wollte ich aufsteigen, um den Schlußangriff zu leiten, aber ich war krank geworden.« Warum er, der sich die ganze Zeit wenig um den Einsatz gekümmert hatte, plötzlich entdeckte, daß er den Schlußangriff leiten soll, ist unerfindlich. Wollte er seinen »Wandleiter« zurückbeordern? Sicher ist nur eines: Der Kapitän verließ das sinkende Schiff, dessen Rettung er beizeiten versäumt hatte. Der Engländer Jimmy Roberts blieb als alleiniger Expeditionsleiter im Basislager, der Engländer Don Whillans führte nach wie vor das Kommando am Berg. Die noch einsatzfähige Truppe war auf sieben Mann, die Engländer Whillans und

Haston, die beiden Japaner Uemura und Ito, den Amerikaner Dave Peterson, auf Axt und mich zusammengeschmolzen. Nach all den Ungerechtigkeiten, die ich lange beobachtet und hingenommen hatte, nach der Planlosigkeit des Wandeinsatzes, war meine Einstellung dem Unternehmen gegenüber mehr und mehr passiv geworden. Ans Aufgeben dachte ich aber immer noch nicht.
Wir schrieben den 8. Mai. Die beiden Engländer waren noch immer oben im Lager IV. Seit vielen Tagen gab es keine vernünftige Zusammenarbeit mehr. Auch der Japaner Naomi Uemura, der mit mir ein Zelt bewohnte, äußerte seinen Unmut über die Engländer. Auch er wollte einmal ins oberste Lager und die Briten ablösen. Ich sehe noch heute sein enttäuschtes, aber doch beherrschtes Gesicht, als er durch Funk anfragte, wie lange sie noch bleiben wollten, und Haston ihm darauf antwortete: »Wir wissen es nicht.« Dyhrenfurth schrieb später: »... Mitte Mai konnten Haston und Whillans Lager VI, zirka 8200 Meter, erstellen. Dank der aufopfernden Unterstützung durch die Japaner und die treuen Sherpas. Ito und Uemura trugen mehrmals Sauerstoff bis ins höchste Lager, ohne selbst davon Gebrauch zu machen!« Ja, so war es. Das waren die starken Japaner, die man nicht zur Spitze ließ. Don Whillans wäre ohne Sauerstoff dort oben »gestorben«; er ließ sich von den Sherpas und den Japanern versorgen, aber er machte den Weg für die anderen, für die Stärkeren, nicht frei. Und es fehlte die starke Hand, diesem egoistischen Treiben ein Ende zu bereiten und zu retten, was noch zu retten war.

DAS ENDE KÜNDIGT SICH AN

Am 9. Mai stieg ich mit Dave Peterson, dem letzten Amerikaner, und mit dem BBC-Mann John Cleare zum Lager III auf. Schwer drückte mich der Rucksack, denn ich hatte die komplette Gipfelausrüstung bei mir. Am Vorabend noch hatten wir einen verheißungsvollen Sonnenuntergang erlebt. Die feuerroten Strahlen der Abendsonne brachen sich am Gipfel des Pumo Ri. Wir nächtigten im Lager III und rüsteten in aller Morgenfrühe des nächsten Tages für den Aufstieg ins Lager IV. Um mehr tragen zu können und zugleich die Wirkungsweise des amerikanischen Sauerstoffgerätes zu testen, verwendeten wir Atemmasken. Ich ging auf eigene Faust nach oben, weil ich mich in bester Verfassung und stark genug fühlte, auch in dieser stagnierenden Phase dem Unternehmen noch eine positive Wendung zu geben. Eine Expeditionsplanung am Berg gab es meiner Ansicht nach ohnehin nicht und hatte es auch nie gegeben. Bald nach uns brachen die Sherpas auf. Zuerst folgte ein langer, steiler Eishang, der nach zirka 300 Meter in eine Felszone aus brüchigem Gestein überging.
Schon von weitem konnte man das Lager IV, das sich in einem steilen, halt-

losen Felscouloir befand, ausnehmen. Darüber erhob sich die mächtige Wand der eigentlichen Direttissima, die bei etwa 8100 Meter beginnt. Dieser direkten Route versuchte unsere Expedition wegen des bedrohlichen Zeitmangels nach rechts, Richtung Südgipfel, auszuweichen. Nach knapp zweieinhalb Stunden stand ich vor den Zelten des Lagers IV. Sherpas und der Japaner Reizo Ito begrüßten mich. Dave Peterson und die Sherpas, die ihn begleiteten, kämpften sich mühsam höher. Ich hatte in der Monotonie des Aufstieges gar nicht bemerkt, daß ich längst allein war. Am Abend verließ uns Peterson wieder, stieg ins Lager III ab.

Diese Nacht verbrachte ich mit Reizo Ito im Lager IV in einem kleinen Zelt. In den langen Stunden der Nacht überdachte ich noch einmal den bisherigen Verlauf dieser großen, stolzen Unternehmung, rief mir alle Einzelheiten ins Gedächtnis, die sich auf dem Wege von zu Hause bis hierher ereignet hatten. Trotz der Nähe meines Expeditionskameraden fühlte ich mich einsam und verlassen. Der Groll, den ich noch vor kurzem gegen die beiden Engländer hatte, da sie meiner Ansicht nach den Großteil der Ursachen mitverantworten mußten, wenn die Expedition zum Scheitern käme, war verflogen. Mit jedem Schritt gegen das Lager IV war ich den Engländern im wahrsten Sinne des Wortes näher gekommen. Wenn sie jetzt noch zu einer produktiven Zusammenarbeit bereit gewesen wären, wie gerne hätte ich ihnen trotz allem meine Hand gereicht. Ich blickte auf die Uhr. Es ging schon gegen den Morgen zu. Die Leidenschaft meiner Gedanken und das Schlafen ohne Nachtsauerstoff hielten mich hellwach. Auch Ito konnte keinen Schlaf finden. Ruhig lag er mit offenen Augen in seinem Schlafsack. Manchmal trafen sich unsere Blicke im Dämmergrau. Der Morgenfrost von vielleicht minus 30 Grad kündigte Schönwetter an. Noch war niemand draußen auf den abschüssigen Terrassen vor den Zelten. Wir bereiteten uns ein bescheidenes Frühstück. Viel war nicht verfügbar in diesem Lager, und das Beste dürften sich wohl die Sherpas beiseite gelegt haben. Bald rüsteten wir, Ito, einige Sherpas und ich, für den letzten Teil des Aufstieges zum Lager V, das die Engländer in etwa 8050 Meter besetzt hielten.

Ich wollte aber gleich nach Lager VI weitergehen, um gemeinsam mit den Engländern einen neuen Vorstoß zu unternehmen bzw. vorerst dieses Lager, das noch nicht richtig ausgebaut und versorgt war, funktionsfähig zu machen. Daher packte ich meine gesamte Ausrüstung in den Rucksack und ersuchte einen Sherpa, mir den Schlafsack oder den Daunenfußsack nach Lager V mitzunehmen. In gebrochenem Englisch erklärte er mir, daß die Sherpas vom Wandleiter Whillans den strikten Auftrag hätten, mich in keiner Weise zu unterstützen. Ich merkte dem Burschen an, daß es ihm schwerfiel, mir diese Auskunft zu geben. Wie Peitschenhiebe hatten mich seine Worte getroffen. Jetzt war mir vollends bewußt geworden, daß alles verloren, alles umsonst gewesen war. Bis zuletzt glaubte ich noch an ein Versagen der Expeditionsleitung, an den verständlichen Ehrgeiz der Engländer, an die

Wandlung der Persönlichkeit eines Menschen und seines Charakters in Stunden der Gefahr, der Not oder eben in der Weltabgeschiedenheit dieser Himalajaberge; bis jetzt suchte ich Erklärungen, war ich bereit, nachzusehen und zu verstehen, jetzt war aber der letzte Strang kameradschaftlicher Verbundenheit zerrissen. Mir war, als hätte ich mich selbst verloren. Ich kehrte um.

Dyhrenfurth beschrieb später in einem Aufsatz die eben von mir geschilderte Situation im Lager IV völlig unrichtig: »Als Schlömmer zum Lager VI nachfolgen wollte, bat er Whillans, einen Sherpa nach Lager II zu schicken, um seine persönliche Ausrüstung hinaufzubringen, worauf Whillans negativ reagierte. Darüber empört, stiegen beide Österreicher ins Basislager ab.« Niemals hatte ich einen Sherpa nach Lager II schicken wollen, um meine persönliche Ausrüstung nach Lager IV zu bringen, ich hatte sie ja selbst nach Lager IV getragen.

Im Lager II traf ich mit Wolfgang Axt und einigen Sherpas zusammen. Auch einige BBC-Leute waren dort. Wolfgang beklagte sich bitter, daß er schon fünf Tage hier herumsitze, obwohl er in Form wäre. Aber er konnte nie in die Wand, weil in den oberen Lagern einfach kein Platz für ihn war. Überhaupt nächtigten insgesamt nur fünf Bergsteiger höher als Lager III: die beiden Engländer, die beiden Japaner und ich. Auch Axt hatte die Nase voll. Ob Whillans und Haston geglaubt hatten, mit Hilfe der Sherpas und vielleicht noch eines Japaners den Gipfel zu schaffen, ist schwer zu beantworten. Warum sie auf die helfende Mitwirkung von Kameraden, die noch stark waren, verzichteten, bleibt ebenfalls eine offene Frage. Die BBC-Leute hofften in ihrem alpinistischen Unverstand auf einen englischen Gipfelsieg. »Morgen oder übermorgen werden es Don und Dougal geschafft haben«, meinte der Reporter der angesehenen Londoner Zeitung »Sunday Times« und bereitete schon seine Erfolgsberichte vor.

Am 13. Mai, einen Tag, nachdem ich aus der Wand zurückgekehrt war, kam die große Überraschung. Erstmals seit Beginn der Wandbesteigung ersuchten die beiden Engländer über Funk um Unterstützung durch uns. Sie wußten, daß wir fit waren. Die Wand wird nämlich erst ab 8000 Meter Höhe so richtig schwierig. Dort konnten sie mit den Sherpas nicht mehr weiterwursteln. Jetzt brauchten sie uns. Außerdem dürften sie durch den langen Aufenthalt an der Spitze, obwohl sie ständig Sauerstoff verwendet hatten, nicht mehr allzu viel Energie gehabt haben. Aber sie ließen gleich auch die Katze aus dem Sack: Sie würden weiterhin die Spitze bilden, wir sollten ihnen nur beim Ausbau des Lagers VI und bei der Errichtung eines eventuellen höheren Sturmlagers helfen, von dem aus sie dann den Gipfel bezwingen wollten. Das schlug dem Faß den Boden aus! Axt, der BBC-Mann John Cleare und ich stiegen ins Hauptlager ab. Auf dem Weg dorthin trafen wir John Evans, der sich nach seiner überstandenen Krankheit mit Sherpas wieder ins Lager II hinaufmühte.

Als ich im Basislager Roberts Vorwürfe machte, warum die Engländer so lange oben belassen wurden, warum sie nie durch leistungsfähige Kameraden abgelöst worden seien, packte er, als er sah, daß auch wir resigniert hatten, aus: Es sei vom Anfang an sein Plan gewesen, zwei Engländer auf den Gipfel zu bringen. Während er uns treulich von diesem Plan berichtete, sah er uns aus seinen whiskytrüben Augen so gutgläubig an, als ob er unsere begeisterte Zustimmung erwarten würde. Am 21. Mai, als man noch immer hoffte, daß es Whillans und Haston schaffen würden, verließen Wolfgang, John Cleare und ich das Basislager. An diesem Tag sollte die Expedition endgültig scheitern, aber das wußten wir noch nicht, als wir über den großen Khumbu-Gletscher auswärts zogen. Wir wollten in einem dreitägigen Marsch den kleinen Flugplatz in Lukla erreichen, um von dort nach Kathmandu ausgeflogen zu werden.
Die braungrünen Matten von Gorak Shep kamen uns vor wie die üppigste Almwiese, nach den langen Wochen in Fels, Eis und Schnee. Winzig kleine Blümchen zwischen den erdigen Krusten waren die ersten Sendboten des Frühlings, der mich in der Heimat in voller Pracht empfangen und zu Bergfahrten im vertrauten Kalk der Dachsteinwände locken würde. Wehmütig schaute ich zurück zum Everest, dessen Südwestwand uns getrotzt hatte, dessen Gipfel wir nicht besteigen konnten. Aber groß war dennoch das Erlebnis gewesen, die Anreise über Kontinente, der Anmarsch über die Hochtäler und durch die alten Sherpadörfer, das Basislager, der Khumbu-Eisbruch, die Riesenwand darüber, der stolzeste Gipfel...
Dann blickte ich hinüber zu dem Gedenkstein, auf dem als letzter Name einer langen Liste der unseres »Harsh« eingemeißelt ist: Major Bahuguna, gestorben im Inferno eines Wettersturzes am Mount Everest. Mit dem Gedanken an »Harsh« kamen die unseligen Erfahrungen mit den englischen Kameraden, ihr Eigensinn, ihre falsche Selbsteinschätzung und die mangelhafte Kooperation in der Mannschaftsführung und zuletzt – als böses Omen – der ungewollt die Wahrheit lallende, betrunkene Co-Leiter Roberts, Ausdruck der Verzweiflung und des Schuldbekenntnisses, in mein Bewußtsein. Nationalstolz in Ehren, aber der Kampf gegen die Naturgewalten verlangt eine andere Gesinnung. Die Internationale Everest-Expedition 1971 sollte ein Beispiel der übernationalen Kameradschaft sein. Sie ist eine Bankrotterklärung geworden für alle, die glaubten, man könnte Individualisten verschiedenster Provenienz und Mentalität unter einen Willen zwingen, der sich selbst nicht an die Gesetze hielt, die in dieser Welt des »letzten Abenteuers« zu gelten haben: Wechsel der Bergsteiger an der Front des Gipfeleinsatzes und kein »Everestmonopol« von Privilegierten. So und nicht anders hätte dieses Gesetz lauten müssen.
Ich sagte schon, es geht mir nicht darum, anzuklagen, zu disqualifizieren. Vielmehr möchte ich zur Rechtfertigung jener Kameraden, die, so wie auch ich, wenn schon vielleicht nicht um den Erfolg selbst – der liegt im Himalaja

nie allein in der Hand der Menschen, und seien es die besten und tüchtigsten –, so doch um die Illusion betrogen wurden, behaupten, daß der Einsatz der ungeheuren physischen und psychischen Mittel und Kräfte, der den Erfolg verdient hätte, nicht nach bestem Wissen und Vermögen geschah. Es werden andere kommen, und sie werden erfolgreicher sein, als wir es waren. Damit unsere Erfahrungen ihnen nützen können, glaubte ich ohne Rücksichten berichten zu sollen, wie es gewesen ist.
Am Abend kam ein Sherpa bei unserer Unterstandshütte in Pheriche vorbei; er befand sich auf dem Weg zu den Dörfern, um Kulis für den Rücktransport anzuwerben. »No summit!« rief er uns zu. Hintergründig klang es und triumphierend.

EIN JAHR DANACH

Der Expeditionsleiter Dyhrenfurth, der schon am 8. Mai das Basislager verlassen hatte, erklärte das Scheitern unserer Expedition einfach so: »... Mehr als drei Wochen hatten sie – Whillans und Haston – auf über 7500 Meter gekämpft, ohne abzusteigen – ein Beweis ihrer unglaublichen Härte, aber auch der hervorragenden Qualität unserer Sauerstoffgeräte! Das Zusammentreffen von Schneesturm, Kälte, Steinschlag, Lawinen und ungenügendem Nachschub zwangen die beiden am 21. Mai zum Rückzug...!« Er erwähnte mit keinem Wort bei seinen Veröffentlichungen den Egoismus der Engländer und hieß somit ihre Vorgangsweise gut. Wolfgang Axt, der Mann, der die Schlußphasen der Expedition an Ort und Stelle miterlebte, mußte es besser wissen.
Als der Münchner Arzt Dr. Herrligkoffer ein Jahr nach uns mit der Europäischen Mount-Everest-Expedition die Lager unter der Südwestwand bezog, war die bange Frage jener, die schon 1971 wußten, wie der Hase lief: »Wird er bessere Erfahrungen machen?« Dabei waren die Voraussetzungen um vieles günstiger. Die Wand war von den vorangegangenen Expeditionen bis in eine Höhe von etwa 8200 Meter aufgeschlüsselt und teilweise mit fixen Seilen versehen. Herrligkoffer war außerdem gewarnt. War es ein Fehler, wieder Engländer mit Don Whillans an der Spitze mitzunehmen?
Als auch dieses Unternehmen gescheitert war, schrieb mir Wolfgang: »... Hast Du schon gehört, daß die heurige Everest-Mannschaft ihr Unternehmen in der Südwestwand in zirka 8000 Meter abgebrochen hat? Soviel ich hörte, hat es dieselben Differenzen gegeben, die auch bei uns zum Abbruch führten: Die Engländer, voran Don Whillans, wollten wieder nur an der Spitze klettern, und so gab es Krach mit den übrigen Teilnehmern. Diesbezüglich hatte ich Dr. Herrligkoffer gewarnt!«
Und in einem weiteren Brief: »... die beiden Japaner Reizo Ito und Naomi Uemura wollten bei der Herrligkoffer-Expedition nur dann mitmachen, wenn

die Engländer Whillans und Haston nicht dabei seien. Das habe ich auch Herrligkoffer ausgerichtet...« Nochmals will ich auf das Buch von Doktor Herrligkoffer »Mount Everest – Thron der Götter« zurückkommen, in dem er auch auf das Scheitern der Dyhrenfurth-Expedition kurz einging: »Schneesturm gab es ja während dieser drei Wochen nicht immer. Kälte herrscht in jener Höhe über 8000 Meter immer und meist unter minus 30 Grad, und Steinschlag und Lawinen gehören in der Südwestwand zum täglichen Gefahrenmoment. Es mangelte vielmehr...« Ich glaube, ich habe in meinem Bericht anschaulich darauf hingewiesen.
Herrligkoffer schrieb weiter über unsere Expedition: »...Don Whillans brüstet sich bei jeder Gelegenheit damit, in der Südwestwand 21 Tage unter künstlichem Sauerstoff gelebt zu haben... aber die Arbeitsleistung der beiden Engländer stand andererseits in keinem Verhältnis zu der Zeitdauer, die Haston und Whillans zwischen Lager IV und VI, also in einer Höhendifferenz von 800 m, verbracht haben. Man bekommt viel eher den Eindruck, daß die beiden englischen Spitzenleute mit Hilfe der Sherpas und Japaner laufend mit lebenswichtigem Sauerstoff, Verpflegung und der angeforderten weiteren Ausrüstung versorgt wurden. Was aber bei dieser Bilanz fehlt, ist der aktive Einsatz der beiden Briten. Es drängt sich einem die Überlegung auf, ob es bei zum Beispiel siebentägigem Schlechtwettereinbruch nicht vernünftiger gewesen wäre, ins West-Becken abzusteigen, sich körperlich wieder fit zu machen, dadurch in den schwer zu versorgenden höchsten Lagern nicht unnötigerweise Sauerstoff und Verpflegung zu verbrauchen und vielleicht in der Zwischenzeit auch einmal einer anderen Seilschaft die Chance für eine Bewährung an der Spitze der Expedition zu geben... Die beiden britischen Spitzenbergsteiger Haston und Whillans waren zudem durch den wochenlangen Verbleib in großer Höhe und einem Leben unter künstlichem Sauerstoff bereits abgestumpft und besaßen nicht mehr den erforderlichen Auftrieb, um den Gipfelangriff auch tatsächlich durchzuführen. Don Whillans ist zwar äußerst willensstark und dickköpfig, aber er besitzt nicht die erforderlichen Führungsqualitäten, die er als ›wall-leader‹ hätte haben oder entwickeln müssen ... Somit war eine Situation entstanden, die am 21. Mai zum Rückzug zwang!«
Welche Erfahrungen aber hatte die gescheiterte Herrligkoffer-Expedition selbst mit Don Whillans und Co. gemacht? Auf einer Pressekonferenz in München, zu der unter anderen auch ich eingeladen worden war, warf der bergsteigerische Leiter den Briten mangelnde Kondition und schlechte Zusammenarbeit vor: »...Er sähe nicht ein, warum sie für die Engländer Sherpa spielen sollten; die Engländer hätten zehn bis zwölf Tage keine produktive Arbeit erbracht... Don Whillans hätte die Expedition mit einem respektablen Bierbauch begonnen. Zum Aufstieg ins Lager I (normalerweise in zweieinhalb Stunden zu bewältigen) benötigte Whillans volle neun Stunden. Er und seine Kollegen wären tagelang herumgelungert und hätten die übri-

gen Bergsteiger in keiner Weise unterstützt. Im Lager IV verbrauchten sie große Mengen von Sauerstoff, obwohl in dieser Höhe Sauerstoff zum Schlafen nicht unbedingt erforderlich gewesen wäre ... Die Engländer hätten sich als Stars gefühlt, denen die anderen dienen sollten...«

Der Steirer Adi Huber, Teilnehmer an dieser Expedition: »Die Engländer und vor allem Don Whillans glaubten, wir Österreicher würden die Gepäckträger für sie spielen!«

Auch ich hatte vor einer Mitnahme der Engländer gewarnt. Wie kam Herrligkoffer zu den Engländern? »Auf Grund eines Gesprächs mit Norman Dyhrenfurth in Salzburg setzte ich mich mit den beiden in Verbindung!« Herrligkoffer war der Ansicht, daß die Gebietskenntnisse Whillans' und vor allem die in Aussicht gestellten Gelder der BBC-London die Einladung rechtfertigten. In beiden Fällen wurde er jedoch schwer enttäuscht, denn Whillans war weder in dem einen noch in dem anderen Punkt eine Hilfe für das Unternehmen. Im Gegenteil, die Briten brachten auf Grund ihres Auftretens nur Unruhe und Auseinandersetzungen in die Expedition, die sonst wahrscheinlich in voller Harmonie verlaufen wäre.

Meine Erfahrungen von 1971 wurden also in eindrucksvoller Weise bestätigt. So war diese Südwestwand-Expedition nicht zuletzt deshalb gescheitert, weil man offensichtlich nicht bereit war, aus den Vorfällen des Jahres 1971 zu lernen.

Wieder daheim

In jener denkwürdigen Nacht nach dem endgültigen Zusammenbruch des Everest-Unternehmens hatte ich, wie nie zuvor, Sehnsucht nach der Heimat, nach der Geborgenheit, nach den Freunden und ganz besonders nach Heidi, die ich bald zum Traualtar führen wollte. Die große Enttäuschung, die mir das Scheitern der Everest-Expedition bereitet hatte, verlangte nach der verständnisvollen Nähe, nach der vertrauten Umwelt, die nur dort zu finden ist, wo man sich daheim fühlt. So war es auch immer, wenn ich von großen Bergfahrten zurückkehrte, nach glücklich bestandenen Abenteuern; wenn ich den Freunden und Bekannten erzählen konnte, wie es mir ergangen war; wenn ich ihnen von neuen Plänen berichten und die Jugend für das Glück in den Bergen interessieren und gewinnen wollte.
Wie oft fühlte ich mich wie ein Missionar, im Dienste meiner Bergheimat, wie ein Wanderprediger, der mit Lichtbildern auszog, um den Menschen die Augen zu öffnen, ihr Herz zu erschließen für die verborgenen Schätze, die in der weiten Landschaft der Alpen zu finden und zu heben wären. Wie oft und wie gerne aber kehrte ich aus anderen Erdteilen, aus fremden, fernen Ländern wieder heim in mein Mitterndorf, um aus dieser neuen Sicht meine Heimat aufs neue zu gewinnen, ihre unverwechselbare Pracht immer wieder zu entdecken.
Dieses Mal kam ich mit leeren Händen, als Geschlagener zurück. Ich wunderte mich, daß eigentlich niemand meine Verdrossenheit teilen wollte, niemand in meine Enttäuschung einstimmte, die ich offen zur Schau trug. Man war offenbar zufrieden, daß ich heil zurückgekehrt war. Auch meinem lieben Sturzhahn stattete ich gleich einen Besuch ab, gleichsam als Beweis und Bestätigung dafür, daß ich ihn und die umliegenden Berge meiner engeren Heimat über den Weltbergen, die mich monatelang in ihrem Bann gehalten hatten, nicht vergessen hatte. Der Gang zum Götterberg hatte mich alles eher denn hochmütig oder treulos werden lassen. Die heimatlichen Berge sind mir nie zu klein oder zu unbedeutend geworden, sondern haben mich immer fester in ihren Bann gezogen.
Meine am Mount Everest verwundete Bergsteigerseele fand wieder Freude in den Erinnerungen an die Bergerlebnisse der Heimat. Da war wieder mein kleiner Bruder, der Sepperl, der mir inzwischen längst »über den Kopf« gewachsen war, und der sich trotz seiner damaligen Begeisterung nicht dem Bergsport zugewendet hatte. Aber ich denke, in stillen Stunden wird er wohl auch über seine kleinen Bergabenteuer in der Sturzhahn-Westwand, am Seil

des großen Bruders, nachdenken und sich mit dem Erinnerungsglück, das ihm die Berge mit auf den Lebensweg gaben, über manch herbe Enttäuschung des Alltags hinwegtrösten.

Auch der Groll, den ich über »Piga«, wie wir den Graf Siegfried scherzhalber nannten, seinerzeit empfunden hatte, ist längst vergessen, wenn ich es ihm auch lange nicht verzieh, daß er bei der letzten Seillänge unserer gemeinsamen Sturzhahn-Ostwand-Erstbegehung auskniff und mich das leere Seilende zum Gipfel hochziehen ließ, während er die letzten Schwierigkeiten klug »umging« und von der anderen, der bequemeren Seite zu mir auf den Gipfel gelangte. 1957 war dies schon gewesen, als ich selber noch fast in den Kinderschuhen des Alpinismus steckte, zu einer Zeit jedenfalls, in der ich, um eine solche Übeltat besser ahnden zu können, am liebsten den Dekalog um ein 11. Gebot ergänzt hätte: »Du sollst nicht eine Seillänge unter dem Gipfel auskneifen!«

Damals wußte ich auch noch nicht, welche ernste Route die Nordwand der Traweng einmal erschließen würde. Die Traweng war im Bewußtsein der Tauplitzer Wintersportler ein Schiberg, auf dessen südwestlich gelegenen Firnhängen die Frühlingstourenläufer ihr Glück finden. Aber jedes Ding hat eben zwei Seiten, und bei der Traweng sind diese zwei Seiten so grundverschieden wie Tag und Nacht, denn 400 Meter stürzt ihr kalter Rücken senkrecht gegen das Öderntal in die Tiefe. Die Traweng ist sozusagen der linke Türpfosten des »Steirertores«, dessen rechter der Sturzhahn ist, und nur wer durch dieses Tor hindurchgeht, um sich auf den Weg über das Tote Gebirge zu machen, kann dieser düsteren Nordwand ins grimmige Antlitz schauen. So darf es auch nicht verwundern, daß vor mir niemand auf den Gedanken kam, den von links unten nach rechts oben verlaufenden, unterbrochenen Riß zu durchsteigen. Auch ich selbst ahnte nicht, welche Schwierigkeiten auf mich warten würden.

Helmut Pürcher begleitete mich durch diesen unfreundlichen Diagonalriß, gemeinsam trugen wir uns als erste Besteiger in das Gipfelbuch ein. Ich danke Dir, Helmut, für Deine Bergkameradschaft und Deine Unverdrossenheit bei diesem schweren Gang! Die Routen auf den Sturzhahn sind: die eine, die ich mit dem Ramsauer Bergführer Heiner Perner über die lotrechte Südwestwand gelegt hatte, und die andere von Heinrich Harrer durch die Westwand. Diese habe ich mehrmals auch im Alleingang bezwungen. Der »Traweng« wich ich als Sologänger bis jetzt aus. Die freundliche, sonnigere Sturzhahnwand wird mich noch lange locken, sie ist mir vertraut wie der beste Freund, und sie ist mir zum Symbol und Inbegriff meiner Heimatberge geworden. Geradeso wie die Ramsau an der Dachsteinwand zu meinem »Daheim« als Ehemann und Bergführer wurde. Von dort werde ich, hoffentlich noch lange, Menschen hinaufführen auf den höchsten Gipfel der Steiermark; auf beliebigen Wegen; über den Normalweg, der seit Errichtung einer Seilbahn auf den Gletscher nur noch ein Katzensprung ist, oder über einen der klassischen Südwandwege. So kam ich auf dem Weg von der Tauplitzalm zur Ramsau; vom Sturzhahn, der Traweng und vom Grimming hinüber zu den Dachsteinbergen, zu meiner »obersteirischen Lebenswanderung«, an der Seite des liebsten Kindes des Ennstales.

Während dieser Band mit meinen Erzählungen gedruckt wurde, war ich mit steirischen Bergfreunden zum Mount McKinley unterwegs. Alaska – kühner Traum einer großen Sehnsucht! Noch locken auch andere Berge in der Welt, die ihre stolzen Häupter über geheimnisvolle Länder erheben, fernab vom Strom der Touristen. Und immer wieder wird es eine Heimkehr geben. Heimweh und Fernweh, unergründliche Regungen des Herzens, wie lange werdet ihr euer launisches Spiel mit mir treiben?

Die letzten Zeilen will ich an meine jungen Freunde richten; sie sollen eine Einladung sein, mir in die Berge zu folgen. Ich möchte mich nicht vermessen als Vorbild anbieten, nur zu gut weiß ich, daß die errungenen Erfolge Geschenke des Allmächtigen sind, wenngleich man solcher nur durch eigenes Streben und Wollen würdig werden kann. Aber es würde mich freuen, wenn ich etwas von meiner Begeisterung weiterzugeben vermöchte, als Voraussetzung für bergsteigerische Taten, die gewiß größer und bedeutungsvoller sein werden als diejenigen, die wir vollbringen konnten. Der zunehmende Wohlstand und die damit Hand in Hand gehende Gefahr der Verweichlichung und Bequemlichkeit wird es jungen Menschen immer schwerer machen, sich dem entbehrungsreichen Leben in den Bergen und seinen Gefahren zu verschreiben; den wenigen aber, die sich trotz alledem dazu entschließen wollen, soll das »Abenteuer Berg« ein lebenslanges, unverlierbares Glück sein.

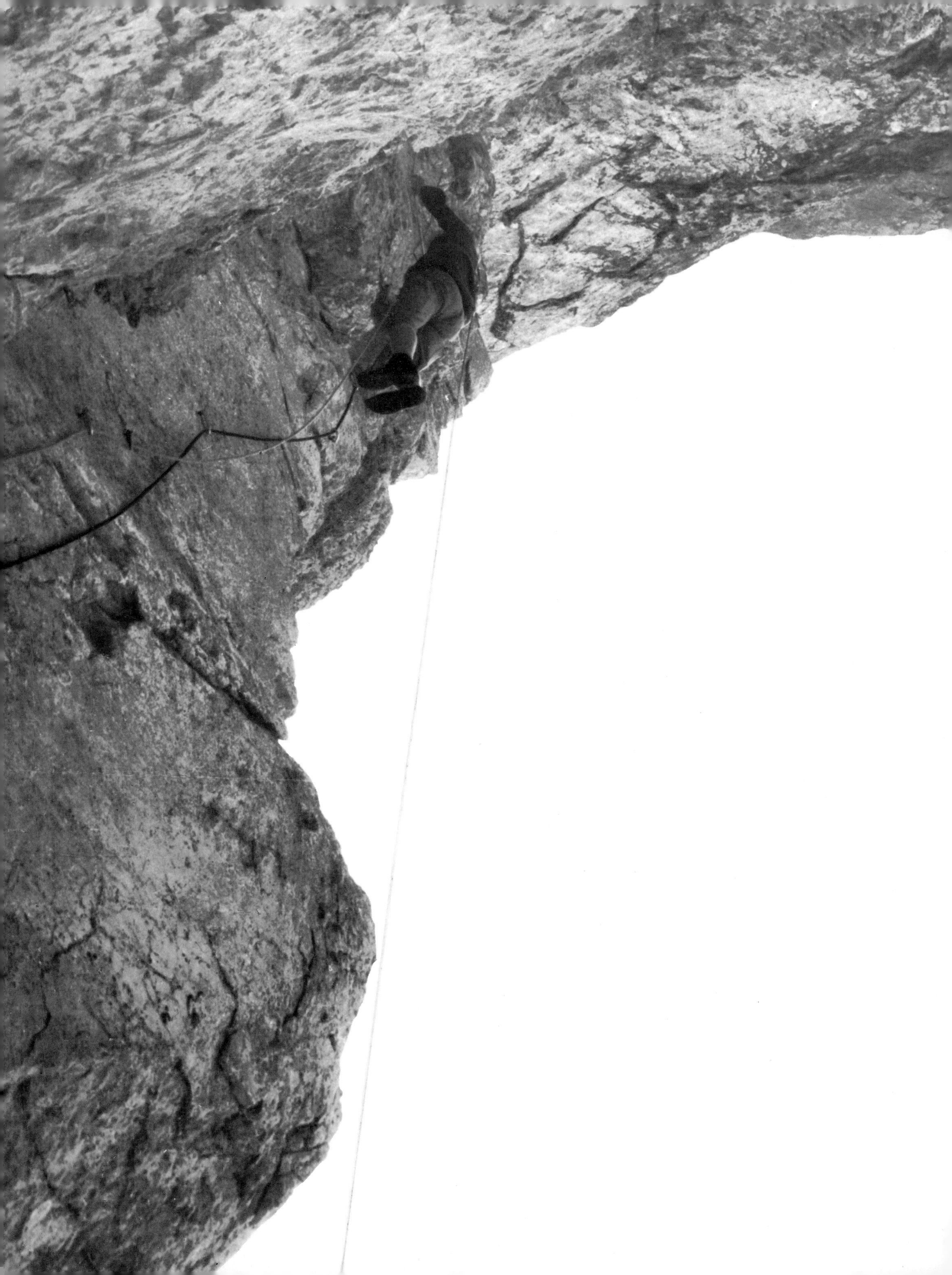